外贸网站推广实操手册

引擎力○组织编写
秦慧娜○主　　编
俞萍雅○副 主 编

量身定制您的外贸网站
打造高质量流量及询盘

WEBSITE MARKETING FOR INTERNATIONAL TRADE

成熟的外贸网站流量来源

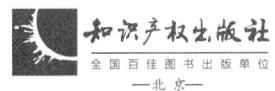

—北京—

图书在版编目（CIP）数据

外贸网站推广实操手册/引擎力组织编写. —北京：知识产权出版社，2022.1（2022.10重印）
ISBN 978-7-5130-7786-6

Ⅰ.①外… Ⅱ.①引… Ⅲ.①对外贸易—网站—开发—手册 Ⅳ.①F75-62

中国版本图书馆CIP数据核字（2021）第208861号

责任编辑：贺小霞　　　　　　　　　　责任校对：谷　洋
封面设计：刘　伟　胡　敏　　　　　　责任印制：刘译文

外贸网站推广实操手册

引擎力　组织编写

出版发行：	知识产权出版社有限责任公司	网　　址：	http://www.ipph.cn
社　　址：	北京市海淀区气象路50号院	邮　　编：	100081
责编电话：	010-82000860 转8129	责编邮箱：	2006HeXiaoXia@sina.com
发行电话：	010-82000860 转8101/8102	发行传真：	010-82000893/82005070/82000270
印　　刷：	三河市国英印务有限公司	经　　销：	新华书店、各大网上书店及相关专业书店
开　　本：	787mm×1092mm　1/16	印　　张：	17.75
版　　次：	2022年1月第1版	印　　次：	2022年10月第2次印刷
字　　数：	360千字	定　　价：	68.00元

ISBN 978-7-5130-7786-6

出版权专有　侵权必究

如有印装质量问题，本社负责调换。

前　言

习近平在第三届中国国际进口博览会开幕式上指出，中国将挖掘外贸增长潜力，为推动国际贸易增长、世界经济发展做出积极贡献。中国将推动跨境电商等新业态新模式加快发展，培育外贸新动能。随着中国市场在全球经济发展市场占比份额的增加，互联网科技的飞速发展，社交媒体的影响和移动设备的普及，外贸企业进行数字化转型，中国企业正进入大规模品牌出海的时代。其中，外贸网站推广是外贸企业建立业务与开拓市场的重要途径之一。因此，引擎力正式推出《外贸网站推广实操手册》一书，从外贸营销型网站、搜索引擎优化（SEO）和付费广告（PPC）三大方面出发，帮助外贸企业正确有效地进行独立站互联网推广，实现业务拓展与增长的目的。

在众多的外贸推广渠道中，比如，外贸营销型网站、搜索引擎优化（SEO）、付费广告（PPC）、视频营销（Video Marketing）、社交媒体营销（SMM）、邮件营销（EDM）、品牌营销（Branding）、联盟营销（Affiliate）、内容营销（Content Marketing）、红人营销（KOL）等，外贸网站推广之所以能够获得极大的关注，根本原因就在于它从各个方面帮助外贸企业形成高价值的互联网品牌资产、获客渠道、沟通桥梁。外贸营销型网站把营销的思想、技巧与方法融入网站的策划、设计与制作中，通过数据化的竞争对手分析整合网站的框架与内容。同时，网站作为外贸互联网推广渠道引流的着陆点，它会帮助外贸企业形成一个数据池，从而帮助企业更好地开展营销，亦有利于帮助企业了解用户需求从而开发新产品、新卖点。搜索引擎优化（SEO）涵盖技术性 SEO、关键词优化、内容优化与链接优化，作为最具可持续发展的外贸网站推广方式，帮助外贸企业提高网站自然排名，增加曝光度，获取流量、销售线索与订单。付费广告（PPC）是针对不同外贸企业的发展需求提供不同的解决方案，涵盖搜索广告、展示广告、视频广告、购物广告以及再营销广告。

随着各行各业竞争不断加强，越来越多的企业所关注的不再仅仅集中在内贸和线下展销，而是更多地集中在线上宣传和外贸推广。外贸网站推广将成为推动海外市场发展的必然趋势和核心竞争力，它的未来是美好的，需要我们一代又一代的互联网人不断探索，砥砺前行。希望通过这本书，可以充实国内这方面的知识体系，让我们一起创造价值、传递价值，帮助中国企业成功出海！

目 录

第一篇 外贸营销型网站

第1章 外贸营销型网站基础 ······ 3
1.1 外贸营销型网站的概念 ······ 3
1.2 外贸营销型网站的主要特点 ······ 3
1.3 B2B 外贸营销型网站和 B2C 外贸营销型网站的区别 ······ 6
1.4 外贸营销型网站质量高低的决定因素 ······ 7
1.5 外贸营销型网站建设的意义 ······ 9
1.6 外贸营销型网站建设需要的时间 ······ 11
1.7 外贸营销型网站建设的人员设置及其职责 ······ 12
1.8 外贸营销型网站建设前的准备工作 ······ 13
1.9 外贸营销型网站的组成部分 ······ 15
 1.9.1 域名 ······ 15
 1.9.2 空间（服务器）······ 15
 1.9.3 程序（前端＆后台）······ 17

第2章 外贸营销型网站建设 ······ 20
2.1 竞争对手分析 ······ 20
 2.1.1 竞争对手分析工具 ······ 20
 2.1.2 确定竞争对手 ······ 21
 2.1.3 竞争对手网站分析 ······ 22
 2.1.4 竞争对手关键词分析 ······ 30
2.2 网站架构 ······ 33
 2.2.1 整站架构 ······ 33
 2.2.2 着陆页架构 ······ 36
2.3 外贸营销型网站个性化定制 ······ 47

2.3.1 外贸营销型网站个性化定制步骤 ……………………………………… 47
2.3.2 外贸营销型网站个性化设计的关键 …………………………………… 49
2.3.3 外贸营销型网站个性化定制 VS 模板站 ……………………………… 51

第二篇　搜索引擎优化（SEO）

第 3 章　技术性 SEO ……………………………………………………………… 59
3.1　技术性 SEO 四大支柱 …………………………………………………… 59
3.1.1 网站可访问性（Accessibility）………………………………………… 59
3.1.2 SEO 技术熟练度（Proficiency）……………………………………… 62
3.1.3 网站架构（Site Architecture）………………………………………… 69
3.1.4 相关性（Relevancy）…………………………………………………… 70
3.2　域名 ………………………………………………………………………… 73
3.2.1 域名是否可以沿用 ……………………………………………………… 73
3.2.2 新域名的挑选规则 ……………………………………………………… 73
3.2.3 域名一定要 .com 吗 ……………………………………………………… 74
3.2.4 独立域名 ………………………………………………………………… 74
3.2.5 通用顶级域名及含义解释 ……………………………………………… 74
3.2.6 子域名 …………………………………………………………………… 75
3.2.7 Whois 信息公开 ………………………………………………………… 75
3.3　服务器 ……………………………………………………………………… 76
3.3.1 服务器返回的 14 种常见 HTTP 状态码 ……………………………… 76
3.3.2 关闭服务器签名 ………………………………………………………… 78
3.3.3 Web 安全之防范点击劫持 ……………………………………………… 78
3.3.4 CDN 加速 ………………………………………………………………… 78
3.3.5 SSL 证书 ………………………………………………………………… 78
3.3.6 W3C 验证 ………………………………………………………………… 79
3.3.7 浏览器缓存 ……………………………………………………………… 80
3.3.8 www 跳转 ………………………………………………………………… 80
3.4　进阶技术性 SEO ………………………………………………………… 81
3.4.1 Favicon 站点图标 ……………………………………………………… 81
3.4.2 Sitemap 文件 …………………………………………………………… 81
3.4.3 Robots.txt 文件 ………………………………………………………… 86

3.4.4　页面结构化数据 ·············· 88
3.4.5　死链接 ······················ 88
3.4.6　Canonical 标签 ·············· 89
3.5　内容优化 ························ 90
3.5.1　自定义 404 页面 ············· 90
3.5.2　小语种网站 ·················· 92
3.5.3　面包屑导航 ·················· 93
3.5.4　锚文本 ······················ 94
3.5.5　标题标签（Heading Tags）··· 95
3.5.6　目录层级优化 ················ 96
3.5.7　小语种域名建议 ·············· 96
3.5.8　相关推荐 ···················· 96
3.5.9　站内链接 ···················· 97
3.5.10　出站链接 ··················· 97
3.5.11　图片优化 ··················· 99
3.5.12　网站重复内容 ··············· 101
3.5.13　社交分享组件 ··············· 101
3.5.14　网站信用度 ················· 102
3.5.15　文本相对 HTML 的比例 ····· 102
3.6　移动端优化 ······················· 103
3.6.1　移动端优化的重要性 ·········· 103
3.6.2　移动设备测试 ················ 103
3.6.3　响应式网页的优势 ············ 104
3.6.4　响应式网页的缺点 ············ 105
3.6.5　移动子域名的优势 ············ 105
3.6.6　移动子域名的缺点 ············ 106
3.6.7　如何设计高质量移动端网站 ···· 106
3.7　URL 地址 ························· 107
3.7.1　什么是 URL 地址 ············· 107
3.7.2　URL 地址组成部分 ············ 107
3.7.3　动态 URL 地址和静态 URL 地址 ··· 109
3.7.4　纯静态 URL 地址和伪静态 URL 地址 ··· 109
3.7.5　URL 层级 ···················· 110
3.7.6　URL 地址中为什么建议包含关键词 ··· 111

3.7.7　为什么URL地址单词之间用中划线 ·········· 111
3.7.8　为什么URL地址要使用小写字母 ·········· 112
3.8　技术性SEO诊断表 ·········· 112

第4章　SEO关键词 ·········· 119

4.1　什么是关键词 ·········· 119
4.2　搜索引擎如何找到关键词 ·········· 121
4.3　关键词的类型 ·········· 121
  4.3.1　目标市场关键词 ·········· 122
  4.3.2　按长度划分的关键词 ·········· 123
  4.3.3　站内内容关键词类型 ·········· 124
  4.3.4　买家类型关键词 ·········· 124
  4.3.5　谷歌广告关键词类型 ·········· 127
4.4　关键词策划 ·········· 129
  4.4.1　头脑风暴关键词 ·········· 129
  4.4.2　Google Ads拓展关键词并查询搜索量 ·········· 133
  4.4.3　关键词拓展工具 ·········· 134
  4.4.4　竞争对手关键词 ·········· 135
  4.4.5　筛选关键词 ·········· 137
  4.4.6　关键词地图 ·········· 138
4.5　关键词优化 ·········· 140
  4.5.1　关键词布局 ·········· 140
  4.5.2　关键词着陆页优化 ·········· 143
  4.5.3　关键词优化FAQ ·········· 149

第5章　内容营销 ·········· 153

5.1　什么是内容营销 ·········· 153
5.2　内容营销的组成部分 ·········· 154
5.3　内容营销策略 ·········· 155
  5.3.1　主题集群策略 ·········· 155
  5.3.2　首页内容营销策略 ·········· 158
  5.3.3　目录页内容营销策略 ·········· 159
  5.3.4　详情页内容营销策略 ·········· 160
  5.3.5　博客内容 ·········· 161

第6章 外链建设 ………………………………………………………… 171
6.1 外链建设需要的技能 ………………………………………………… 171
6.2 决定外链质量的因素 ………………………………………………… 172
6.3 外链类型 …………………………………………………………… 175
6.3.1 主要外链类型 ………………………………………………… 175
6.3.2 不自然的外链类型 …………………………………………… 180
6.4 外链策略如何制定 …………………………………………………… 183
6.4.1 针对不同行业的网站制定外链策略 ………………………… 183
6.4.2 针对不同规模企业的网站 …………………………………… 187
6.5 外链效果评估 ………………………………………………………… 190
6.6 外链建设工具 ………………………………………………………… 191
6.7 外链建设常见问题 …………………………………………………… 194

第三篇 付费广告（PPC）

第7章 谷歌广告 …………………………………………………………… 201
7.1 谷歌的地位和市场分析 ……………………………………………… 201
7.2 谷歌竞价推广的优势 ………………………………………………… 201
7.3 谷歌广告的基本类型 ………………………………………………… 202
7.4 搜索广告 …………………………………………………………… 203
7.4.1 什么是搜索广告 ……………………………………………… 203
7.4.2 搜索广告的竞价原理 ………………………………………… 203
7.4.3 账户结构 ……………………………………………………… 203
7.4.4 关键词 ………………………………………………………… 207
7.4.5 推广地域选择 ………………………………………………… 210
7.4.6 广告语 ………………………………………………………… 210
7.4.7 附加信息 ……………………………………………………… 221
7.4.8 动态搜索广告 ………………………………………………… 221
7.4.9 出价策略介绍 ………………………………………………… 224
7.4.10 搜索再营销 …………………………………………………… 225
7.5 展示广告 …………………………………………………………… 226
7.5.1 什么是展示广告 ……………………………………………… 226
7.5.2 展示广告原理 ………………………………………………… 227

  7.5.3 展示广告类型 ·· 227
  7.5.4 展示广告定位方式 ·· 230
  7.5.5 展示广告定位设置 ·· 232
  7.5.6 展示再营销 ·· 232
 7.6 视频广告 ·· 233
  7.6.1 视频广告的重要性 ·· 233
  7.6.2 视频广告的形式 ··· 234
  7.6.3 Tureview 视频广告 ·· 235
  7.6.4 视频再营销 ·· 237
  7.6.5 视频广告指标 ··· 238
  7.6.6 视频广告技巧分享 ·· 240
 7.7 购物广告 ·· 241
  7.7.1 什么是购物广告 ··· 241
  7.7.2 购物广告展示位置 ·· 242
  7.7.3 购物广告类型 ··· 243
  7.7.4 产品购物广告 ··· 244
  7.7.5 购物广告出价策略 ·· 247
  7.7.6 产品 Feed 优化 ·· 248
  7.7.7 增强购物广告的效果 ·· 250
  7.7.8 购物广告优化建议 ·· 252
  7.7.9 免费的购物广告 ··· 253
  7.7.10 如何避免被封号 ··· 255
 7.8 数据分析与账户优化 ··· 261
  7.8.1 数据分析 ··· 261
  7.8.2 账户优化方向 ··· 262

附录 ·· 264

第一篇 外贸营销型网站

➢ 第1章　外贸营销型网站基础
➢ 第2章　外贸营销型网站建设

第 1 章　外贸营销型网站基础

外贸网站需要具备营销功能，因此也叫外贸营销型网站。一个优秀的外贸营销型网站是做后续推广工作的基础与前提。本章主要介绍外贸营销型网站的定义、外贸营销型网站的特点，以及外贸营销型网站建设的相关事宜等。

1.1　外贸营销型网站的概念

外贸营销型网站是指以现代网络营销理念为核心，以搜索引擎良好表现、用户良好体验为标准，能够更好地将访客转化为顾客的企业网站。

外贸营销型网站，从字面来看，应具有两个特点：一个是外贸，另一个是营销。

外贸，即对外贸易或进出口贸易，是指一个国家（地区）与另一个国家（地区）之间的商品、劳务和技术的交换活动。外贸由进口和出口两部分组成。对运进商品或劳务的国家（地区）来说，就是进口；对运出商品或劳务的国家（地区）来说，就是出口。

营销，是企业发现或发掘潜在消费者需求，让消费者了解该产品进而购买的过程。因此，营销型网站不仅包括外贸网站、企业展示网站，也包括外贸营销型网站和品牌官网，这些网站都是重要的获客渠道和沟通桥梁。营销型网站是为了满足企业的互联网营销，为实现某种特定的营销目标，且具备营销推广功能的网站。网站营销目的主要包括以客户服务为主的网站营销，以销售为主的网站营销和以国际市场开发为主的网站营销。建议将营销的思想、方法和技巧融入网站策划、设计与制作中。最常见营销型网站的目标是获得销售线索或直接获得订单。

1.2　外贸营销型网站的主要特点

外贸营销型网站首先要符合搜索引擎优化（SEO），SEO 排名是最重要的网站推广手段之一。其次，网站一定要设计得清晰明了，方便用户浏览。外贸营销型网站制作是一种技术和营销策略相结合的网站制作。

外贸营销型网站是通过对公司业务分析、多家同行业竞争对手分析、行业平台分析、用户搜索行为分析后，以营销的理念为核心，以良好的结构、良好的引导、良好的布局为网站制作开发依据而搭建的一个值得长期运营的盈利型网站。

1. 良好的用户体验度

只有当网站拥有良好的用户体验时，才能留住用户、降低跳出率和提高转化率，实现营销以及提升品牌价值的目的。

外贸营销型网站良好的用户体验主要表现为以下几个方面。

（1）访问速度快。

网站速度是访客访问网站时页面加载响应的速度。网站打开速度慢可能导致用户体验不佳，从而影响网页的排名和网站的整体流量；而快速加载的网站通常用户体验度高，在同等网站中竞争力会更强，能收获更多的流量和更好的排名，进而获得更高的转化率。

网页加载时间较长会严重影响跳出率。例如，如果网页加载时间从 1 秒增加到 3 秒，跳出率就会提高 32%；如果网页加载时间从 1 秒增加到 6 秒，跳出率就会上升 106%。

以 Google 搜索引擎为例，Google Search Console（谷歌搜索控制台）推出 Core Web Vitals（核心页面指标），如图 1-1 所示。

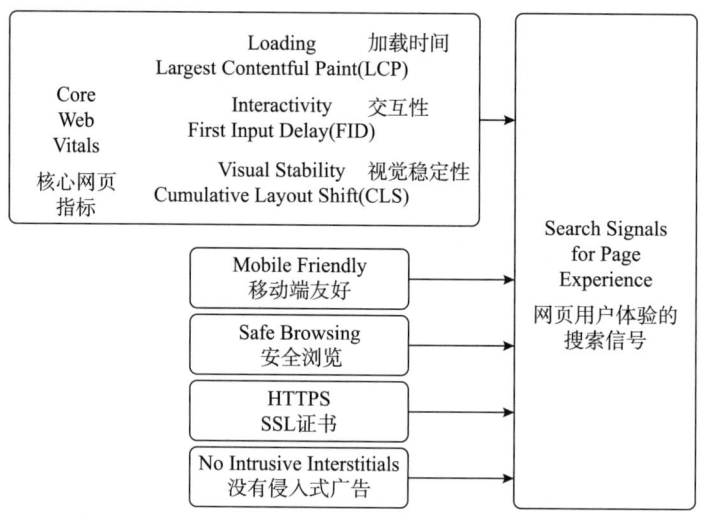

图 1-1　网页用户体验的搜索信号

核心网页的三个指标 LCP、FID、CLS 分别用来衡量网页加载时间、网页交互性、视觉稳定性三个方面，如图1-2所示。核心网页指标（LCP、FID、CLS）相关概念如下。

LCP（最大内容渲染时间）：从用户请求网址到在视口中渲染最大可见内容元素所需的时间。最大的元素通常是图片或视频，也可能是大型块级文本元素。此指标很重要，因为它可以告诉浏览者网址的真正加载时间。

FID（首次输入延迟）：从用户首次与网页互动（点击链接、按钮，等等）到浏览器响应此次互动之间的用时。这种衡量方案的对象是被用户首次点击的任何互动式元素。此指标在用户需要执行操作的网页上非常重要，因为可据此指标判断网页进入互动状态的时间。

CLS（累积布局偏移）：网页布局在加载期间的偏移量。得分范围是0~1，其中0表示没有偏移，1表示最大偏移。此指标很重要是因为当用户尝试与网页元素互动时，如果网页元素出现偏移，会导致糟糕的用户体验。

核心指标	优质	需要改进	欠佳
LCP	≤2.5秒	≤4秒	>4秒
FID	≤100毫秒	≤300毫秒	>300毫秒
CLS	≤0.1	≤0.25	>0.25

图1-2 核心网页指标的速度建议

虽然网站速度不像内容、外链等直接影响关键词排名，但如果没有良好的访问速度，优质内容或推广计划也达不到良好的运营效果。

（2）网站结构清晰。

网站结构是指网站中页面间的层次关系，网站结构对网站的搜索引擎友好性及用户体验的影响非常重要，主要体现在以下三个方面。

首先，网站结构可以影响网站内部页面的重要性。网站结构在决定网站内部页面的重要性方面起着非常关键的作用，合理的网站结构策略可以对重要页面进行突出、推荐等操作。

其次，网站结构是衡量网站用户体验好坏的重要指标。清晰的网站结构可以帮助用户快速获取所需的信息。相反，如果网站结构混乱，用户在访问时很难找到自己想要的资料，只能选择离开。

最后，网站结构直接影响搜索引擎对页面的收录。一个合理的网站结构可以引导搜索引擎抓取到更多、更有价值的网页；但是，如果网站结构混乱，往往就会造成搜索引擎陷入死循环、抓取不到页面等问题。

（3）网站内容丰富。

丰富的网站内容可以表现为丰富的网站元素（如文字、图片、视频、PDF）、丰富的站内链接与功能性内容等。

无论何时，网站内容一直都是推广者关注的重点。因为内容才是王道，优质的内容辅以丰富的表现形式，才能留住用户，达成转化。

（4）网页设计合理。

网页设计对于用户体验度的影响是方方面面的，主要表现为色调搭配、导航设计、版面设计等。

（5）网站可信度高。

网站可信度也是影响用户体验的重要因素之一，主要表现为浏览安全、SSL 证书、无插入式广告，以及提升网站可信度的内容，如全面的联系方式（比如 Google Map 能够查到的实际地址、400 电话、售前售后联系电话和邮箱等）、售后服务介绍、保修内容、使用条款、隐私政策、安全的支付方式等。

2. 完善的 SEO 优化

网站的 SEO 优化是外贸营销型网站的核心内容，完善的 SEO 优化主要表现在以下四个方面。

（1）技术性 SEO 优化。如 H 标签、TDK、Alt 标签、404 页面、301 跳转、响应式等。

（2）关键词优化。涉及关键词研究、拓展、分类、排名追踪等。

（3）内容优化。主要包括内容营销与着陆页优化两个方面。

（4）链接优化。包括内部链接与外部链接优化两部分。内部链接相比外部链接更具优化性与可控性。

以上四个方面的优化，在后续的章节中会详细介绍。

3. 全面的营销功能

外贸营销型网站的一个基本特点是具备营销性。外贸营销型网站作为网络营销的重要组成部分，其营销性职能包括网站推广、品牌展示、信息发布、在线调研、顾客关系、顾客服务、销售渠道、销售促进、在线交易九个方面。因此，外贸营销型网站应包括灵活操作的 CMS 系统（安全便捷的后台管理、产品系统、新闻系统、询盘管理系统、数据分析系统）、品牌设计、在线交流、客服热线、企业邮箱、广告促销活动、在线支付、社交渠道、RSS 订阅、CTA 等营销功能。

1.3 B2B 外贸营销型网站和 B2C 外贸营销型网站的区别

中国外贸企业开展的外贸形式主要分为 B2B 和 B2C 两种形式。B2B 是 Business to Business 的缩写，B2B 网站即企业对企业的网站，B2B 网站是为向企业（而非零售消费者）销售产品和服务而设计的网站。B2C 是 Business to Customer 的缩写，B2C 网站即企业通过互联网为消费者提供一个新型的购物环境——网上商店，消费者在网上完成购物与支付。二者主要有以下几点区别：

1. 受众不同

B2B 通常针对某个单一客户进行展示或引导；而 B2C 针对的是一个受众群体，需要就一群人的消费习惯进行产品或服务展示。

2. 目的不同

B2B 网站是从解决企业具体的问题，解决方案、如何实施、客户痛点等角度出发；而 B2C 网站通常从情感角度出发。

3. 网站设计不同

B2B 网站设计元素更简洁，涉及排版和图像比较中规中矩，颜色选择也偏保守；B2C 网站版面更大，图像引人注目，排版、间距和布局可以打破规则，颜色和动态效果都有很强的购买引导性。

4. 内容不同

B2B 的内容以专业为主，篇幅更长；B2C 的内容以引导购买为主，随意，简短。

5. 用户行为号召 CTA（Call To Action）不同

B2B 网站，通常用 Learn More，Contact Now，Inquiry，Send Email 等作为 CTA 的按钮；B2C 网站则用 Add To Cart，Favorite，Check Out 等作为 CTA 的按钮。

6. 联系表单不同

B2B 网站通常表单很复杂，有详细的需求信息和个性化内容；B2C 网站表单以收集用户信息为主，只需姓名和联系电话即可。

7. 公众认同方式不同

B2B 网站可以通过多种方式来让客户认同，如来自客户的推荐信、客户评论和评级、高知名度的公司 Logo、案例研究、与竞争对手的产品对比、奖项及其他认可、博客和新闻、行业白皮书和其他原创研究、社交媒体链接、表示产品或服务受欢迎程度的价格表等；而 B2C 网站则主要通过客户的打分和留言评价来获得公众认同。

1.4 外贸营销型网站质量高低的决定因素

鉴于本书谈到的外贸营销型网站主要是针对对外贸易的网站，因此以谷歌搜索引擎作为主要参考标准，以下主要是谷歌搜索引擎对网站质量评估的几大核心因素：

1. 明确的网站目的

明确的网站目的是评判网站质量高低的第一步，任何一个网站都有其目的，如外贸营销型网站为了方便用户沟通展示全面的联系方式，为了获得新的销售线索展示详细的产品或服务信息，为了方便投资者多渠道了解企业而展示全面的企业信息等。

对于外贸营销型企业网站来说，目的都很明确，但在建设与维护网站的过程中，一定要保证网站的安全性。因为安全性不高的网站容易被注入垃圾代码，从而导致网站被认定为垃圾站点，无法达到营销推广的目的。

2. E-A-T（Expertise 专业性 – Authoritativeness 权威性 – Trustworthiness 可信度）

Expertise：指主要内容创作者的专业知识。
Authoritativeness：指主要内容的权威性、创作者的权威性，以及网站的权威性。
Trustworthiness：指主要内容的可信度、创作者的可信度，以及网站的可信度。

3. 网站内容的质量与数量

高质量的网站内容是判断网站质量的重要标准之一，创造高质量的网站内容意味着投入大量的时间和精力，同时需要专业性和技巧。例如，高质量的信息类网站应该有事实依据、无语法错误，且信息全面；高质量的购物网站应该能方便用户查找相关产品以及下单购买等。

网站内容的文字量也是衡量网站质量的标准之一。通常认为文字量越丰富，网站质量越高。这一论证可以通过谷歌搜索的首页进行验证，对于大部分的搜索字词而言，出现在自然搜索结果排名首页的网站对应页面内容都更为丰富。另外，文字量取决于具体行业以及对应的页面话题广泛度。

4. 清晰全面的网站信息

清晰全面的网站信息可以让用户感到可信。外贸营销型网站，作为一种 YMYL（Your Money or Your Life）网站，对可信度的要求很高，因此需要更为全面的网站信息，如网站的所有者、联系方式、地理位置和客户服务条款等政策性信息。

5. 网站知名度

知名度是判断网站质量的一个重要指标。从谷歌搜索引擎的结果页可以看出，当搜索某行业相关字词的时候，出现在谷歌首页搜索结果页面中的网站知名度相对较高。

对于没有知名度的企业来说,如果能够做好以上几个方面,也可以被判断为高质量的网站。

1.5 外贸营销型网站建设的意义

随着全球互联网的快速发展,国际交流日益频繁,中国国际影响力不断增强,中国企业的品牌化逐步发展,建设外贸网站已经势在必行。

1. 客户需要

(1) 已有客户。他们需要通过网站来获取最新的产品动态、最新的公司动态,以及最方便的沟通。

(2) 潜在客户。他们通过互联网搜索、推荐等渠道,需要一个网站供他们进行初步了解。

(3) 投资者。公司网站是投资者了解企业的重要途径。通过网站,公司可以树立企业形象,强化品牌影响力,展现企业实力。

2. 提高企业信誉和社会认同

企业通过网站,展示产品和服务,展示用户对企业的评价,有利于提高潜在客户的转化率。网站相当于一个线上业务办理场所,是客户在互联网上找到相关企业信息并能与企业员工取得联系的地方。网站主页确定品牌价值主张,About Us 页面告诉访问者关于企业的重要信息,而 Contact Us 页面告诉每个人如何与企业取得联系。它使企业的生意合法化,同时也提高企业的信誉。

3. 与市场建立牢固的关系

(1) 让市场知道"您是谁"。除了主页和公司介绍页面,企业可以建立一个博客页面来和读者分享企业的想法和更新企业动态。

(2) 满足市场需求。邀请企业的读者,通过鼓励他们在企业的博客上发表评论来吸引受众。嵌入调查表格,请企业的受众参与并传达他们的需求。

(3) 实现教育目的。利用 80-20 法则,网站 80% 的内容应该是可用的或与企业客户需求相关的,而 20% 的内容应该是企业的业务,对客户进行知识培训和教育。

(4) 改善客户服务。可以通过电子邮件、社交媒体、移动电话、固定电话和在线聊天工具来改善客户服务。这将使终端用户可以通过更多的选择来传达关注和询问需求。

(5) 每周 7 天 24 小时营业。区别于实体店那样朝九晚五,网站从不关门,即使在节假日,也是全天候开放。

4. 有利于搜索引擎索引

(1)提高搜索排名。通过优化网页排名,人们会更容易找到企业的内容。

(2)发布内容。创建相关的、独特的、可用的内容,并通过不同的渠道,如社交媒体和博客网站发布。喜欢企业内容的人会想要更多地了解企业并访问企业的网站。

5. 展示产品和服务,促进业务发展

随着互联网的发展,社交媒体的影响和移动设备的普及,网站已经成为企业建立业务的重要工具。

(1)分享品牌故事:品牌故事是企业表达价值观的一种有效输出形式,通过网站的品牌建设、受众定位、网页设计等达到营销目的。

(2)获得客户:外贸营销型网站有利于帮助企业通过互联网多渠道运营获得客户。

(3)为员工创建资源中心:企业通过不断地丰富和更新网站相关产品、服务、品牌故事、新闻、图片、下载文档等内容帮助员工创建资源中心,以便更好地了解企业发展。

6. 提升互联网品牌形象

企业无论是创业初期、发展中还是业务成熟状态,都有必要不断地打造品牌和进行品牌营销互动。品牌赋予了企业自己的身份,让客户更容易理解它的含义,而建立网站是实现品牌推广最高效的方式。

(1)企业可以通过网站宣传与定位自身品牌。

(2)网站优化可以帮助企业提升品牌知名度。

(3)营销型企业网站有利于各种在线渠道内容分发。

(4)精心制作的网站可以表明企业的品牌态度。

7. 实时了解业务在互联网上的表现

对于企业来说,拥有一个网站最重要的好处之一就是可以通过分析来实时跟踪它的表现。这可以展示企业的业务在一段时间内是如何发展的以及业务绩效的好坏。业务绩效关键指标有如下四个方面:

(1)访问网站的人数。即"独立访客"人数。

(2)页面浏览量。通过了解页面的浏览量高低,来了解访问者对哪种类型的内容感兴趣,从而进行更好的内容营销。

(3)跳出率情况。跳出率高,说明网站用户体验做得不好,客户没有继续深度访

问网站，反之如果跳出率较低，说明网站用户体验做得不错，用户可以深度访问网站找到自己需要的内容，提高了用户粘性。

（4）平均访问时长。显示访问者浏览内容的时间，平均时间越长，对网站越有利。

1.6 外贸营销型网站建设需要的时间

常规的外贸营销型网站建设通常为 2~5 个月时间，但也有一些功能复杂的网站，如 LED 行业的 Calculator 功能、PCB 行业的 Prototype 功能等，则需要更长时间进行程序部分的功能开发。网站建设时间不等的主要原因有以下几点：

1. 产品定位是否清楚

工厂或者企业事业部对产品比较了解，通常可以清楚地定位产品。但有时也会出现因为内外贸产品叫法不一致等原因导致产品分类不清晰等问题。对于外贸公司而言，可能因为产品线更换或者合作工厂不配合提供产品资料等问题，导致产品定位不清晰。

2. 网站素材准备是否充分

鉴于企业网站的营销推广目的，网站需要有丰富的素材用于展示，素材形式包括文字、图片、视频、图表、PDF 等。素材主要有以下几类，公司基本资料，如企业简介、公司 Logo、发展历史、联系方式，企业宣传册，宣传视频等；产品或服务基本资料，如产品型号、图片、参数，产品手册等；其他资料，如博客文章帮助用户更好地使用企业的产品或服务、常见问答解惑等。

3. 人员安排是否明确

首先要考虑外贸建站涉及的人员或部门较多，如产品部、研发部、外贸部、市场部、品牌部甚至公司老板等，建议企业安排一位固定的人员负责具体对接，这样可以很好地进行内部沟通与外部协调，从而高效地推进工作；其次，关于人员的安排，建议是来自外贸部、市场部或品牌部的人；最后，工作人员应具有一定的英文能力与营销基础知识。

4. 建站流程是否合理

从建站开始，需要设定明确的建站周期和规划，企业与服务商相互配合，按规划执行相关工作，建议至少以周为单位跟进，最好每周一做本周工作安排，每周五做本周工作总结。对于与服务商的配合，企业千万不要当甩手掌柜，需要时刻关注流程和梳理项目进度，否则也可能延期。

除了以上这些因素，可能还涉及企业跨部门配合问题、领导审核周期、网站页面数量等影响因素。

1.7 外贸营销型网站建设的人员设置及其职责

1. 外贸网站负责人

外贸网站负责人的职责很多，比如：
- 负责网站的正常运转，及时排查问题并解决问题。
- 负责网站的整体运营，制定推广策略、方案和计划并组织执行。
- 统计与分析网站数据并提出改进方案。
- 做好网站的改版、升级、优化等工作。
- 保证网站内容的及时性、合理性与合法性。

在外贸网站建站的过程中，网站负责人的主要工作职责是把控建站流程与周期，让建站能够高效高质量地开展下去；同时，网站负责人还要为网站架构、产品分类、关键词等重要事宜做决策。

2. 网站编辑

网站架构确定后，网站编辑要根据架构收集资料，包括图片、文字、视频、PDF、用户评论等，并做好资料的编辑、加工、校审等，同时安排资料上传、更新与维护。

3. 设计师

设计师主要负责外贸营销型网站的页面设计及美观优化，网站各类活动的宣传广告、标语等图片的设计，协调好前端开发人员的技术支持。

4. 前端工程师

前端工程师是外贸建站中不可缺少的一种专业研发角色。从狭义上讲，前端工程师使用 HTML、CSS、JavaScript 等专业技能和工具将产品 UI 设计稿实现成网站产品，涵盖用户 PC 端、移动端网页，处理视觉和交互问题。从广义上来讲，所有用户终端产品与视觉和交互有关的部分，都是前端工程师的专业领域。
- 核心技术：HTML、CSS、JavaScript、jQuery。
- 主流框架：React.js、Vue.js、AngularJS。

5. 后端工程师

后端工程师负责整体网站架构搭建，后台功能的规划和开发，与前端工程师数据接口对接，维护网站安全及服务器稳定等工作。

1.8 外贸营销型网站建设前的准备工作

除了对接好外贸营销型网站建设服务商外，还有以下事项建议提前做好准备。

1. 域名

虽然服务商通常会配合注册域名并提供域名注册的相关建议，但域名作为一个企业的名片，建议企业自主进行域名注册，这样能拥有域名所有权。注册域名很简单，通常国内注册域名可选择阿里云或 GoDaddy 进行注册。

关于域名注册与选择的几点参考意见如下。

（1）域名建议以品牌词、关键词或者搭配使用进行注册，常见域名形式：品牌词.com，品牌词关键词.com，品牌词缩写关键词.com，关键词.com，关键词缩写.com。

（2）使用纯英文，避免数字和中文字符等搭配使用，目的是增加可读性和用户体验度。

（3）字符数越少越好，易于记忆，通常最多 15 个字符。

（4）建议使用.com 国际域名。

（5）针对特定市场的小语种域名，建议针对市场选用独立域名，而非二级域名。注册小语种域名可以先通过 GoDaddy 进行注册，如果 GoDaddy 不能提供注册，则需要找当地市场的域名注册商进行注册，如 www.instra.com 平台可以注册 xxx.ae 类型的域名。也有一些国家的域名，必须提供当地的营业执照才能注册。

（6）外贸网站的域名不需要备案。因为服务器通常会设置在国外，即所有在国外服务器的域名不需要备案均可以正常访问网站。如果域名已经备案，放在国外服务器也不会影响访问。

2. 企业邮箱

企业邮箱，通常是指域名结尾的邮箱。例如 yinqingli.com 是企业官网域名，hina@yinqingli.com 就是这个域名结尾的邮箱。企业邮箱可以极大程度地提高客户信任感。

如果使用企业邮箱的人数不多，且没有大量的 Newsletter 或 EDM 邮件广告，使用免费的企业邮箱即可。例如，exmail.qq.com 提供免费的企业邮箱，配合 Foxmail 软件，可实现桌面接收和发送邮件。

3. 公司 Logo

公司 Logo 需要准备好源文件。

4. 网站构思

网站构思包括粗略的网站架构、页面呈现思路、品牌传递的价值、公司宣传语的设定等。

5. 网站素材

网站素材包括高清图片、高质量文案、视频、图表、PDF 文档、博客或技术文章等。这里主要考虑两个方面：一方面是浏览网站的客户想要什么网站就呈现什么；另一方面是考虑搜索引擎的索引，什么样的内容和页面能够帮助网站获得更好的排名和展示。

除了以上基本的准备，在与服务商接洽过程中，还建议了解以下信息：

（1）建站系统。

适用于外贸营销型网站的建站系统在国内比较少见。国内公司开发的建站系统，更多的是服务于百度优化。而本书提及的外贸营销型网站主要是用于谷歌优化。因此，在与服务商接洽的过程时，有必要了解其建站系统是什么，是否有利于优化推广，操作是否方便，功能是否完善等。

（2）模板建站或个性化建站。

在预算有限的情况下，建议首页个性化定制，其他页面模板化；如果预算充足，建议所有重点页面均做个性化设计，有利于更好地展示品牌形象和传递品牌价值。总之，个性化建站多方面都优于模板建站，如更好的用户体验、更好的搜索引擎索引等，缺点是时间略长。

（3）建站流程及相关事宜。

企业与服务商接洽时，需了解服务商的建站流程，明确对应的时间节点和人员。知晓哪些工作环节由服务商操作，哪些环节由企业自身操作，哪些环节需要双方配合完成。

（4）服务器所在位置。

通常情况下，外贸网站的服务器一般要求设置在海外，而美国是常见的服务器所在地。服务器的访问速度和实际的物理距离有关系，因此可以根据企业主推市场的地理位置合理设置服务器位置。

（5）SSL 证书。

安全套接字层（SSL）技术通过加密信息和提供鉴权来保证网页浏览、电子邮件和即时通讯等数据传输活动的通信安全。在公共网络上的两台计算机之间传输数据时，由第三方颁发的 SSL 证书可以确认消息是否真的来自指定的人员，从而保证传输活动的隐私和安全。如果 SSL 证书有问题，许多网络浏览器可能会阻止用户访问该网站，或者在其访问网站时显示安全警告消息。

（6）是否有 CDN 加速。

CDN 的全称为 Content Delivery Network，即内容分发网络。其基本思路是尽可能避开互联网上有可能影响数据传输速度和稳定性的瓶颈和环节，使内容传输得更快、更稳定。CDN 加速可以优化网页访问速度，让网站不容易宕机，从而推动谷歌排名，刺激转化。

① 有利于 Google 排名。

Google 已经把网站的打开速度当作一个重要的指标，所以网站的打开速度会影响排名。使用 CDN 之后，网站由于打开速度变快，可以减少跳出率，也可以增加用户对网站的友好体验。

② 网站不容易宕机。

网站没有使用 CDN，如果在同一时间涌入大量的流量，那么网站就很可能会宕机。而使用 CDN 之后，可以减少网站宕机的情况，同时网站可以接收更多的流量。

③ 有利于转化。

用户访问网站的时间越多，跳出率越少，越有利于网站的转化。

（7）是否是响应式网站。

响应式网站对应页面的所有元素，均可以设置对应的适配样式，如电脑宽屏、平板横屏、平板竖屏、手机横屏、手机竖屏。响应式网站只需要一个域名和一个后台。这样更加有利于营销工作的展开，以获取更好的谷歌排名，同时，也方便营销人员进行管理，降低企业运营成本。

1.9 外贸营销型网站的组成部分

域名、空间（服务器）、程序（前端 & 后台）是外贸营销型网站的重要组成部分。

1.9.1 域名

域名是访问网站所用的网址，要选择简明好记、符合自身品牌的域名，在第 3 章技术性 SEO 部分做详细的介绍。

1.9.2 空间（服务器）

空间可以是虚拟主机、服务器或云服务器，用于存储网站程序及资料，并提供网站程序运行所需要的环境。购买空间一般会考虑以下因素：操作系统、存储空间大小、网络带宽、CPU、内存大小、以及线路等。

针对外贸营销型网站，通常建议选择海外云服务器，常见的有亚马逊 AWS 服务器和阿里云海外服务器。

1. 操作系统

操作系统分为 Windows 和 Linux 系统，服务器常用的系统是 Linux。Windows 和 Linux 系统的区别在于 Linux 的稳定性和安全性更高。

2. 空间和数据库

空间和数据库主要取决于网站的大小，一般的企业网站在 200MB 大小左右，对应空间只要在 1G 左右就能运行。网站一般会生成静态页面，或者页面缓存放在本地。一般动态都是直接调用的数据库文件，如果访问量多，可能会出现卡顿的情况。因此，可以考虑生成静态页面，减少数据库的调用，释放这种压力。

3. 服务器

网站在服务器上运行，服务器是一台电脑，它要支持某种数据库必须安装相应的软件，如 SQL Server 需要装 Microsoft SQL Server，MySQL 需要装 MySQL 软件，而且要确保软件全天候运行。

4. 文件传输协议

文件传输协议（FTP，File Transfer Protocol）是一种客户端/服务器协议，用于将文件传输到主机或与主机交换文件。

5. 网络带宽

网络带宽是影响网站访问速度的一个重要因素。建议一般的外贸营销型网站带宽在 5~10M 左右。商城站的话需要根据网站流量适当增加带宽。

6. 中央处理器

中央处理器（CPU，Central Processing Unit）作为计算机系统的运算和控制核心，是信息处理、程序运行的最终执行单元。每个空间对 CPU 有一个限额，如果超过限额可能会影响网站访问，比如 Web 访问量过大，同时在线的人数过多，会导致处理器的当前请求数过高，从而占用大量 CPU，导致服务器 CPU 占用 100%。因此，建议加监控，当 CPU 占用超过 80% 时，就去查看服务器以避免出现网站无法访问的情况。

7. 内存大小

内存的大小也是影响服务器性能的重要因素。如果内存太小，系统进程会被阻塞，应用程序会变慢甚至失去响应；如果内存太大，会造成浪费。

8. 线路

对于外贸营销型网站而言，通常主要考虑海外用户的访问速度，因此常见的是海外云服务器或虚拟主机，不存在国内选择单线和多线的问题。

1.9.3 程序（前端＆后台）

程序包括用户浏览网站所看到的前台页面和网站后台管理程序。网站源代码也称为源程序，指未编译的文本代码或一个网站的全部源码文件，是一系列人类可读的计算机语言指令。一般通过一定的程序把源代码翻译成我们所看到的东西，它是网站最原始的代码，也是网站必不可少的一部分。

1. 前端

前端即网站前台部分，运行在 PC 端、移动端等浏览器上展现给用户浏览的网页。前端是创建 Web 页面或 APP 等前端界面呈现给用户的过程，通过 HTML、CSS 及 JavaScript 以及衍生出来的各种技术、框架、解决方案，来实现互联网产品的用户界面与交互功能。

2. 前端代码的构成

（1）结构层 HTML/HTML5。

HTML 是网页内容的载体，内容就是网页制作者放在页面上，想要让用户浏览的信息，可以包含文字、图片、视频等。

HTML 称为超文本标记语言，是一种标记语言。它包括一系列标签，通过这些标签可以将网络上的文档格式统一，使分散的网络资源链接为一个逻辑整体。HTML 文本是由 HTML 命令组成的描述性文本，HTML 命令可以说明文字、图形、动画、声音、表格、链接等。截至 2020 年，最新的 HTML 版本是 HTML 5，HTML5 是公认的新一代 Web 语言，极大地提升了 Web 在富媒体、富内容和富应用等方面的能力，被喻为"终将改变移动互联网的重要推手"。

（2）样式层 CSS/CSS3。

CSS 样式是表现，像网页的外衣，如标题字体、颜色变化，或为标题加入背景图片、边框等，所有这些用来改变内容外观的元素称为表现。

层叠样式表（CSS，Cascading Style Sheets）是一种用来表现 HTML（标准通用标记语言的一个应用）或 XML（标准通用标记语言的一个子集）等文件样式的计算机语言。CSS 不仅可以静态地修饰网页，还可以配合各种脚本语言动态地对网页各元素进行格式化。CSS 能够对网页中元素位置的排版进行像素级精确控制，支持几乎所有的字体字号样式，拥有对网页对象和模型样式编辑的能力。最新的 CSS 版本是 CSS3，是能够真正做到网页表现与内容分离的一种样式设计语言。

（3）行为层 JavaScript。

JavaScript 用来实现网页上的特效效果。例如，鼠标滑过弹出下拉菜单，或鼠标滑过表格背景颜色改变，以及新闻图片的轮播等效果。在有动画的情况下，有交互的一般都是通过 JavaScript 来实现的。

JavaScript，简称 JS，是一种高级脚本语言，已经被广泛用于 Web 应用开发，常用来为网页添加各式各样的动态功能，为用户提供更流畅美观的浏览效果。JavaScript 脚本通常是通过嵌入在 HTML 中来实现自身功能的。

3. 后台程序

后台，或网站后台、网站管理后台，是用于管理网站前台的操作系统。例如，产品或企业信息的增加、更新、删除等，同时也包括会员信息、订单信息、访客信息的统计和管理。简单来说，就是对网站数据库和文件的快速操作和管理系统，以使前台内容能够得到及时更新和调整。

4. 内容管理系统

内容管理系统（CMS，Content Management System），是一种常见的后台管理系统，作用是使网站操作人员能够更新内容、编辑文本、删除页面以及向网站添加图像等功能。

CMS 让管理者使用一个舒适的、用户友好的界面来轻松地管理他们的内容或网站。但是，仅靠 CMS 系统创建的网站很难被谷歌抓取，需要借助 SEO 策略使网站符合谷歌收录标准。

5. 前台与后台的区别

（1）两者负责的领域不同。

前台呈现界面，和用户打交道，一般用户在浏览器上看到的网站页面属于前台。后台是网站管理者进行管理操作、数据处理的，后端程序员对后台数据进行操作。例如，前台看到的网页是前端负责的，数据库的增删改查是后端工程师操作的。

（2）两者面向的受众不同。

网站前台是面向网站访问用户的，通俗地说，就是给访问网站的人看的内容和页面；网站后台是用于管理网站前台的一系列操作，是面向网站管理人员的。

（3）两者的信息获取不同。

前台的大部分信息是从后台调入的，后台的信息由网站管理、运行人员通过后台管理系统添加、编辑而来。

第 2 章 外贸营销型网站建设

本章主要介绍如何搭建一个"三好"(用户体验好、SEO 优化好、营销功能好)网站,涉及竞争对手分析、网站架构规划与外贸营销型网站个性化定制三方面。

2.1 竞争对手分析

竞争对手分析是商业策略的重要组成部分,如果不知道与竞争对手之间的差别,就不可能知道哪些竞争对手是企业最大的威胁,如何打败他们,以及企业应该把精力集中在哪里。竞争对手分析是一种识别竞争对手、了解竞争对手优劣势的方法,对于提高竞争优势是必要的,它可以帮助衡量如何遏制竞争对手,完善相应战略。

对于外贸营销型网站建设而言,通过分析竞争对手的网站流量、关键词数据、页面设计、内容形式等,能够帮助营销人员站在巨人的肩膀上思考,做好内容整合,甚至挖掘出弯道超车的好机会。

本节介绍的竞争对手分析,不是广义上的竞争对手分析,指的是基于用户体验和优化效果相关的竞争对手分析,主要涉及以下事项的分析:如何确定竞争对手,搜集竞争对手的相关信息,评估竞争对手的网站优势,分析竞争对手关键词等。

2.1.1 竞争对手分析工具

这里分享一些谷歌官方的免费分析工具,帮助了解企业所在行业的线上市场营销研究。

1. https://trends.google.com/

谷歌趋势,使用实时数据来衡量消费者对企业品牌及其竞争对手品牌的搜索兴趣。通过输入搜索字词或主题,查看特定区域里某个时间段的搜索热度趋势。同时也可以根据话题分类和搜索分类进行相关查询。如果输入的搜索字词或主题热度很高，谷歌趋势还会推荐出相关话题词和搜索词。

2. https://marketfinder.thinkwithgoogle.com/

全球商机通，这是谷歌的市场寻找工具，通过谷歌的大数据了解和识别新的潜在市场、发现有用的运营信息，帮助企业制定全球性的营销策略。

3. https://www.google.com/alerts

谷歌快讯，使用谷歌提醒来监控企业品牌和竞争对手。

4. https://www.thinkwithgoogle.com/feature/testmysite/

通过谷歌移动设备测速工具，企业可以对比自身网站与业内同行网站移动设备的加载速度，并了解如何提供更快、更顺畅的移动体验。

5. https://www.thinkwithgoogle.com/feature/category-trends/us/month/en

无论是零售商、制造商还是服务提供商，都可以使用此工具来了解需求中的产品和服务。这些数据为内容创作、促销活动、新产品甚至新服务提供了思路和方法。

6. https://growmystore.thinkwithgoogle.com/

"发展我的商店"这一工具将分析企业的零售网站，提供总体评分，并为企业提供详细的改进建议，以帮助企业提升业务。

2.1.2　确定竞争对手

通常，企业都有几家已知的竞争对手。从企业角度考虑，竞争对手可能是市场占有率较高的竞争对手，也可能是互联网营销较为突出的竞争对手，但根据多年实战经验，建议主要结合网站表现整理出几家特别有竞争力的网站作为竞争对手，因为创建网站是为了更好地实现互联网营销。

在众多企业中，有一个两极化的现象，一部分企业在做传统市场营销，如展会、户外广告、电视、广播、报纸杂志、礼品、传单、电话营销等。例如，顾家家居（一家软装家居企业），可以在传统的各种营销渠道中看到它的身影，但在互联网营销方面，除了创建企业网站以外，这家企业几乎没有其他投入。而同样是家居行业的欧派家居，则在互联网营销方面投入了大量的人力物力，并且在互联网营销中开拓了新兴市场，如非洲市场。而另一部分企业在传统市场营销领域几乎不见踪影，它们主攻互联网数字营销。例如，智云（一家做手机和相机稳定器的企业），它的营销主要集中在谷歌推广、社交营销、媒体测评以及 Amazon 店铺等方面。

获得竞争对手网站的方式如下：（1）企业已有竞争对手；（2）通过企业已有网站，或企业已知的竞争对手网站，在第三方工具，如 SEMrush、Ahrefs 等中查询获得竞争对手网址。这些工具推荐的竞争对手主要是通过关键词匹配进行筛选的，需要通过访问网站做二次确认；（3）通过核心关键词，在谷歌搜索，从搜索结果的前三页中寻找竞争对手，通过这种方式获得的竞争对手，一般多为国内外巨头企业，建议保留下来，分析它们的网站、关键词、外链、营销方式等；（4）通过 Alexa 网站排名（https://www.alexa.com/topsites）寻找行业内表现优秀的网站。

2.1.3 竞争对手网站分析

1. SEO 分析

SEO 分析，顾名思义就是通过 SEO 的一些数据来做的对比分析。对比企业自身网站与竞争对手网站在 SEO 方面的表现差距，通过一些 SEO 基础数据发现企业所面临的挑战与机会。以下列出与 SEO 相关的一些重要数据。

（1）网站权重得分（Authority Score）。

这个数据可以通过第三方的工具，如 SEMrush、Ahrefs 等进行查询。SEO 行业普遍认为权重得分越高网站的排名越好，因此，可以通过权重得分了解自身网站与同行之间的差距，以及企业可以努力的方向。

（2）自然关键词数。

了解企业与竞争对手的自然关键词数，自然关键词数越多，说明网站自身的着陆页越多越丰富，对应获得关键词排名的机会越多，从而网站的流量就越高。

（3）网页分析。

通过竞争对手的网页分析，收集竞争对手网站流量以及排名较好的网页，从而了解哪些信息可能是用户最想看到的，同时，还可以了解企业是否有机会能够做得更好。

（4）反向链接。

反向链接又称外链、外部链接等，是指在其他网站导入自己网站的链接。导入链接对于网站优化来说是非常重要的。导入链接的质量（导入链接所在页面的权重）间接影响了网站在搜索引擎中的权重。外链是互联网的血液，是链接的一种。没有链接信息就是孤立的。外链不在于数量，而是在于质量。外链不只为了提高网站的权重，也不仅是为了提高某个关键词的排名，一个高质量的外部链接可以给网站带来很好的流量。

（5）品牌流量。

一方面，通过第三方数据了解竞争对手通过品牌相关关键词获得的流量占比情况，从而了解其在品牌建设方面的投入；另一方面，通过查询品牌相关关键词的月均搜索量，了解品牌的市场占有情况。通过企业与竞争对手这两个方面的对比，了解企业在互联网上的品牌知名度情况，从而制定相关的策略来提升品牌流量。

通过搜索品牌词查看搜索结果，看搜索结果中是否有以下这些信息：

① 是否出现较大版面站点链接（Sitelinks），如果有，说明网站的架构清晰，品牌获得谷歌的认可。

② 是否有谷歌知识图谱，对应的知识图谱内容是否详细，是否绑定社交平台和企业网址，是否有内容介绍、公司 Logo、谷歌地图等，如果有，说明品牌价值得到了体现。

③ 是否有维基百科词条，维基百科是全球网络上最大且最受大众欢迎的参考工具书，名列全球十大最受欢迎的网站。能够出现维基百科词条，会给用户极大的信任感。如果出现维基百科词条，说明品牌具有一定的知名度，或者品牌有强烈的互联网营销思维。

④ 品牌词搜索对应官网是否出现在第一位，且对应的标题与描述信息是否详细；如果品牌搜索结果是第一位，说明官网正常；如果对应的标题和描述信息全面，说明对网站进行了合理布局。

⑤ 是否出现 PAA（People Also Ask）。

⑥ 是否有最新新闻。

⑦ 是否有相关视频推荐。

⑧ 是否有图片搜索结果展示。

（6）谷歌收录

可以在 google.com 中输入 site 指令获得站点网页收录数，例如 site:yinqingli.com。

通过这个结果可以了解网站收录页面是否正常，以及收录的页面数有多少，从而了解竞争对手在站内内容方面的投入，大致得到一个标准作为参考。

（7）核心关键词。

了解竞争对手获得流量和排名的核心关键词，从而了解竞争对手对于产品与公司的定位情况。

（8）网站流量。

通过对比企业网站与竞争对手的网站流量，了解所在行业的流量情况，了解与竞争对手的流量差距；也可以通过查看流量趋势图，了解流量的波动情况等。

（9）流量来源。

流量来源，以谷歌数据统计工具 GA 作为参考，通常一个网站的流量来源有以下几种：

① 自然流量：指通过自然关键词搜索获得的流量。

② 直接流量：指通过输入网址直接访问的流量。

③ 展示流量：指通过谷歌展示广告获得的流量。

④ 付费流量：指通过谷歌搜索付费获得的流量。

⑤ 第三方流量：指除了谷歌搜索引擎以外的其他搜索渠道或者网站资源带来的流量。

⑥ 社交流量：指通过社交媒体，如 Facebook，YouTube，Instagram，Twitter，LinkedIn，Quora，Reddit，WeChat 等渠道获得的流量。

⑦ 其他流量：除以上渠道以外的其他流量，如第三方的广告工具带来的流量等。

通过对企业与竞争对手网站的流量分析，企业可以更全面地了解流量获取的渠道，以及对应渠道获得的流量情况，从而合理分配资源。根据不同网站的流量数据分析得出结论：一个成熟的外贸独立网站流量来源，约 40% 来自直接流量，约 40% 来自自然搜索流量，约 10% 来自付费流量，约 10% 来自社交流量和第三方平台等。这个数据仅供大家参考，因为随着互联网的发展，以及社交媒体和其他新兴媒体的流行，这个数据还会有所变化。以下是竞争对手网站分析参考表，见表 2-1。

表 2-1 竞争对手分析参考

数据类型	竞争对手1网址	竞争对手2网址	竞争对手3网址	竞争对手4网址	竞争对手5网址
域名起始时间					
网站权重					
自然关键词数					
反向链接					
品牌流量					
付费广告					
谷歌收录页面数					
谷歌知识图谱					
维基百科					
结构化数据					
核心关键词					
网站流量					
流量来源					
流量趋势					
总结	1. 从互联网营销渠道分析　2. 从品牌知名度分析 3. 从站内分析　4. 从挑战与机会分析				

2. 网站设计分析

网站设计是没有界限的，没有最好，只有更好。查看竞争对手的网站，通过直观的用户体验可以判断出适合企业市场营销的高用户体验度的网站大概是如何规划与设计的。

3. 用户体验度分析

（1）感官体验：呈现给用户视觉上的体验，强调舒适性。

① 设计风格：符合目标客户的审美习惯，并具有良好的引导性。

② 企业 Logo：确保 Logo 的展示空间，清晰展示而又不占据过分空间。

③ 页面速度：正常情况下，尽量确保页面在 5 秒内打开。

④ 页面布局：重点突出，主次分明，图文并茂。与企业的营销目标相结合，将目标客户最感兴趣的、最具有销售力的信息放置在最重要的位置。

⑤ 页面色彩：与品牌整体形象相统一，主色调和辅助色不超过三种颜色。以恰当的色彩明度和亮度，确保浏览者的浏览舒适度。

⑥ 页面导航：导航条清晰明了、突出，层级分明。

⑦ 页面大小：适合多数浏览器以及不同尺寸的显示器浏览。

⑧ 图片展示：比例协调、不变形，图片清晰。图片排列既不过于密集，也不会过于疏远。

⑨ 图标使用：简洁、明了、易懂、准确，与页面整体风格统一。

（2）交互体验：呈现给用户操作上的体验，强调易用性和可用性。

① 表单填写：尽量采用下拉选择，需填写部分注明要填写的内容，并对必填字段做出限制（如手机位数、邮编等，避免无效信息）。

② 表单提交：表单填写后需输入验证码，防止注水。提交成功后，应显示感谢提示。

③ 按钮设置：交互性的按钮必须清晰突出，以确保用户可以清楚地点击。

④ 点击提示：点击浏览过的信息颜色需要显示为不同的颜色，以区分未阅读内容，避免重复阅读。

⑤ 错误提示：若表单填写错误，应指明填写错误之处，并保存原有填写内容，减少重复工作。

⑥ 在线搜索：搜索提交后，显示清晰列表，并对该搜索结果中的相关字符以不同颜色加以区分。

⑦ 新开窗口：尽量减少新开的窗口，避免打开过多的无效窗口，关闭弹出窗口的功能。

⑧ 资料安全：确保资料的安全保密，对客户密码和资料进行加密保存。

⑨ 显示路径：无论用户浏览到哪个层级、哪个页面，都可以清楚地看到该页面的路径。

（3）浏览体验：呈现给用户浏览上的体验，强调吸引性。

① 栏目的命名：与栏目内容准确相关，简洁清晰，不宜过于复杂难懂。

② 栏目的层级：最多不超过三层，导航清晰，运用 JavaScript 等技术使层级之间伸缩更便利。

③ 内容的分类：同一栏目下，不同分类区分清晰，不要互相包含或混淆。

④ 内容的丰富性：每一个栏目应确保足够的信息量，避免栏目无内容情况出现。

⑤ 内容的原创性：尽量多采用原创性内容，并确保内容的可读性。

⑥ 信息的更新频率：确保稳定的更新频率，以吸引浏览者经常浏览。

⑦ 信息的编写方式：采用倒金字塔结构。段落标题加粗，以区别于内文。

⑧ 新文章的标记：新文章应采用不同标识（如 New），吸引浏览者查看。

⑨ 文章导读：重要内容要在首页设立导读，使浏览者可以了解到所需信息。文字截取字数准确，避免断章取义。

⑩ 精彩内容的推荐：在频道首页或文章左右侧，提供精彩内容推荐，吸引浏览者浏览。

⑪ 相关内容的推荐：在用户浏览文章的左右侧或下部，提供相关内容推荐，吸引浏览者浏览。

⑫ 信息的搜索：在页面的醒目位置，提供信息搜索框，便于查找到所需内容。

⑬ 文字排列：标题与正文明显区分和间隔，段落清晰。

⑭ 文字字体：采用易于阅读的字体，避免文字过小或过密造成的阅读障碍。可对字体进行大、中、小设置，以满足用户不同的浏览习惯。

⑮ 页面底色：不能干扰主体页面的阅读。

⑯ 页面的长度：设置一定的页面长度，避免页面过长而影响阅读。

⑰ 分页浏览：长篇文章应进行分页浏览。

⑱ 语言版本：面向不同国家的客户提供不同语言的浏览版本。

（4）情感体验：呈现给用户心理上的体验，强调友好性。（主要针对 B2C 网站）

① 客户分类：将不同的浏览者（如消费者、经销商、内部员工）进行划分，为客户提供不同的服务。

② 友好提示：每一个操作应进行友好提示，以增加亲和度。

③ 会员交流：提供便利的会员交流功能（论坛等），增进会员感情。

④ 售后反馈：定期进行售后的反馈跟踪，提高客户的满意度。

⑤ 会员优惠：定期举办会员优惠活动，让会员得到实实在在的利益。

⑥ 会员推荐：根据会员资料及购买习惯，为其推荐适合的产品或服务。

⑦ 鼓励用户参与：提供用户评论、投票等功能，让会员更多地参与进来。

⑧ 会员活动：定期举办网上会员活动，提供会员线下交流机会。

⑨ 专家答疑：对用户提出的疑问进行专业解答。

⑩ 邮件/短信问候：针对不同客户，定期提供邮件/短信问候，增进与客户间的感情。

⑪ 好友推荐：提供邮件推荐功能。

⑫ 网站地图：为用户提供清晰的网站指引。

（5）信任体验：呈现给用户的信任体验，强调可靠性。

① 公司介绍：真实可靠的信息发布，包括公司规模、发展状况、公司资质等。

② 服务保障：公司的服务保障要清晰地列出，以增强客户的信任度。

③ 联系方式：准确有效的地址、电话等联系方式，便于客户查找。

④ 服务热线：公司的服务热线列在醒目的地方，便于客户查找。

⑤ 有效的投诉途径：为客户提供投诉或建议邮箱或在线反馈。

⑥ 安全及隐私条款：交互式网站应注明安全及隐私条款，可以减少客户顾虑，避免纠纷。

⑦ 法律声明：网站法律条款的声明可以避免企业陷入不必要的纠纷中。

⑧ 相关链接：集团企业及相关企业的链接，应该具有相关性。

⑨ 帮助中心：流程较复杂的服务必须设置帮助中心进行服务介绍。

4. 网站架构分析

网站架构是指网站中页面间的层次关系，或者说网站上的各个页面是如何连接起来的。清晰合理的网站架构有利于搜索引擎对网站页面的收录，并能帮助用户快速找到所需的信息，提升用户体验。

这里的架构分析，指的是通过对竞争对手网站进行架构分析，结合企业自身对网站架构的理解，最终从用户体验、搜索优化等角度完善其自身的网站架构。在做竞争对手网站架构分析时建议从两个方面入手：一个是主导航架构，另一个是产品分类架构。主导航架构确定整个网站的格局和丰富度，如主导航的设置形式、层级情况，以及哪些内容作为重点展示等；对企业网站而言，产品目录和详情页面是获得流量的重要着陆页，因此建议重点分析产品分类架构。

5. 产品分类架构分析

通过深入了解竞争对手的产品分类方式、消费者的搜索习惯、市场新兴趋势来帮助企业分析自身产品架构并做出调整，这样企业才能更加有效地推广产品以赶超竞争对手。

从产品分类角度来说,企业要了解竞争对手以什么方向作为出发点对产品进行分类,是常规的分类方式还是有其独特的分类方法,同时还应了解竞争对手对产品的分类是单维度还是多维度。

如果所有竞争对手都采用一样的分类方式,说明行业内对应的用户群体大多数情况会按照这种常规的分类方式对产品进行索引,企业就有必要保留这种分类方式,以便提供给大众索引的机会,至少保证有一定的流量曝光。此外,除在常规分类方式以外,有必要尝试第二种甚至更多的分类方式,一方面,可以争取更多的着陆页被索引和曝光的机会;另一方面,有可能第二种分类方式会成为目标群体搜索的主流,因为每个行业通常都在朝着精细化的方向发展。

当发现竞争对手对产品的分类方式不一致的时候,企业就有必要对这些分类方式进行梳理与整合,争取让产品的分类方式成为行业标准。一方面,梳理所有竞争对手的产品分类方式,以产品的事实基础为依据进行整合;另一方面,通过对竞争对手产品页面对应的关键词与流量数据情况进行分析,整理出在关键词表现方面或者流量表现方面最佳的一些页面,通过这些页面结合企业对产品的理解,整理得出最佳的分类方式。

对于产品分类的方式,建议如下:

(1)随大流,保留产品的主要分类方式,因为主要分类方式也是用户进行信息检索的主要方式,因此这样设置一方面方便用户检索,另一方面可以覆盖主流关键词,获得流量机会。例如,Press Brake 这个产品,主要分为 Manual Press Brake,Hydraulic Press Brake,CNC Press Brake 等。

(2)根据竞争对手关键词和页面流量以及谷歌趋势分析,发现新的流量关键词,对应增加相关产品分类方式,从而避免过大的竞争。例如,同样是 Press Brake 这个产品,它的部分关键词与"吨位"相关,并且有不错的搜索量。建议增加相关的产品分类,将 Press Brake 分为 20 Ton Press Brake,30 Ton Press Brake,40 Ton Press Brake,50 Ton Press Brake,100 Ton Press Brake,200 Ton Press Brake 等。

(3)对于有一定知名度的企业而言,产品的分类建议可以结合企业自身的品牌和产品系列名称进行分类,因为这些名称在市场上已经有一定的流量,且通过后续的维护可能获得更多的流量,从而丰富品牌流量,避免竞争。例如,智云(一家做手机和相机稳定器的企业),它的产品主要按照其产品型号分为 Crane 2,Crane 2S,Smooth X,Crane 3S,Weebill S 等。

企业应该根据互联网不同用户的搜索习惯,为网站产品制定多维度分类,从而覆盖多种类型的客户群体。

6. 内容分析

竞争对手内容分析主要从以下几个方面入手：

（1）找到内容差距。

内容差距是指针对某个关键词，竞争对手有对应着陆页面而企业网站没有相关页面。因此，需要对这个排名关键词做着陆页补充。

当找到关键词内容差距后，考虑到企业的有限资源，针对所有这些关键词制作相关内容是不切实际的。因此，建议筛选出低或中等难度，高搜索量的关键词进行推广。低难度意味着它们将更容易排名，而较高的搜索量意味着排名将给网站带来不错的流量。

（2）找到竞争对手排名最好且流量最高的内容页面。

关键词研究仍然是 SEO 的一个关键部分，随着谷歌算法的更新，谷歌对用户搜索意图理解可以说是越来越好。因此，一个页面可以很容易获得成百上千个长尾关键词的排名。

通过分析竞争对手，可以知道竞争对手哪些页面获得了大量的关键词排名，吸引了大量流量。收集这些高流量、多关键词的页面，整理出相关的主题，然后企业可以根据这些主题撰写相关的文章并赚取一些长尾词流量。一个页面能够获得高流量、多关键词排名，一方面说明这个页面的优化效果好，另一方面也说明这个话题对于用户而言是优质内容，值得企业也做相关内容分享。因此，即使是相同的话题，企业也可以站在新的角度去撰写高质量的文章，为了获得更好的排名，建议在内容撰写方面从文字量、严谨的页面结构与设计、关键词布局、访问速度优化等角度超越竞争对手。

7. 找到竞争对手获得外链最多的页面

链接意味着引荐，企业应该收集竞争对手获得了最多链接的页面并对其进行分析。

建议对每个竞争对手选取外链最多的前 5 张页面进行分析，从内容类型和引荐外链数两个方面出发。一方面，通过分析，企业可以大致了解每个竞争对手都是什么类型的内容，以及什么类型的内容更容易获得链接。企业也可以做相同类型的内容，以便获得链接以及自然流量。另一方面，也可以把竞争对手获得链接的文本内容转化成 PDF 格式、信息图格式等，从而吸引更多链接。

此外，企业还可以使用以下方法来吸引链接：

（1）创建一个类似但更好的内容。

（2）把内容展示给所有链接到企业竞争对手当前页面的人。

（3）请他们把链接换成企业新建优质内容的链接。

8. 找到竞争对手"404 内容页面"

如果能在竞争对手的网站上找到有反向链接的 404 页面，并且在某种程度上与企业的业务相关，就可以利用这些页面进行以下操作：

（1）弄清楚 404 页面曾经是什么样子。

（2）发布一些类似但更好的内容。

（3）找到所有链接到 404 页面的资源。

（4）争取把死链接换成企业新建内容的链接。

2.1.4 竞争对手关键词分析

在网站优化的过程中，非常重要的一步就是给网站找到最匹配、最全面的关键词，那么分析竞争对手的关键词是一种非常聪明、非常高效的方法，或许能帮企业把网站流量推进到一个新的高度。

1. 竞争对手关键词分析的主要目的

（1）发现用户感兴趣的信息，因为关键词是用户搜索的字词，通过关键词可以了解用户对哪些信息感兴趣并对应生成内容。

（2）完善网站架构，因为一个关键词往往代表一类产品、一个信息点或一个品牌，因此通过分析关键词有助于完善网站的架构。

（3）保持竞争力，发掘更多可优化的关键词，避免落后。

（4）寻找新的机会，筛选出令人惊艳的、没被发现的关键词。

（5）诊断关键词性能，借此了解对手超过自身或获得更多自然流量的原因。

（6）挖掘已经在选定市场网站上存在的有利可图的关键词。

2. 竞争对手关键词分析步骤

（1）收集竞争对手的关键词。

通过第三方工具（比如 Google Ads，SEMrush），可以得到竞争对手的相关关键词，收集这些关键词。

（2）过滤关键词。

整理所有竞争对手关键词形成列表，快速浏览列表并排除所有与企业产品或服务无关的关键词，筛选出与企业自身产品或服务匹配的有竞争力的关键词。

（3）深入挖掘。

筛选出来的关键词可以从搜索结果的角度了解它们的排名难度。将每个关键词在谷歌中搜索并分析其搜索结果：

① 指向该页面反向链接的数量和质量；
② 指向该网域反向链接的数量和质量；
③ 站在搜索关键词用户的角度考虑，对结果是否完全满意；
④ 是来自公司官网还是问答或论坛站点的结果？
⑤ 结果是否在 Blogger 等免费博客平台上发布？
⑥ 网页加载快吗？
⑦ 网页适合移动端浏览吗？

企业也可以根据需要，在分析中添加其他谷歌排名因素。

（4）确定要优化的自然关键词。

分析完每个关键词后，必须决定哪些关键词值得安排优化。要做出这个决定，需要考虑以下因素：

① 企业的域名有多强？（有多少个链接指向？域名权重如何？）
② 获得反向链接的能力如何？（是否拥有 SEO 经验？是否有相关资源获得链接？）
③ 内容生产能力如何？（是否具备创建最佳内容的技能或有足够的经济实力进行外包？）
④ 为特定关键词创建特定页面时，其信任值和相关性是否能够超过其他搜索结果。

域名越强大，排名越容易；越容易获得高质量的反向链接，排名越容易；对内容的预算越大，制作其他人无法比拟的内容就越容易。

（5）分析各个网站的付费关键词。

除了搜集竞争对手自然排名关键词列表，还需要搜集分析竞争对手网站的付费关键词列表。例如，SpyFu 这样的工具将会提供竞价关键词的每次点击费用和每月费用。如果要做关键词竞价投放，企业需要考虑以下几点。

① 是否有足够资金支撑付费广告？
② 销售渠道是否足够坚实足以维持每月运行付费广告系列费用的客户转换？
③ 是否有能力每月吸引足够的流量并转换足够的潜在客户？

通过本节以上五个点的分析，可以帮助企业从关键词角度得到以下信息：

① 从什么角度跟竞争对手竞争？
② 竞争对手的客户是通过哪些关键词找上它们的？
③ 竞争对手在投哪些竞价关键词？
④ 应该投什么竞价关键词？
⑤ 与竞争对手关键词的差距在哪里？
⑥ 哪些自然搜索关键词还没有做到位？
⑦ 网站能布局哪些长尾关键词？

更为详细的关键词分析与策划以及优化策略请参考"第 4 章 SEO 关键词"部分。

3. 竞争对手关键词分析的工具

市场上对竞争对手分析的工具很多，可以通过 Google 搜索 Competitor Analysis Tools 找到更多的竞争对手分析工具。推荐几款常用的第三方工具，其数据方面可借鉴参考，但不能完全依赖。

（1）https：//ads. google. com/。

这是 Google 官网的关键词分析工具，可以通过直接输入竞争对手的网站，了解竞争对手网站布局的相关关键词。

（2）https：//ahrefs. com/。

Ahrefs 是一个强大的 SEO 工具，功能包括监测竞争对手的链接、关键词研究、内容分析等。

（3）https：//www. semrush. com/。

这是比较常用的竞争对手分析工具，该工具可以看到竞争对手的关键词情况、外链情况、内容情况、广告情况等，也有关键词拓展、网站 SEO 分析等工具可以使用。

（4）https：//www. spyfu. com/。

这个竞争对手分析工具可以找到与企业市场最相关的关键词和竞争对手正在使用的关键词，包括竞价关键词和自然搜索关键词。

（5）https：//www. similarweb. com/。

这个工具可以帮助企业衡量竞争对手，监测行业动态，并揭示企业竞争对手的数据情况和互联网营销策略；也可以帮助企业了解消费者的意图和新兴趋势。

（6）https：//majestic. com/。

这个工具主要帮助企业得到竞争对手使用的外部链接并进行锚文本的详细分析。Majestic 从互联网上抓取数据，而不是用元搜索进行搜索，它扮演着搜索引擎的角色。

（7）https：//serpstat. com/。

Serpstat 是一个集所有功能于一体的 SEO 平台，它可以分析企业及其竞争对手的网站。搜索竞争对手的关键词，分析它们的页面和反向链接策略，并监控它们在 SERP 中的位置。

（8）https：//buzzsumo. com/。

Buzzsumo 是一款内容分析工具，允许企业查看与其品牌和特定竞争对手相关的高流量内容。该工具可以查看某一内容在社交网站上的参与度以及它在整个网络上的总份额。

（9）https：//www. alexa. com/。

Alexa 是亚马逊的一家公司。创建于 1996 年，Alexa 有丰富的历史，可以提供深入的分析见解，分析网站基础 SEO 情况和内容情况。

（10）https://www.wappalyzer.com/。

这是 Firefox 浏览器上的一个拓展工具，通过这个工具，可以了解竞争对手使用的网站技术和免费工具。

2.2 网站架构

在宏观上，网站架构是指整体网站的架构布局，即整站架构；在微观上，网站架构可以指每一个页面的架构布局，即着陆页架构，通过 H 标签可以很清晰地进行布局。一个优秀的网站架构，即一个清晰且丰富的网站架构，不仅可以提高用户体验度，从而带来高的用户转化；还可以提高搜索引擎的友好索引，从而全面提升企业互联网形象，并且帮助提升品牌价值，打造互联网资产。网站是互联网营销推广的重要载体，那么网站架构就是这个重要载体的基石。本节主要从整站架构和着陆页架构两个方面进行展开讲述。

2.2.1 整站架构

一个结构良好的网站很有可能在搜索引擎中获得更高的排名。企业应创建一个良好的网站架构，提供一个更好的用户体验，使网站获得更高的搜索结果排名，同时鼓励互联网用户点击网站。

网站架构的类型有很多种，包括层次模型、顺序模型、矩阵模型、数据库模型等。其中，层次模型是最常见和最受欢迎的网站架构类型，也被称为树形结构（如图 2-1 所示），其中有一个包含大量信息的父级页面，它被进一步分类为包含详细信息的子页面。

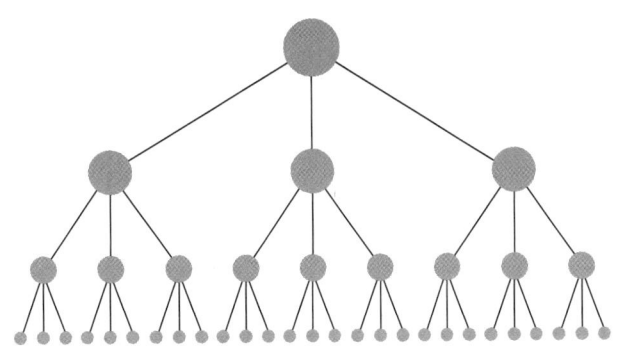

图 2-1 网站架构树形结构示意图

1. 优秀网站架构的好处

(1) 提高用户体验度。

一个优秀的网站架构是网站设计的基础,同时也可以清晰地向浏览者展示其逻辑关系,帮助浏览者快速找到想要的信息;相反,如果网站架构混乱,浏览者在访问网站时就如同走进迷宫,很难找到自己想要的信息,只能离开,这样就会提高网站跳出率、降低用户粘度。

网站对用户越有吸引力,对搜索引擎也越有吸引力。谷歌的算法使用来自搜索者的信息对企业的网站进行排名。如果站点的点击率很差,停留时间很短,那么它在SERP中就不能有很好的排名。一个合理的网站结构可以减少跳出率,提高停留时间,两者都会促进排名的提高。

(2) 帮助搜索引擎收录和索引。

像Googlebot这样的网络爬虫会抓取一个网站的结构。爬虫的目标是索引内容,以便在搜索结果中返回它。网站架构越好,爬虫程序就越容易访问和索引内容。爬虫不会自动发现网站上的所有东西。一个合理的网站架构可以引导搜索引擎爬虫抓取和索引更多有价值的网页,以便网站在搜索结果中获得展示;但是如果网站架构混乱,往往就会造成爬虫陷入死循环,这样爬虫就可能抓取不到某些页面。因此,网站架构不仅要清晰,而且要丰富。

(3) 增加站内链接展示机会。

在谷歌里搜索品牌相关词时,拥有优秀架构的网站(辅之以谷歌结构化数据)可以在搜索结果页面呈现Sitelinks站点链接搜索结果,如图2-2所示。站点链接可以呈现更多站内链接,从而方便引导用户找到相关信息,增加点击率,减少用户流失。同时大版面的站点链接呈现也可以增加用户对企业网站的信任,促进其品牌声誉。

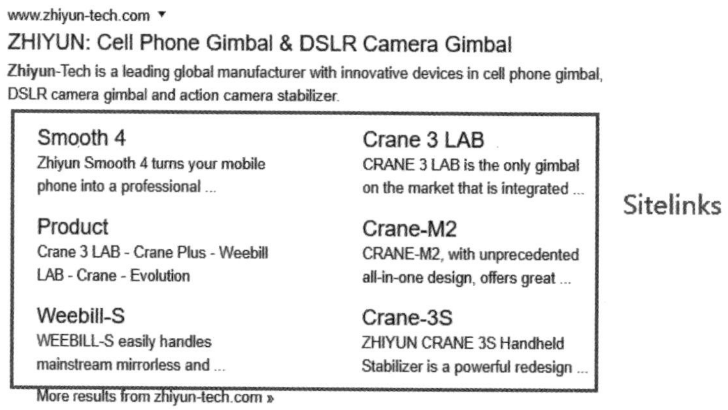

图2-2 谷歌搜索结果截图

(4) 获得好的 SEO 排名结果。

优秀的网站架构是搜索引擎优化 SEO 的核心，因此，非常有必要为搜索引擎优化的爬虫制作清晰的、逻辑性强的、丰富的网站架构。更好的 SEO 排名结果就等于大量的自然搜索流量来源。

(5) 其他附加信息展示。

例如，PAA（People Also Ask）（如图 2-3 所示）、视频等，这部分展示除了有良好的网站架构外，还需要使用谷歌结构化数据。

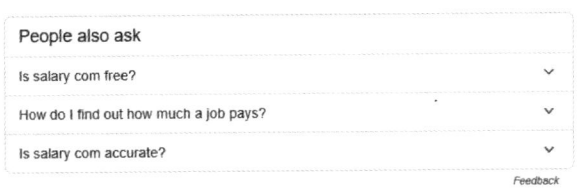

图 2-3　PAA 搜索结果示例

2. 网站架构设置需要注意的事项

(1) 层次结构合乎逻辑，切忌过于复杂。设定好主目录以及对应的子目录。

(2) 主目录的数量建议为 2~7 个。

(3) 尽量平衡每个主目录下的子目录数量。

3. 外贸营销型网站架构

外贸营销型网站架构主要包括头部导航、主导航和底部导航。

(1) 头部导航。

头部导航内容通常包含有"Logo 公司标识""Slogan 宣传语""Notice 公告""Support/Help 支持""Contact 联系我们""Blog/News 博客/新闻""Search 搜索框""Login/Sign Up 登录注册""Social Shares 社交分享按钮""VR 展示"。

通常网站打开直接由主导航开始往下展示，当主导航多于 7 个的时候，可以合理利用头部导航和底部导航来添加入口供用户访问。头部导航一般展示对用户体验较好的内容。例如，Support，方便用户咨询；Blog，方便用户了解动态；Contact，方便用户联系；Notice，提示重要的公告信息。

(2) 主导航。

主导航内容通常包含有"Home 首页""Products 产品/Service 服务""About 公司简介""Cases/Projects 案例""Industries 行业应用""Technology 技术""Resources 资源""Contact Us 联系我们"。

① Home 首页：通过 Home 会与 Logo 同时链接到首页，但是越来越多的网站选择只保留 Logo，不展示 Home 栏。

② Products 产品/Service 服务：建议用描述性的表达，如 LED Lighting；CNC Machining Services，包含关键词。有些企业也会选择将产品分类作为主导航，其他信息展示在头部或底部导航。

③ About 公司简介：其他表达方式可参考 About Us，公司名称，Who We Are，Corporate，About，Our Story，Company 等。

④ 向客户展示实力和特色：常见的展示项有 Cases/Projects（案例展示），Industries（应用领域明细配合案例），Technology（相关技术，比如专利等），Inspiration（灵感，信息展示为主，比如图册、Ideas 等），Equipment/Factory（展示生产实力）。

⑤ 客户提供的产品或服务的第二个维度：如 CNC Machining 既提供服务，也提供对应行业的 Parts，这些 Parts 建议在主导航进行展示。

⑥ 特别想推荐的内容：如 Videos（视频），Careers/Join Us（招聘入口），Dealers（经销商入口）等。

⑦ Resources 资源：资讯中心或信息更新等对于营销型网站是必要的，根据内容情况，可以是 Resources，Media Center，Support，Information，Knowledge Center，Education，Blog，News，Help 等。

⑧ Contact Us 联系我们：必选，因为营销型网站的目的是获得询盘，通常设置为主导航的最后一个，"联系我们"是一个很好的引导按钮。

（3）底部导航。

底部导航通常包含 Important Links，Privacy Policy，Links，Terms of Use，Sitemap，Contact Us，Social Shares，Legal，Copyright，All Rights Reserved.，Subscribe 等内容。

底部导航除了 Privacy Policy，Terms of Use，Sitemap，Contact Us，Social Shares，Copyright，All Rights Reserved 等在设计网站的时候建议进行考虑外，还要注意以下两种情况：一种情况，罗列主导航中的重要信息，再次展示以表达重要性，可适当用精准匹配的关键词做链接的锚文本；另一种情况，是主导航无法完全展示的其他导航内容，如主导航以产品结构为主，Company，Service 等内容需要在底部导航罗列。一些较大的公司，如 apple.com，microsoft.com 都是底部导航展示整站导航结构，而主导航以产品为主。

2.2.2　着陆页架构

在线上营销中，着陆页（Landing Page）是静态页面，或者目标页面，通常出现在搜索引擎优化的搜索结果、营销推广、营销电子邮件或在线广告中。着陆页引流如图 2-4 所示。从外贸网站获取潜在客户的转化情况来看，着陆页通常发生在首页（很多营销人员不会把首页定位为着陆页，因为通常首页链接较为分散，主题不够明确；但从品牌角度来看，首页对拥有精专产品的企业而言是极好的着陆页）、产品目录页面、产品详情页面、信息类单页面等地方。下面依次对这几个页面做架构说明。

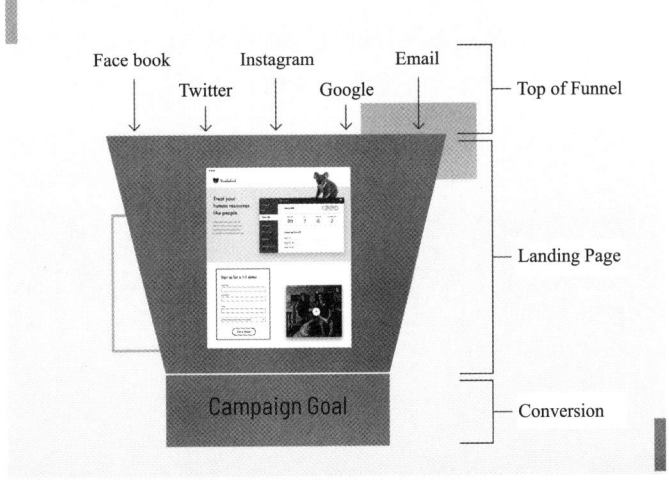

图2-4 着陆页引流示意图

1. 首页架构

网站首页是企业的线上名片，对在线上开展业务拓展潜在客户的企业而言，首页架构至关重要。有研究表明，页面只有5秒钟的时间来吸引访问者浏览网站所能提供的信息。在一个网站的首页架构与设计上投入足够的时间和努力，可以让潜在客户对公司或产品有一个好的印象。

（1）首页架构与设计的一些参考建议。

① 吸引注意力。

有几样东西可以用来吸引访问者的注意力，如图片、标题、字体、颜色、布局……漂亮的产品很适合用来吸引访问者的注意力，这就是为什么很多公司总是把它们的新产品放在首页和中心位置。

网站上不要使用过于普通的图片。Pexels（https://www.pexels.com/）和 Unsplash（https://unsplash.com/）能找到好的免费图片。如果企业的产品或服务是视觉化的，并且简单易懂，那么就把图片作为主要的关注点。复杂或抽象的产品和服务往往依靠题材背景、颜色和文字来吸引用户的注意力。有时为了真正展示一个观点，最简单的方法是将文本和视觉效果结合起来。

② 访客是否明白企业在做什么。

企业形象：可以通过标志、品牌名称、品牌颜色等展示。

企业业务：通过简明扼要的标题进行展示，这样不管受众知识水平如何都能清晰知道企业是做什么的。

③ 朝着成交方向努力。

不管网站卖不卖产品，首页都应该有一个明确的目标。此处举几个目标的例子：开始免费试用，获取一个方案，联系我们（电话邮件），销售一个产品或一种服务，注册一份简报，看一个视频，填一份表单（或信息收集，或调查问卷）。

④ 合理的设计布局。

如果首页设计布局不合理，即使有再精美的图片和文案，也不会得到用户的认可。使用一个专业设计的网站模板是最简单经济的方式，这种方式可确保一个良好的布局。

网页设计的关键是确保字体清晰避免弹出窗口或者网站动效影响用户体验；尽量留白，让内容看起来不至于太过拥挤；根据网格均匀分隔内容；选择合适的配色。在大多数情况下，简洁至上。页面过度设计不仅导致制作和更新成本高，而且常常不如简化后的页面客户体验度好。

⑤ 让文案引起共鸣

改善首页文案的建议如下：使用与访客相同的词语，如他们用来搜索的词语；关注访客和他们的利益，多用"您"，少用"我们"；使用能引起访客共鸣的形容词和动词，如 Now, Proven, Click, Learn, Bonus, Join 等，更多词语使用如图 2-5 所示；使文案专注于某一个集中的话题，删除无价值内容；使用空白和标点符号来强调某些重点。

Now	Revolutionary	Mindblowing
Free	Sensational	Most
Proven	Join	Persuasive
Learn	Become A Member	Simple
Try	Donate	Success
Exclusive	Beautiful	Ultimate
You	Best	Useful
Power	Brilliant	Valuable
How To	Epic	Approaches
Click	Essential	Benefits
Bonus	Excellent	Case Studies
Results	Fails	Checklist
Imagine	Fantastic	Examples
Discover	Free	Guidelines
Create	Gorgeous	Help
Increase	Great	KPIs
Promote	Horrific	Learn
Announcing	Horrifying	Measure
Improvement	Important	Presentations
Tell Us	Inspire	Reasons
Inspires	Kickass	Statistics
Remarkable	Killer	Things
Challenge	Know	Trends
Hurry	Lousy	Ways
Easy		

图 2-5　常见的英文 Power Words 截图

如果企业不确定什么是好文案，可以采访一些企业已有客户来撰写合适的文案。比如企业客户的痛点是什么，企业的产品或服务如何帮助客户，客户熟悉的术语，等等。

⑥ 让访客信任。

信任是任何新的在线关系的关键组成部分。建立和加强信任关系的最简单方法是通过社会证明（Social Proof）。社会证明可以通过多种方式实现。

客户语录、推荐信、客户评语，都可以从客户角度出发，呈现其他客户对企业产品及服务的信任感。有些统计数据，如客户数量、案例数量、服务国家区域数量等，都可以让客户更好地了解公司实力。有些优质奖项，如一些行业认证，一些产品的专利证书，或者公司获得的一些国际认证，都是可以作为凭证呈现给客户，以获取客户的信任感。

如果一家企业从事某行业已有 30 年的历史，那么这种时间跨度足以证明企业在行业中有丰富的从业经验从而让客户对企业产生信任感。

社交媒体分享，许多企业在网站的首页上放了一个 Facebook 或 Twitter 的小工具来展示它们有多少粉丝和追随者。对访问者来说，这增加了企业的可信度，因为这表明企业获得他人的喜欢和信任。

专业网站要加强设计，最重要的是细节。每件事都很重要，没有什么可以被忽视。

隐私政策（Privacy Policy）一定要有。网站内容语法正确，单词拼写无误。

详细的交易报告，如发货信息、安装现场、售后服务等。避免使用咄咄逼人的广告和全页弹出窗口，妨碍用户访问网站内容。

使用 About 页面，分享关于企业发展的历史、团队介绍、企业使命等信息，除了文字，还需要提供一些图片，展示真实的团队成员、公司办公环境等。

确保网站访问速度，尤其是外贸营销型网站，建议使用 CDN 加速，保证网站在不同地区的访问速度良好。

避免隐藏内容。隐藏内容被谷歌认为是作弊的一种表现，如果使用隐藏内容，谷歌会对网站评级打比较低的分数。

⑦ 与网站访问者互动。

客户直接通过网站与企业互动，可以大大提高用户的黏性，除了常规的电话、邮箱和表单外，线上直接对话是提高询盘量的重要入口。

互动可以通过多种方式进行，如：实时聊天或聊天机器人；网站功能（如强大的筛选功能、LED Calculator 功能等）；视频；可点击元素（如 FrontApp, https://frontapp.com/）；互动演示（如 RedPen.io, Baremetrics, Camera+2）。

⑧ 网站兼容性强。

网站需要具有良好的兼容性，确保用户在各种设备或浏览器访问网站时能够得到友好的用户体验。下面是一些测试工具仅供参考：

移动兼容性：谷歌的移动友好测试（https://search.google.com/test/mobile-friendly）；

检测页面加载页面：谷歌速度测试工具（https://pagespeed.web.dev/）；

检测浏览器/操作系统兼容性（https://browsershots.org/）。

⑨ 页面 SEO 优化。

基本上上面提到的一切都在搜索排名中扮演着重要的角色，但是，仍然需要了解与页面 SEO 相关的其他基础知识。页面 SEO 优化包括 TDK（Title, Meta Description, Keyword）；Heading Tags（H1 标签、H2 标签、H3 标签等）；出站链接设置；站内链接设置；锚文本设置；关键词植入等。

（2）首页架构示例（见表 2-2）。

表 2-2　首页架构示例

板块	内容建议
第一版 头部 + Banner 这一版可以理解为 Heading 1, H1，即大标题，就是这张页面的主题，展示头部和 Banner，让客户了解首页的中心思想	1. Important Notice 2. Contact Details（Email, Tel, Inquiry Sheet, Sign In, Sign Up） 3. Logo & Slogan 4. Navigation & Drop Down 5. Banner
第二版 产品 这一版开始往下的每一版可以理解为 H2 标签，H2 标签下面可以继续设置 H3 标签，H3 标签下可以设置 H4 标签等，依次类推	OUR PRODUCTS（What We Offer; Our Offer; Our Products and Services; Are You Looking For?; What We Suggest; We Suggetst.） 1. Product/Service Categories 2. Recommended Produsts/Services（Hot Sale, Popular, New, Featured, Expert, etc.） 3. Product Video
第三版 公司	Who We Are（About Us, About Brand, etc..） 1. Company Profile（Basic Info, Numbers） 2. Company Services 3. Company News 4. Company Video 5. Company Resources（Brochure Download）
第四版 案例/应用	Projects Around The World（Case Study; Industries We Serve）
第五版 其他	1. Testimonials 2. FAQs 3. Updated Articles 4. Inquiry Form 5. Videos 6. Google map with different stores around the world

续表

板块	内容建议
第六版 底部导航	Social Shares Subscription Contact Number & Email & Address Important Links（Product Keyword Anchor, Support）
第七版 Footer	Online Chat Copyright Company Name All Rights Reserved. Sitemap Privacy Policy Terms Of Use Notice
其他提示	1. 建议页面的大小控制在3MB以内，这样可以保证访问速度，从而提高用户体验 2. 首页是整站唯一不需要设置H标签的页面，但整张页面排版可以参考H标签的思路，如大标题、小标题等。首页的H1标签，可以理解为是Logo & Slogan，H2标签控制在五个以内，因此首页展示的次标题不建议超过五个

① 第一版　头部 + Banner。

这一版可以理解为 Heading 1，H1 即大标题，就是这张页面的主题，展示头部和 Banner，让客户了解首页的中心思想、重要提示、联系信息、商标与标语、导航与下拉、横幅广告。

● Important Notice，根据实际情况进行保留，非常有必要的重要提醒才需要进行展示，展示需同时对应链接到详情。

● 联系方式，建议 B2B 企业务必保留，因为对于 B2B 企业而言，这个网站的目的就是获得询盘，或者帮助客户进行联系。通常建议保留电话号码和邮箱，但考虑到不同外贸企业面对的市场不同，有时差时可以保留一个"Leave Us A Message"的调查按钮让客户填写详细的信息，以便上班时联系。

● Logo 是识别一个企业的重要标志，所以 Logo 是必需的。为了让客户最快了解贵公司的主要业务，建议使用标语。

● 主导航控制在 2~7 个，同时，每个导航下的子目录个数尽量均等。

● Banner，通常建议 3 张以内，主要是为了控制图片的大小，保证访问速度。同时，Banner 上面要有文案。Banner 的用途通常有：展示高质量的图片，提高品牌意识，提高用户好感度进而减少跳出率；强调核心或最新的产品与服务；宣传重要新闻，如展会邀请、线上直播等。

② 第二版　产品。

这一版开始往下的每一版可以理解为H2标签，H2标签下面可以继续设置H3标签，H3标签下可以设置H4标签等，以此类推。

产品板块常见表达有Our Products，What We Offer，Our Offer，Our Products and Services，Are You Looking For，What We Suggest，We Suggest等，不同的What We Offer的表达方式可以参考链接https://www.powerthesaurus.org/we_offer/synonyms，最好能考虑品牌或企业本身的调性。具体板块内容包括：Product/Service Categories 产品或服务分类；Recommended Products/Services（Hot Sale，Popular，New，Featured，Expert，etc.）推荐产品/服务，包括热销产品、热门产品、新品、特色产品、专业等；Product/Service Videos 产品/服务视频，从2G、3G、4G到5G，从文字、图片到视频，视频的影响力会越来越大，因此建议外贸营销型网站视频可以作为必备元素。

产品或服务板块，通常建议分类和推荐产品两部分都做展示，建议主要展示重点产品、核心分类、新品或新业务。通常在大标题后面，建议有一小段描述展示企业在这个行业的能力和经验等。

③ 第三版　公司。

常见的表达有Who We Are，About Us，About Brand，Our Company，Our Story 等。可展示以下内容：Company Profile（Basic Info，Numbers），即公司介绍，包含一些基本介绍和数据类型的介绍；Company Services，即公司的服务内容罗列，简明扼要地陈述要点即可；Company News，即有关公司发展的新闻动态、信息发布等；Company Video，即公司宣传视频；Company Resources（Brochure Download），即公司网络资源，如宣传手册、用户手册、使用说明等文档类资源以及具有行业教育意义的资源等。只要与公司相关的所有内容都可以在此展示，建议设计上有一定的整体性。

④ 第四版　案例/应用。

常见的表达有Projects Around The World，Case Study，Industries We Serve 等，为了提高用户体验，可以将案例按照市场、按最新案例更新、按行业或热度等方式分类展示。

⑤ 第五版　其他。

网站首页的其他板块内容可以根据企业自身情况进行展示，建议如下：

Testimonials 推荐语，特别是来自具有一定知名度的企业或个人给的推荐语，对于新用户来说很有说服力。

FAQs 常见问题，针对行业的一些常见问题做出专业的答复，有利于解决用户问题，提高用户体验度，进而提升转化。

Updated Articles 最新文章或资讯，建议作为首页必备元素进行展示，因为定期的页面更新有利于搜索引擎的收录。

Inquiry Form 咨询表单，作为 CTA（Call to Action，行动号召）的一部分，建议在合适的位置提醒用户留言咨询。

Videos 视频板块，根据行业或企业自身情况设置视频板块，以提升用户体验度。

Market 营销网络渠道，针对有渠道或分公司的企业，在首页展示营销网络对于提升用户信任感有很大的帮助。

⑥ 第六版　底部导航。

底部导航，作为头部导航的补充或延伸，主要目的也是引导用户浏览，合理利用底部导航可以很好地提高用户体验；同时底部导航一般设置为全站链接，加强内链优化，有利于蜘蛛爬行；另外，通过合理地优化底部导航的文字，使之包含关键词，有利于增加目标关键词密度，从而提升排名。除了关于产品、公司、服务等重要链接以外，还建议包含以下内容。

Social Shares：社交账号。便于用户通过不同的社交渠道与企业建立良好的互动关系。

Subscription：订阅功能。由于网络技术的发展，新闻订阅、博客订阅越来越深入日常生活，现在大多数的新闻网站和博客网站都提供 RSS 订阅的功能。RSS（Really Simple Syndication）是在线共享内容的一种简易方式（也叫聚合内容）。通常在时效性比较强的内容上使用 RSS 订阅能更快速获取信息，网站提供 RSS 输出，有利于用户获取网站内容的最新更新，以便用户回到网站，增加访问量。

Contact：联系方式。电话、邮箱、地址等。营销型网站的主要目的之一是获得销售线索，因此在任何地方，都应该有联系方式的提示，以便引导用户联系；同时，全面的联系方式也有利于增加网站可信度。

Important Links：重要链接。产品链接、技术支持、服务。重要的网站链接，主要指产品链接（可以结合关键词重命名）、服务链接、技术支持链接等，加强站内链接建设，以及锚文本优化，有利于提升收录与排名。同时，重要的链接还应包含高质量的出站链接，因为高质量的出站链接可以为网站增加相关性、提高声誉、提升价值、鼓励反向链接等。

其他必须出现在网页底部的内容包括：Copyright 版权；Company Name 公司名称或品牌；All Rights Reserved 保留所有权利；Sitemap（sitemap.html 版本）网站地图；Privacy Policy 隐私政策；Terms Of Use 使用说明（针对 B2C）；Payments 支付方式（针对 B2C）。

其他建议：建议页面的大小控制在 3MB 以内，这样可以保证访问速度，从而提升用户体验。首页是整站唯一不需要设置 H 标签的页面，但整张页面排版可以参考 H 标签的思路，比如，大标题、小标题等。首页的 H1 标签，可以理解为是 Logo & Slogan。

2. 产品目录页架构

对于外贸企业网站，产品目录页面是非常重要的聚合页面，也是很好的关键词排名着陆页，因此要重点对这些着陆页进行合理的架构设置、文案优化和排版设计。

（1）产品目录页的页面元素。

① 简要描述：公司对于生产此类产品的实力与经验简要介绍，以促进用户对公司的了解，从而促进下单。

② 产品展示：高质量的图片、产品型号、产品标题、产品摘要。

③ 筛选功能：产品可按照不同的分类方式进行筛选，帮助用户查阅，比如左侧筛选列表、可横向筛选条等。

④ 其他：产品视频合集，PAA（People Also Ask），技术支持文档下载。

⑤ 咨询表单：简单的表单留言、详细的表单、跳转到联系页面再提交表单均可。

⑥ 产品目录相关更新文章推荐：可直接推荐最新文章，也可以根据推荐阅读、最新更新、阅读最多进行分类展示。

⑦ 根据产品特性设计产品目录的功能开发，提高用户体验。

（2）产品目录页架构表（见表2-3）。

表2-3 产品目录页架构表

板块	产品目录架构-1	产品目录架构-2
H1	Kitchen Cabinets Online	Kitchen Cabinets Online
H2	Shop Different Colors of Kitchen Cabinets Online	Types of Kitchen Cabinets to Choose From.
H3	White Kitchen Cabinets	White Kitchen Cabinets
H3	Gray Kitchen Cabinets	Gray Kitchen Cabinets
H3	Black Kitchen Cabinets	Black Kitchen Cabinets
H3	Blue Kitchen Cabinets	Wood Kitchen Cabinets
H3	Green Kitchen Cabinets	Modern Kitchen Cabinets
H2	Shop Different Styles of Kitchen Cabinets Online	Things to Know Before Buying Kitchen Cabinets Online.
H3	Modern Kitchen Cabinet	
H3	Traditional Kitchen Cabinet	
H3	European Kitchen Cabinet	
H2	Shop Different Materials of Kitchen Cabinets Online	Watch Our Kitchen Cabinets Videos.

续表

板块	产品目录架构-1	产品目录架构-2
H3	Wood Kitchen Cabinets	
H3	Laminate Kitchen Cabinets	
H3	Steel Kitchen Cabinets	
H3	Lacquer Kitchen Cabinets	
H2		Feel Free to Download Our Kitchen Cabinets Brochures.
H2		Complete This From and Get Your Own Customized Kitchen.

1张网页的H标签控制在15个左右，但不局限在15个，以页面实际情况和用户体验为主。H2标签控制在5个左右。网页可通过H1，H2，H3，H4，H5，H6来规范页面架构。

H1标签介绍页面的主题，就像书名告诉读者这本书是关于什么内容一样。

H2标签类似于书籍的章节，它描述了本书的各个部分中涉及的主要主题。

H3－H6标签，即在每个章节中的子标题。

H1是页面上可见的第一个标题标记，是用于页面或文章的标题。在HTML代码中查看时，H1值包含在<h1></h1>标记中。H1标签一定要包含核心关键词，这样搜索引擎才能很好地理解主题内容。H1标签的样式一般比较特别，常见的是加粗加大。长尾关键词作为H1标签是最好的选择。例如，Kitchen Cabinets是主题，根据企业的自身特点，H1标签可设置为Custom Kitchen Cabinets，Kitchen Cabinets Online，Wholesale Kitchen Cabinets，Cheap Kitchen Cabinets等，或者几个特点合并。H1标签避免太长，建议使用简短但有描述性的标题，字符数控制在20~60个。避免隐藏H1标签。1张网页只允许1个H1标签。H1标签要出现在页面的最上方。

所有H标签中都应包含关键词，保持同级的H标签样式统一。H标签的文案建议弄得有趣一些，以提高用户体验度。

3. 产品详情页架构

产品详情页是获得关键词排名较多的着陆页，一方面，产品是客户最感兴趣的，也是企业的最佳展示页面；另一方面，通常谷歌给予产品详情页特殊的排名待遇，所以要认真对待产品详情页。

产品详情页的页面元素如下：

（1）产品图片。

- 图片建议放在页面最上方，以帮助用户最直观的了解。
- 高清不模糊，为了保证访问速度，在不影响清晰度的情况下尽量压缩，建议单张图片的尺寸控制在 30kB~150kB。

- 尽量大幅，常规尺寸像素有 1000*1000px，800*800px，800*600px，600*600px，500*500px 等。
- 多角度近距离图片。
- 场景图。
- 设置 3~5 张为宜。
- 360°展示图片。
- 缩放功能。
- 所有产品详情页的图片质量和大小保持一致。

（2）行动按钮。

- 行动按钮（CTA）Call-To-Action 通常是要求用户采取行动的按钮或链接，如，Inquiry，Contact Us，Chat Online，Sample Request，Try It Now 等按钮，也可以是表单样式的提交等。
- CTA 位置可以尽量往上放，如，图片旁边，产品基本信息下方，容易看到、容易点击、容易理解。
- CTA 建议使用明亮或对比鲜明的颜色，让它脱颖而出，这有助于吸引注意力，并将顾客的目光引向按钮。

从浏览到购买，CTA 是客户浏览网站的关键部分。让购物者点击 CTA 是产品页面的主要目标，所以花时间做好它是值得的。常见的 CTA 按钮英文表达有 Sign Up，Subscribe，Try For Free，Get Started，Learn More，Join Us 等。

（3）产品描述：摘要描述+详细描述。

产品描述为客户提供了比图片更多的产品信息，最好是在页面上方有一个简短的产品描述，便于快速浏览；然后在页面下方有一个更长的、更详细的版本，以便用户浏览获取更多的产品相关信息。

产品描述是企业真正销售产品的机会，因此需要多花精力在文案撰写上，以下是一些经验总结和建议，供参考。

① 注重产品优势，而非产品特性，即介绍 Benefits，而非 Features。例如，一个储物罐是由高密度聚乙烯制成的，这对大多数购物者来说并没有太大的意义，相反，重点描述储物罐的使用优势可能更有利于吸引用户。

② 避免长句和复杂的语言。人们购物通常是一种享受或放松的方式，他们不想被分配阅读任务，所以要保持简洁。

③ 不要使用陈词滥调、空洞的声明或冒险的语言。例如，不要说"这是有史以来最好的折弯机"之类的大话，也不要说"很贵"之类可能会让顾客反感的话。

④ 使用有说服力的语言。企业为产品说话时，要试着用感官词汇、力量词汇和讲

故事来帮助激发客户兴趣。

⑤ 符合品牌调性的语言。例如一些益智类产品相关品牌,可以使用创意和趣味性强一点的文案描述。

(4) 视频。

视频可在图片板块展示或在产品详情中展示。

(5) 精准的产品推荐。

产品推荐通常放在产品页面最下方,主要是为了避免分散他们对当前正在浏览的产品的注意力。产品推荐是为了更好地留住客户继续浏览网页,因为过高的跳出率不利于搜索引擎优化。

常用的引导标题有 Customers Also Viewed, You May Also Like, You Might Also Be Interested In, Recommendations, Learn More About Our Products 等。

2.3 外贸营销型网站个性化定制

外贸营销型网站设计,一方面要考虑用户体验的美感,另一方面也要考虑用户参与、品牌调性和搜索引擎优化等。鉴于模板站对搜索引擎友好度较低,这里主要讲个性化定制的网站设计。与前面提到的网站架构相匹配,网站设计也主要分为首页设计、产品目录页设计、产品详情页设计、博客列表设计、博客详情设计、单页设计,其中单页设计着重指公司介绍、联系我们等页面。

2.3.1 外贸营销型网站个性化定制步骤

1. 了解原网站情况

如果有原网站的情况,建议重新建站的团队务必了解原网站的情况,总结不错的设计元素、功能以及一些原网站的弊端,从而更好地规划和指导新的网站设计。

具体事项包括以下内容。

(1) 回顾当前的站点地图、有价值的内容,以及哪些页面建议作为新架构中的优先级处理。

(2) 了解目标用户情况以及目标用户对哪些内容更感兴趣。

(3) 通过竞争对手分析,了解竞争对手在设计与内容上面的优势,以供借鉴或突破。

(4) 深入理解企业对于站点改版的需求以及对站点的期望,双方配合策划更优秀的网站。

2. 网站建设 CMS 管理系统

引擎力使用的是其独立开发的网站建设 CMS 管理系统，集文件管理、内容管理、数据分析于一体，同时内容管理方便灵活，且能够满足第三方的相关拓展功能以便更好地满足用户需求。

现在国内市面上能满足谷歌优化的 CMS 管理系统不多，建议企业慎重筛选。建议选择的建站 CMS 管理系统具有以下核心功能：

（1）网站搭建。

（2）技术性 SEO。

（3）文件管理。

（4）内容管理。

（5）询盘管理。

（6）用户管理。

（7）权限管理。

（8）网站数据收集与分析。

3. 创建网站内容架构

网站内容架构也就是整站架构，不仅应基于 SEO 需求，还需要符合用户的期望。建站方将与企业一起创建合理的网站内容架构，使其符合用户的期望和搜索引擎的价值。

具体事项主要包括以下内容。

（1）提取和分析内容（竞争对手架构分析，企业自身原架构分析，关键词分析）。

（2）整合内容，以符合用户行为和 SEO。

（3）清晰地呈现网站架构表。

4. 网站设计与开发

网站架构表确定后，就可以开始对网站首页进行设计，确定基本品牌调性、颜色搭配、首页重点展示内容等，首页设计稿通过之后，陆续开展后续页面的设计与确认。设计定稿后就可以安排程序开发，页面切片，内容读取，网站质检与测试等工作。

5. 优化搜索引擎

作为外贸营销型推广网站，不仅要做好页面展示、客户体验等工作，更需要借助专业的 SEO 团队，做好站内 SEO 优化相关工作。

（1）页面 Title，Description，Keyword 设置。

(2）图片命名，Alt 标签优化，Title 优化。

(3）页面内容、层次结构优化。

(4）内部链接结构优化。

(5）PDF 优化。

6. 检测技术性 SEO

一个好的企业网站，既要考虑用户体验，也要考虑搜索引擎。因为企业网站的目的是获得询盘，企业宣传，塑造良好的互联网形象，以及打造互联网品牌资产等。因此，保证高质量的网站就必须做好技术性 SEO 检测，相关的内容较多，下面列出其中的几项内容。

(1）TDK：字符数、关键词匹配度等。

(2）内容重复度：站内重复度检查工具 siteliner.com；文案之间的重复检查可使用工具 https://copywritely.com/plagiarism-checker/。

(3）页面 H 标签。

(4）站内链接。

(5）URL 地址规范。

(6）Sitemap 设置。

(7）301 跳转。

(8）图片优化。

(9）Canonical 标签设置。

(10）移动端自适应：可以通过工具（https://search.google.com/test/mobile-friendly）检测。

技术性 SEO 更多相关知识，请参照第 3 章技术性 SEO。

2.3.2 外贸营销型网站个性化设计的关键

网站设计是一门相对较深的学问，且不同设计师的理念、习惯都会带来不同的结果，所以，除了设计本身的技术以外，作为营销人员，应该知道设计网站的时候应该从哪些方面对设计师进行要求以及更好地进行沟通，这里主要罗列了网站设计中一些比较关键的事项供参考。

网站呈现的最终目的都是吸引用户浏览和取得用户的信任。所以设计很重要，传达好需求也很重要，术业有专攻，良好的沟通与配合让专业更高效。

1. 保持设计平衡

平衡网页设计很重要。视觉平衡科学指出眼睛在垂直轴的两边，因此需要在轴的两边都保持平衡。在网页设计中有三个基本的平衡。

（1）对称平衡：元素放在平衡的设计页上，左右两边的元素要匹配。

（2）不对称的平衡：元素不是在中心线上匹配，而是具有相互平衡的对立特征。例如，靠近中心线的大元素被远离中心线的小元素平衡。

（3）不一致或不平衡：这种设计会让人们感到不安或不舒服，因此需要配合动态效果来协调平衡。

2. 使用网格划分设计

利用网格划分设计是实现页面平衡的一种方法。网格为设计创建一个大纲并帮助网站保持元素的对齐和一致。网格可以让内容更自然、更有组织地流动。当网格被巧妙地放置，用户将会有一个奇妙的体验。

3. 最多选择两到三种基色

虽然网页设计需要艺术和创意，但是大多数成功的设计都需遵循一些科学的设计原则。网站的颜色也不例外。大多数优秀的网站设计都遵循三色原则：选择一种主色，然后选择另外两种与主色互补的颜色。

另一个常见的规则和设计标准是"少即多"。选择一个强烈的颜色和一两个不那么大胆的颜色来搭配。千万不要选择三种鲜艳的颜色。

通常建议使用公司的Logo颜色作为主色调，再搭配其他的1~2种颜色，但考虑有些企业的Logo设计主色调不适合作为主色调，也可以参考设计师搭配的颜色安排设计。

4. 改进网站的网站排版

网站排版是一个很大的话题，因为涉及的元素很多，如字体的选择、字号的大小、符号的使用等。专业设计师会在这些细节上面有自己的把握。如果对排版是否合理不是很确定，可以多浏览参考成熟网站的排版。

5. 通过白色空间来突出元素

正如前面所说，一个常见的设计规则是"少即多"。这一点在利用空白空间的方式上体现得很明显。空白空间和页面上的内容一样重要，可以使文章易于阅读，给网站访问者舒适的空间感。空白也有助于将重要的图形或文本块突出显示。图片周围的白色空间暗示着图片特别重要，借此吸引用户注意。所有这些都是通过页面上的空白来传达的。

6. 把所有的元素联系在一起

一致性和统一性是一个著名品牌企业网站的标志之一。一个网站的设计一致，一方面，体现在它使用相同的颜色、字体范围、图标；另一方面，为了保持良好的声誉，设计应该在品牌展示的所有渠道上保持一致。所有的设计元素需要相互协调，相互补充，一个风格统一的网站设计自然是令人印象深刻的，因为它需要一双巧妙的"眼睛"和不断地调整来实现。当用户对网站设计印象深刻时，说明他们已经对网站上提供的产品或服务印象深刻了。

7. 保持主页简洁、整洁

当一个用户访问网站时，网站只有几秒钟时间吸引用户注意，告诉用户企业能够提供的产品或服务。所以网站设计要考虑到如何快速有效地和用户沟通。做到这一点的最好方法是保持设计和内容的简约。使用设计，而不是文字堆砌来吸引顾客。通过漂亮、干净的设计，不仅会给客户留下印象，而且客户也能记住企业的品牌以及在主页上花费不到一分钟的时间所传达的信息。

8. 设计时要考虑视觉层次

不管什么类型的网站，都希望用户能够理解网站上不同元素的重要性。通过在设计时考虑层次结构，可以使用设计来引导用户访问站点上的某些产品或链接。在文本中，利用字体、加粗、要点符号和字号来设计，使其易于阅读和理解。而且，设计本身是在一个层次结构中工作的，横幅、菜单、图形和页面结构的其余部分可以有效地传达站点上最重要的产品，无须明确地说明任何内容。

9. 创建易于阅读的网站内容

对于绝大多数网站来说，内容为王。也就是说，无论销售产品的网站还是美食博客，用户访问的目的都是为了获取和学习内容。图片和图形传达的信息有限，这就是为什么好的内容对网站的成功至关重要。与网站的其他设计一样，内容应该是经过精心设计的，并且针对目标受众有一个特定的目的。无论想要展示什么内容，都应该先确保内容容易理解，并且以一种容易阅读的方式来排版呈现。

10. 确保网站易于浏览

确保导航清晰易读，确保字体至少有 16 个像素。将最重要的链接保留在主菜单上，因为用户会在主菜单本能地搜索他们问题的答案。如果站点有很多页面，请使用二级和三级下拉菜单。在菜单中使用文本而非图标。不同的访问端都要易于浏览，如手机移动端。

2.3.3 外贸营销型网站个性化定制 VS 模板站

当创建一个网站的时候，通常有两条路可以选择，要么从零开始创建个性化定制网站，要么使用模板网站。这两种选择各有利弊，对于不同类型的企业意义也各不相同，主要是取决于预算、商业模式和网站需求。下面列出了两种模式的利弊，以帮助企业做好权衡与选择。

模板网站与定制网站之间的对比如图2-6所示。

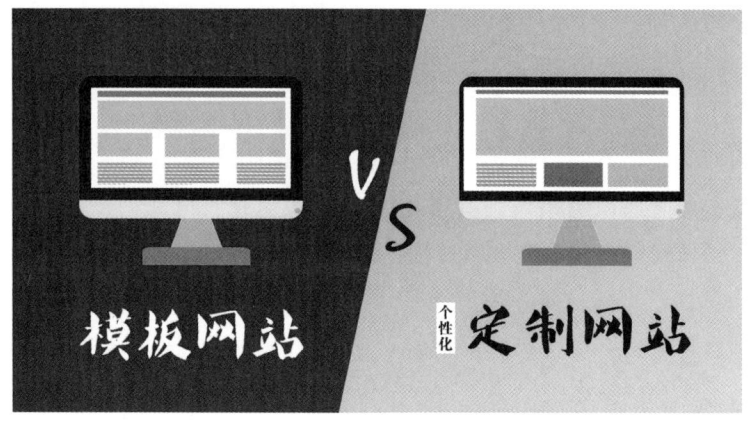

图2-6　模板网站VS定制网站

1. 模板网站的概念

简单来说，一个模板网站就是一个网页已经设计好了的网站模板，企业只需要通过网站操作后台更换相关图片文字内容即可快速上线。

一个模板网站是一个预先设计好的网页或一组HTML网页，任何人都可以使用这些网页"插入"自己的文本内容和图像来创建一个网站。通常用HTML和CSS代码（CSS用于布局和字体样式）构建。

互联网上有很多免费的模板网站，如通过WordPress搭建一个模板网站，里面就有一些免费模板可供选择；也可以单独从ThemeForest，Template Monster的主题中购买模板；还有 Wix 或 Squarespace 这样的服务平台，它们也提供主题，允许在网站框架内进行编辑。

不管使用 WordPress 还是 Wix，因为平台内置的特性和模板本身的一些限制，到后面都不得不再付费请开发公司来修复或调整，也有可能后期因为平台或主题本身的更新导致网站再出现一些显示问题。

搭建一个模板网站，可以参考从以下几个步骤入手。

（1）选择平台（或系统）。

（2）购买域名。

（3）购买服务器、部署系统（可能需要，如 WordPress）。

（4）选择模板（免费或付费）。

（5）安装模板（可能需要）。

（6）生成测试站点。

（7）上传资料（图片、文字等）。

（8）绑定正式域名上线。

2. 个性化定制网站的概念

个性化定制网站通常是从头开始构建的，没有使用任何预先设计的布局。其中，个性化定制网站涉及的不仅是网站的外观，它可能还涉及自定义高级功能、用户管理、API 和电子商务特性的后端编码等。在定制网站设计的过程中，需要了解的内容很多，比如品牌调性、网站受众群体喜好等。所以，个性化定制网站的建设通常涉及一个团队的配合，如品牌部/市场部、销售部、设计师、程序员、文案编辑、SEO 专员等。

3. 模板网站的优缺点

如果项目简单，模板网站是一个非常不错的选择。

（1）模板网站的优点。

① 模板站点比定制站点成本低，投资回报率高。使用模板意味着大部分的网站代码都是现成的，开发人员只需花时间去筛选模板做适当调整，以及实现内容即可。由于初始投资少，可以在很短的时间内收回投资。

② 较快实现模板站点。因为大部分代码已经完成，一个模板站点大概几周内即可实现，前提是内容已经准备好了，但通常情况下，站点上线的最大障碍是内容准备不充分。

③ 模板站点功能逐渐强大。最好的模板都是经过精心设计、功能强大且允许合理定制的模板。通过 ThemeForest，Template Monster 这些模板主题，可以在最新的响应式站点中筛选到不错的模板。

④ 易于自定义内容和图形。维护成本低，企业所需做的就是用新文本和图片替

换旧内容和图形,且后期维护只涉及文字图片等,无须专业 IT 人员,成本低。

⑤ 快速和廉价的部署。所有的托管服务都提供廉价的服务,以托管一个模板网站。

(2) 模板网站的缺点。

① 潜在的相似性。谁都可以使用相同的模板,这就意味着本企业网站的特色不那么突出,且缺少企业自己的品牌调性。优秀熟练的设计师可以通过创造性地使用图形和在模板中进行定制来最小化这个问题。

② 设计和整站架构能力受限。在模板中可以进行很大程度的定制,尤其是一些比较昂贵的模板,定制化更丰富。但如果企业在设计与架构规划上面没办法去定制这些功能,就很容易导致无法实现想要的显示方式。

③ 有些模板不好维护。例如,WordPress 经常更新以保持在安全问题上的领先地位,主要的更新每年会发生几次,安全补丁可以根据需要随时发布。不利的情况是并不是所有的模板开发人员都会更新他们的模板,以跟上平台的变化。如果模板没有定期更新,当开发人员安装 WordPress 更新时,模板可能会崩溃。这时,开发人员不得不运行旧版本的 WordPress,从而导致网站更容易被黑客攻击。此外,网站上可能出现的外部关联,如,PayPal 集成,会自动更新,并可能停止使用旧版本的 WordPress。所以,为了将风险降到最低,应该在做出选择之前仔细检查模板并充分了解开发人员的情况。

④ 模板站点功能受限。在模板站点中添加电子商务和其他类型的自定义应用程序几乎是不可能的。

⑤ 安全可能是个问题。一方面,黑客喜欢攻击模板网站,因为模板一样、机制一样,他们就可以同时攻击多个网站。另一方面,开发人员有时会使用插件(插件是添加特定功能的代码)来定制模板站点,以提高安全性,但有可能这个插件本身的漏洞会让问题更严重。

4. 个性化定制网站的优缺点

当网站是为品牌量身定制的,而非通过模板来展示品牌时,那么品牌将会更加强大。

(1) 定制网站的优点。

① 设计和功能没有限制。网站的呈现样式与相关功能可以完全根据品牌的需求进行定制开发。每个方面都是为企业的最大利益而设计的,外观可以完全控制。在没有模板作为约束的情况下,有机会设计一个能够从人群中脱颖而出的理想网页。

② 定制网站很灵活,可以随着需求更新不断演变。不管是调整页面样式,添加新的功能,还是集合第三方的功能,定制网站都可以灵活操作,不受太多限制。

③ 搜索引擎优化在定制网站中表现得更好。搜索引擎优化 SEO 在任何网站的成功中都扮演着非常重要的角色,在创建一个网站的时候,有一些搜索引擎的规则要遵循。

定制网站的开发人员在创建网站期间，通过网站代码优化允许谷歌和其他搜索引擎更好地索引页面，让个性化定制网站在自然搜索结果中获得更好的排名。因为并不是所有的模板都能遵守这些规则，所以个性化定制网站更有利于搜索引擎优化。

（2）定制网站的缺点。

① 定制网站需要单独的团队执行，会导致费用更高。定制网站需要单独的团队来执行，涉及设计师、架构师、程序员、文案编辑、SEO 专员等团队配合，所以相应的费用会更高一些。

② 定制网站时间更长。网站从零开始创建，前期有竞争对手分析、网站架构确定，中期有网页设计、程序开发、内容准备，后期还涉及 SEO 技术检查、关键词布局、着陆页优化等，因此需要比模板站花费更多的时间。虽然前期看起来会花更长的时间，但一旦建站周期规划好，团队配合操作，相比模板网站的一些不确定因素而言，定制化网站可能会更高效。

第二篇 搜索引擎优化（SEO）

- 第3章 技术性SEO
- 第4章 SEO关键词
- 第5章 内容营销
- 第6章 外链建设

第 3 章 技术性 SEO

本章将全面介绍技术性 SEO。SEO 优化是外贸营销型网站的三大特点之一，其中技术性 SEO 优化是最基础、最关键的。没有全面的站内技术性 SEO 作为网站构建的基础，很难让网站的页面在 SERP 中获得理想的排名。

3.1 技术性 SEO 四大支柱

技术性 SEO 既包含程序代码的技术性 SEO，又包含 SEO 运营的技术性操作，是外贸营销型网站推广的核心组成部分。技术性 SEO 的合理优化有利于最大化网站的营销功能，节省后期运营的成本，达到事半功倍的营销效果。技术性 SEO 可以概况为四个方面，也是技术性 SEO 的四大支柱，表现为网站可访问性、SEO 技术熟练度、网站架构、相关性。

3.1.1 网站可访问性（Accessibility）

正确地根据网站可访问性的原则对网站进行优化，可以帮助用户改善浏览体验，提升加载速度。

1. 什么是网站可访问性

根据 W3C 的说法，网站的可访问性指的是网站可以让所有人访问、理解并使用，无论他们的硬件、软件、语言或地理位置如何。即使是残障人士，比如有各种听觉、视觉和认知能力障碍的人，也可以访问和使用网站。通过 https://www.w3.org/WAI/ 可以更深入地了解网站可访问性的倡议。

2. 提高网站可访问性的建议

(1) 不过度依赖颜色。

颜色是一种强大的工具，经常用来表达情感和在网上交流信息。然而，网站开发者不应该把所有的信息都用颜色来传达。

例如，人们普遍认为绿色意味着正确，红色意味着错误，但是当我们把颜色作为唯一的沟通方式时，会发生什么呢？色盲是最常见的视力缺陷之一，全球大约有8%的人有这方面的缺陷。如果用户界面中显示的重要信息只使用颜色来传达，那意味着全球将有8%的人受到影响。

颜色应该只是信息的补充，不能成为我们使用的唯一工具。为了确保重要信息能够触达到所有的用户，应该在表单中添加标签或图标来填充正确的信息，如图3－1所示。

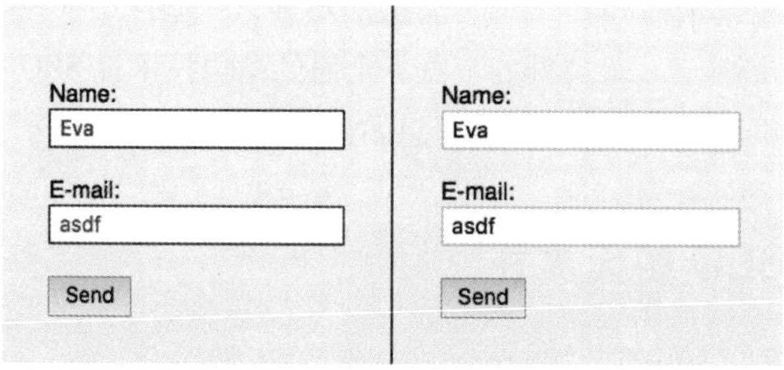

图3－1 表单标签示例

网站设计团队需要合理利用工具来提升设计效果，比如 caniuse.com 提供了一个非常有趣的工具，即一个类似于颜色调色板的测试列表，用来测试不同颜色的适配程度；可以使用 Sketch 的 Stark 插件检查颜色的可识别度和对比效果。

(2) 不屏蔽放大功能。

在欧洲和亚洲，30%~60%的成年人有散光症状，模糊的视觉会影响其浏览网站。放大功能是网页可访问性的基础，非常实用。因此，建设响应式网站时注意不要屏蔽放大功能。

(3) 重视 Alt 属性。

Alt 属性是 <img> 元素的一个强制性属性，但是 Alt 的属性值也可以是空的。因为如果图像是装饰或者没有必要阐述图像的内容，那么可以简单地使用 alt = " "。

屏幕阅读器会告诉用户 <img> 是一个图像，其中 Alt 的值告诉用户这个图片表达的内容。图像的功能和它的含义一样重要，比如网站 Logo 链接到网站的主页，那么 <img> 的 Alt 属性值可以是"Home"，也可以是"Logo"。此外，有些网络慢的用户为了提高网站的访问速度会禁用网页的图片，针对这类用户群体，给网站图片加上 Alt 标签就会变的非常必要且有效。

不是所有图片都使用 <img> 元素，可能会用一两个 SVG（Scalable Vector Graphics）或者一套 SVG 图标。为了描述 SVG，可以使用 <title> 和 <desc> 元素来进行简述和详细的描述。

(4) 给视频添加标题和字幕。

这可能是网站可访问性最麻烦的原则之一，不是因为技术上的困难，而是因为它很费时。

以 YouTube 为例，一旦在 YouTube 上传了一个视频，就可以启用标题和字幕自动生成功能。可能在某些情况下并不准确，这取决于语言、背景噪声或说话人的口音。如果没有看到百分百准确的内容，需要另外撰写视频的标题和字幕。

如果不想把 YouTube 当作主机平台，可以在服务器上使用一个 HTML5 视频。HTML5 有一个 <track> 标签，可以用它添加合适的标题和字幕。

(5) 使用语义化标签。

自从第一个 HTML 页面诞生以来，语义一直存在，目前已经有了很大的进步。有了 HTML5 标准之后，新的语义标签就被引入日常的使用中。语义不仅是为了 SEO，当我们有意识地使用 <h1> 标签时，这意味着故意更改元素，提供了层次结构，同时也构建了页面信息的树形结构。语义化是屏幕阅读器最有用的"武器"之一。尽可能为每个元素使用合适的语义标签。

(6) 使用正确的标记。

比如：<time> 和 <datetime>，<del> 和 <ins>，<button> 和 <a> 等。

(7) 必要时使用 role。

为了告诉屏幕阅读器用户，链接触发了一个动作，实际上它不是一个普通的 <a> 标签，这时必须使用 role=<button> 来定义其属性。但要注意，当编写 JavaScript 时，不仅需要在点击时调用函数，还需要在用户按下回车键时调用函数。因为用于按钮的行为不同于用于链接的行为，用户应该能够触发这些命令中的任何一个操作。

通常不需要使用 aria 和 role 属性标签。因为 HTML 语义元素有些已经有了默认含义，比如 <table> 表示表单，<a> 表示链接等。如果需要改变这些默认含义就必须要使用 role 属性值重新定义。

(8) 隐藏元素。

使用 HTML 和 CSS 的一些方法可以隐藏东西。通过隐藏元素可以找到每一种情况的最佳选择。隐藏元素与具体方法见表 3-1。

表 3-1　网页隐藏元素和方法

方法	行为	屏幕阅读器行为	兼容性
CSS：visibility:hidden	从视觉中隐藏元素，但其原始空间仍然被占用（很像 opacity:0）	不可读	到处可用（兼容性好）
CSS：display:none	从视觉中隐藏元素，它的原始空间丢失，下一个元素将取代它的位置	不可读	到处可用（兼容性好）
HTML5：hidden 属性	类似于 display:none	不可读	IE11 +
aria-hidden = "true"	内容会显示在浏览器中，但通过技术不会传递给用户	不可读	IE11 +
CSS：visibility hiddden 类	从视觉中隐藏元素，并从工作流程中删除它	可读	到处可用（兼容性好）

如果想隐藏元素，但依旧想让其被屏幕阅读器识别，最后一种方式是最佳选择。

(9) 遵循 Web 可访问性标准。

需遵循 Web 可访问性 W3C 标准和 WCAG 指南。

具体请参考：https://www.w3.org/TR/WCAG20。

(10) 审查与评估。

可使用以下工具测试网站可访问性：

ChromeVox：https://support.google.com/chromebook/answer/7031755?hl=en；

Accessibility Developer Tools for Chrome：https://chrome.google.com/webstore/detail/accessibility-developer-t/fpkknkljclfencbdbgkenhalefipecmb?hl=en；

Color Filter：https://www.toptal.com/designers/colorfilter；

W3C Validator：https://validator.w3.org/；

A11Y Compliance Platform：https://www.boia.org；

WAVE：https://wave.webaim.org/。

3.1.2　SEO 技术熟练度（Proficiency）

网站 SEO 技术熟练表现为以下几方面。

1. 多平台适应性

通过对监控器行业的几家龙头企业进行数据分析，数据见表 3-2。数据分析表明 PC 端与移动端相比，移动端的流量都高于 PC 端。

表3-2 PC端和移动端流量占比示例

Flir	Fluke	Pulsar	ATN
Desktop 48%	Desktop 46%	Desktop 38%	Desktop 21%
Mobile 52%	Mobile 54%	Mobile 62%	Mobile 79%

因此，作为一个具有营销型功能的外贸网站，必须确保其适应各种访问界面，尤其是作为极大流量入口的移动端，不容忽视。

2. 健康的站内链接结构

健康的站内链接结构允许搜索引擎找出网站上的哪些内容是相关的，并确定这些内容的价值。一个页面收到的站内链接越多，它对搜索引擎来说就越重要。因此，好的内部链接对搜索引擎优化至关重要，特别是对一些大型网站，或者结构相对复杂的网站而言，合理的站内链接策略非常必要。

（1）站内链接对谷歌的重要性。

谷歌通过链接发现网站上的内容，并在搜索结果中对这些内容进行排名。如果一个帖子或页面有很多链接，这对于谷歌而言是一个信号，说明这个链接是一个重要的或高价值的页面。内部链接是网站所有者可以控制的部分，正确的内部链接，可引导访客和谷歌到最重要的页面。具体体现在以下四个方面。

① 加快收录。

正确地对网站的内部链接进行SEO优化，站点中网页间的互链有助于提高搜索引擎对网站的爬行索引效率，有利于网站的收录。一个页面要被收录，前提是要能够被搜索引擎的蜘蛛爬行到，蜘蛛的爬行轨迹是顺着一个链接到另一个链接，想让搜索引擎蜘蛛更好地爬行，一般都需要通过链接来引导。但是内页的爬行需要良好的内部链接，如果不小心形成死链，蜘蛛就无法继续爬行，从而导致收录不佳。

② 传递链接值。

获得内部链接越多的页面通常获得的PR（Page Rank，网页级别）就会越高。内部链接有助于PR的传递，平均站内网页的权威度。通常一个网站的首页有最大的链接价值，因为它有最多的内部链接。这个链接的价值将在主页上的所有链接之间共享，传递到下一个页面的链接值在该页面上的链接之间划分，以此类推。

了解链接传递链接价值的概念后，就会明白一个页面获得的链接越多意味着价值越高。因为谷歌认为拥有大量有价值链接的页面更重要，因此会增加该页面排名的机会。虽然现在谷歌不更新PR值了，但是这个链接值对谷歌排名依然有效。

③ 优化排名。

良好的内部链接策略能优化网站排名。在搜索引擎面前，一个链接代表一张投票，外部链接就是网站之间的互相投票，而内部链接则代表了网站内各页面间的互相投票。通过大量而适度的内部链接来支持某一个具体页面，有助于该内容页主题的集中，促使搜索引擎识别出哪些页面在网站中是重要的，进而优化该页面的排名。因此，在搜索引擎优化的过程中，网站中哪些网页参与了主要关键词的排名竞争，一般做内部链接的时候就会采用这些主要关键词进行锚文本操作，从而使该主题中的核心关键词在搜索引擎中更具有排名优势。

④ 提高用户体验度。

内部链接可以提高用户体验度，增加 PV（Page View，页面浏览量），提升访问量。常见的相关产品、浏览过的产品、相关文章、热门文章、最新文章等内部链接很容易提高用户的访问体验，部署优秀的内部链接越多，页面被点击的机会越大，PV 的增加越显著。这些相关产品或文章的内部链接应该尽量链接到相似主题上，否则也无法提升用户的体验度。

（2）站内链接优化的相关策略。

① 把网站想象成一个金字塔，最重要的内容在顶部，最不重要的内容在底部。

② 根据用户体验，制作更好的导航体验。作为站点所有者，可以完全控制站点内部链接的构建。因此，优化人员可以为访问站点的访问者设计准确的阅读路径和导航体验。读者带着非常个性化的意图和需求登录网站，有些人是来找信息的，有些人是来找产品或服务说明的，有些人可能是来找方法和沟通交流的。这些意图和需求可以通过建立内部联系得到很好的回应。给读者一个准确的或者至少是相关的页面，这样他们可以得到更多的信息。

③ 合理使用 Nofollow 标记，或 Robots 文件设置 Disallow，来分配链接价值。

④ 可参考 Wikipedia 的内部链接方式。

⑤ 利用好 sitemap.html 页面对网站结构进行合理的分配。

⑥ 使用锚文本链接，且链接的页面类型要多样化，避免过多的首页链接与联系页面链接。

⑦ 创建足够多的内容，支撑庞大的内部链接，规划内容的时候，做好相关策略也很重要。

3. 网站迁移管理

网站迁移是不可避免的。在迁移过程中，涉及 URL 地址的调整、服务器的改变、网站结构的调整、域名的调整等一系列问题，如果迁移管理得好，网站原本的排名与流量不会发生太大的变化，但一旦某些细节出现问题，对于网站的流量可能是致命的。以下是网站迁移的过程中需要注意的事项以及迁移的步骤。

（1）常见的网站迁移注意事项。

① 更改 URL 地址：如减少 URL 地址的层级以增强可读性，修复不正确的 URL，URL 设置关键词等。

② 合并内容：如网站有多个关于同一个主题的页面，为了避免形成站内竞争，所以需要把它们合并在一起。

③ 网站重新设计：当对网站进行重新设计的时候，会添加、更改或删除内容。

④ 更改网站架构或 URL 结构：随着网站的内容丰富，以及新的服务或产品的添加，整站架构可能会发生改变。

⑤ 从 HTTP 切换到 HTTPS：网站安装安全证书之后，所有的 URL 地址都会改变。

⑥ 更换服务器：不满意当前的服务器服务商，或者因为市场的调整需要更换服务器位置。

⑦ 切换到新的 CMS 管理后台：若网站在页面、功能和访问者方面获得了大量增长，需要更强大的 CMS 系统。

⑧ 更换域名。

⑨ 合并网站。

以上是在网站迁移过程中比较常见的一些情况，不同的情况需要不同的应对政策。

（2）网站迁移的合理步骤。

第一阶段：计划

合理的计划是成功进行网站迁移的关键。因此，花时间为网站迁移项目分配足够的资源，编写可靠的迁移清单，告知团队中的人员并让他们意识到相关的风险，此过程建议 SEO 专业人员参与。

这个阶段主要包括：网站迁移范围的罗列、建立网站迁移团队、确定核心事项以及目标、罗列出风险与可能发生的情况、制定合理的任务事项与周期等。

第二阶段：迁移前准备

在正式安排网站迁移之前，需要做好充分的准备，以保证最大程度降低可能遇到的风险，具体迁移前的准备工作包括以下事项。

① 定义搜索引擎优化（SEO）的需求。

如果网站迁移涉及重新设计或 CMS 更改，请确保新的代码或后台系统满足 SEO 优化的相关要求。搜索引擎优化主要包含：URL 结构、元信息（标题和描述）、正文内容和标题、Hreflang 语言标记、XML 站点地图、结构化数据、加载时间等内容。

② 评估设计。

如果网站迁移涉及重新设计，那么重新设计建议有相关的 SEO 专家进行评估。因为设计规定了内容和链接的位置，这对 SEO 策略有很大的影响。如果没有加入 SEO 元素，在设计阶段可能会忽略站内链接、H 标签、面包屑导航、合理的文案布局等。

③ 内容盘点。

在进行网站迁移时，需要知道迁移会影响哪些内容。所有网站上的内容，包括文字、图片、PDF、视频文件等一系列内容形式。可使用工具抓取网站，从 CMS 导出所有页面，并利用一些工具找到所有获得流量的页面，如谷歌的免费工具 GA，GSC 等。

④ 审核内容并列出表现最好的页面。

通过排名追踪工具、SEO 分析软件、谷歌 GSC/GA 等分析，最终列出那些页面高流量以及高转化率的页面。

⑤ 将新的内容融入信息架构中。

如果要添加新内容，确定新内容是否可以成为现有网站架构的一部分是很重要的。如果现有的网站架构不能适应新的内容，就需要重新设计网站架构，并做好内容合并调整等。

⑥ 跟踪关键词的排名。

表现最佳的页面确定后，整理好这些页面对应的排名关键词，并更新到排名跟踪工具中，以很好地跟踪网站迁移前后的关键词排名变化，做好及时的跟进，确保关键词排名不会丢失。常见的排名跟踪工具有 SEMrush，Ahrefs 等。

⑦ 重定向。

链接重定向是当一个 URL 被请求访问时，服务器使用重定向功能将其重定向到另一个 URL。当网站安排迁移的时候，架构与设计的改变以及 URL 地址的优化等常常会引起 URL 地址的变化，这时，301 重定向就是一个很好的解决方案。通过 301 重定向可以解决站内外的 404，以避免排名的大幅度下降。正确设置页面的重定向，务必将旧的 URL 重定向到最相关的新 URL，而不是将它们重定向到新的主页。这样做，可以大大提高用户体验，并降低跳出率。务必正确设置域名重定向。在网站迁移过程中，错误的设置域名重定向是一个常见问题。如果旧域名受到搜索引擎的惩罚，当旧域名被重定向到新域名时，这个惩罚可能会继续。

⑧ 更新其他地方的 URL。

URL 的改变不仅影响 SEO，还会影响所有营销工作，从 PPC 到电子邮件和宣传册等。通知营销团队中的每个人 URL 将发生变化，以便他们做好适当准备。当广告中使用的着陆页 URL 被重定向时，付费广告可能会被广告渠道暂停。

⑨ 为品牌重塑进行广告投放。

如果要重塑品牌，那么在新旧品牌之间投入竞价投放是有意义的，可以确保尽可能多的访问者访问网站。当开始迁移时，搜索引擎必须完全爬行并索引新站点，很可能会看到排名暂时下降。这时可以通过付费流量来弥补自然流量的损失。

⑩ 包含旧 URL 的 XML 站点地图。

在迁移时，保留包含旧 URL 的 XML 站点地图是很重要的，因为通过向搜索引擎提供重定向的旧 URL，可以帮助搜索引擎更快地找到新 URL。在站点上保留带有旧 URL 的 XML 站点地图，直到新 URL 被很好地索引。

⑪ 建立一个独立环境。

建立独立环境测试，不要直接对现有网站进行技术修改，一旦出现问题，将会直接影响当前网站用户的浏览体验。

为了使网站迁移顺利进行，一个单独的环境是很重要的，可以在其中填写内容、测试和为发布做准备，这种环境称为"新"环境。将当前环境称为"旧"环境。无论是新环境还是旧环境，本身都有一个生产环境和模拟环境。测试在模拟环境中完成。

拥有独立环境有助于在投入使用之前测试所有的功能是否在新环境中正常工作，也可以审核新环境，检查是否所有的内容设置正确，以及是否做好 SEO 技术性的优化设置。

确保新环境不向公众开放。最好的方法是使用 HTTP 身份验证。建议将办公室的 IP 地址列入白名单，并允许外部各方和远程团队成员通过用户名/密码访问。这是一种比使用 robots.txt 和 robotsnoindex 指令更好的方法，因为这些不会阻止其他人访问它们，而且搜索引擎不会总是遵守这些指令。

⑫ 降低 DNS（Domain Name Server，域名服务器）记录的 TTL（生存时间）值。

迁移前，重要的准备是降低 DNS 记录的生存时间（TTL）。TTL 表示 DNS 服务器在再次请求域的 DNS 记录之前应该保留多长时间。TTL 越低，它们请求的频率就越高，DNS 更改传播得也就越快。拥有较低的 TTL 使我们能够快速迁移，并在出现问题时提供回滚迁移的灵活性。什么时候降低 TTL 以准备迁移取决于当前的 TTL，因为这是新的 TTL 值在所有地方生效所需要的时间。建议在启动前将 TTL 降低到 300（该值以秒为单位，等于 5 分钟）。

第三阶段：预迁移测试

做好了所有必要的安排和准备，将所有内容进行预迁移测试，以确保准备好正式上线。

① 确保能够访问新环境。

如果迁移将发生在现有的域名上，可以调整主机文件或使用本地 DNS 服务器。

② 测试重定向。

测试来自重定向计划的重定向是否实际实现并正常工作。建议可以手动做一些检查，或使用一些工具进行批量查询。

③ 搜索引擎优化检查。

检查 URL 结构是否正确，如包含关键词、层级浅、静态等，标题和描述是否合理设置，网站内容是否全面，内部链接结构是否符合 SEO 策略，是否正确地使用了 Robots 指令来防止页面被索引，是否有重复内容，新网站是否会受到爬虫陷阱的困扰，结构化数据设置是否正确。

使用正确的状态码，对于重定向使用 301 重定向；对于不存在的页面，使用 404 状态码；对于未迁移且已被删除且永远不会返回的页面，使用 410 状态码。检查网站 404 链接，特别是查找到旧 URL 和用于预览未发布页面的 URL 的链接。如果网站有多种语言版本，并且正在使用 Hreflang，请确保 Hreflang 实现是有效的。如果正在新站点上使用分页，如产品类别页面或博客存档页面，那么请确保新的分页实现是有效的。当网站上线后，会看到网站在实践中表现如何，在这个阶段可以在新网站上运行页面速度检查，如使用 Google Page Speed Test（谷歌页面速度测试）。建议为慢速页面设置分段，以便轻松跟踪这些内容。

域名重定向设置：如果规范域是 https://example.com，那么需要确保 https://www.example.com，http://example.com 和 http://www.example.com 所有 301 只需一跳就重定向到 https://example.com。

在进行迁移前测试时，总会发现问题。对出现的所有问题进行分类，确定这些问题是否会阻碍发行，或者是否可以在发行后修复，要务实并记住在项目开始时定义的迁移目标。推迟发布会增加很多费用，所以要仔细权衡所发现的每个问题的利弊。如果没有出现什么严重的问题或者解决了足够多的主要问题，就可以进入下一个阶段。

第四阶段：发布或正式环境上线

确保新的网站易于访问，在发布之前，删除设置的任何限制，如：HTTP 身份验证、robots.txt 文件 和 robotsnoindex 指令限制。删除所有限制之后，可以更新域名 DNS 记录，指向新的正式发布环境。

第五阶段：迁移后审查

① 请确保在正式发布的环境中一切都正常工作，仔细检查这些优先级较高的检查清单，确保网站状态良好。

② 测试核心页面：以确保它们正常工作，并包含正确的内容。

③ 新网站的 robots.txt 文件须确保所有爬虫程序具有正常的网站访问权限。

④ Robots 指令：是否正确设置了 Robots 指令（检查 Meta Robots 和 X-Robots-Tag）。

⑤ 重定向：所有重定向是否都到位，且可以正常工作。

⑥ SEO 检查：进行在第三阶段讨论过的 SEO 检查，确保一切正常。

⑦ XML 站点地图：作为 SEO 检查的一部分，要确保新的 XML 站点地图是正确的。

⑧ 数据分析：确保所有必要的软件分析工具可以正常跟踪到新网站的数据。

第六阶段：迁移后随访

如果一切顺利，可以按照以下步骤进行：

① 在谷歌搜索控制台（GSC）和必应网站管理员工具（BWT）中添加新的网站资源。如果迁移到一个新域，请确保在谷歌搜索控制台和必应网站管理员工具中提交新域，并更新 XML 站点地图。

② GSC 抓取统计和网址检查。使用谷歌站长工具（GSC）的抓取统计和网址检查功能，确保谷歌收录索引网站页面。这个功能可以避免某些页面没有被正常抓取和曝光的情况。

③ 付费活动。付费推广中的目标 URL 需要确保更新为正确的新链接地址。如果有品牌变化，那么广告文本需要调整为新品牌。

④ 更新反向链接。找那些链接到旧网站的外链资源，将链接更新为新网站的链接。

⑤ 增加 DNS 记录的 TTL 值。在迁移几天后，就可以安全地增加站点 DNS 记录的 TTL。如果网站有使用 CDN，数值通常还是很低的；而如果没有使用 CDN，数值通常会更高（从几小时到几天）。建议将其设置为迁移前的值。

⑥ 删除旧的模拟环境。旧环境只作为参考，不再被开发。

第七阶段：迁移后监视

① 监控 SEO KPI。确保新网站表现良好。SEO 部分主要包括关键词排名、流量和转化率。由于迁移对 SEO 结果有很大影响，所以要关注 SEO KPI，检查迁移是否顺利，即搜索引擎是否理解新站点并给到较好的排名。可以使用谷歌搜索控制台索引旧网站和新网站的页面收录情况，这时 XML 站点地图的提交就会派上用场。

② 监测 4XX 错误。特别是 404 和 410 错误。检查服务器日志，以发现 4XX 错误，检查谷歌搜索控制台，看看谷歌是否已检测出一些 4XX 错误。

③ 根据第一阶段计划中考虑到的问题以及预定达到的目标，对网站迁移是否成功做出评估，如担心的问题是否发生、目标是否达成，哪些是以后操作中应该规避的问题做整理等。

3.1.3 网站架构（Site Architecture）

网站架构规划包括网站的商业计划、交互设计、信息架构、可用性和内容。从本质上讲，涵盖众多功能，并且使这些功能具有实用性。

具体来讲，一个精心设计的网站架构需要全面考虑网站的导航结构、层级深度、站内链接结构、相关内容整合等，同时要深入客户参与、布局强大的功能、优化搜索引擎、呈现品牌元素等。

项目进行开发之前，需要整个团队一起创建一个完整的架构计划，包括想在网站中加入的特性、网站结构和用户需求。一个坚实的框架是建立一个功能丰富网站的第一步。之所以要把网站建设好，是因为网站是开发业务的基础以及与用户沟通互动的桥梁。

3.1.4 相关性（Relevancy）

相关性作为技术性 SEO 四大支柱之一，其主要体现在内容相关性和外链相关性上。

1. 内容相关性

撰写高质量的相关内容是提高 SEO 的有效方法。谷歌是在网页的特定位置寻找重要的关键词，网站文本或页面内容与搜索查询匹配得越好，获得良好排名的可能性就越大，所以内容相关性有助于提升排名。

（1）内容相关性的定义。

内容相关性是指网站与特定搜索主题或术语的相关性，包括可视文本、图像或视频等内容。相关性也可以通过标题、元描述和 Alt 标签产生。内容相关性对于 SEO 来说至关重要，一个页面的内容与搜索查询的匹配度越高，它就越有可能获得好的排名。这意味着内容相关性被认为是谷歌在其索引中衡量网站排名的因素之一。

（2）搜索引擎优化内容相关性对谷歌的重要性。

对于每一个搜索查询，谷歌将评估其索引中哪些网站最能满足用户的需求。这是通过计算索引中的网站与用户搜索的匹配程度来实现的。同时，加载时间、站点地图、链接结构等特征也被认为是内容相关性。可以通过优化这些内容在搜索结果中获得更好的排名。搜索结果应该尽可能精确地匹配用户的不同搜索查询，最终目标是满足用户体验。

（3）搜索引擎优化内容相关性的标准。

内容语言：使用与查询相同的语言提供内容是相关性的必需条件。图像：视觉图像支持文本信息。本地化：使用与特定地区相关的术语。页面标题：页面标题可以表明网站的主题；正文文本的相关性。

① 针对特定的需求制作详细的内容。

目前，互联网世界的规模每两年就会翻一番，用户并不缺少可供选择的内容。客户或用户会寻求符合他们专业水平和特定需求的内容。企业需要了解自己的受众和他们的特殊需求，然后制作最新的内容来满足这些需求。通过确定这些不同方面的专业知识，并对内容进行分层，可以有效地满足众多用户的需求。

② 向用户保证内容的完整性。

用户认为内容没有用处的一个常见原因是内容让人感觉不完整。如果用户不相信内容的完整性，他们也不太可能相信内容的相关性。

③ 确保内容的及时性。

用户质疑内容相关性的另一个原因是不及时。用户希望获得最新的信息来帮助他们实现目标，所以要确保内容的及时性。

(4)内容相关性对 SEO 的重要性。

搜索引擎优化的内容相关性在页面优化元素中起决定性的作用。SEO 的主要任务之一就是提高内容与目标关键词的匹配度。所以需要通过调整页面内容的相关性来提升对应关键词的排名位置。

内容相关性是一个重要的排名因素,但它仍然只是谷歌在其算法中使用的多个因素之一,所有这些因素的结合是在搜索结果中占据排名位置的基础。例如,一个网站的内容可能与特定的主题高度相关,但如果该网站加载时间太长,并且没有适当优化移动端页面,这个网站可能仍然无法在移动端搜索结果中获得好的排名。

通过应用公式 WDF * IDF 来增加内容的相关性。WDF 是 "Within Document Frequency",即 "文档内频率",是指一个单词在文档中出现的频率。IDF 代表 "Inverse Document Frequency",即 "文档外频率",指一个关键词在其他网站上出现的频率。WDF * IDF 是搜索引擎决定内容的主题、相关术语、关键词的最佳分配公式。这比单独使用关键词密度复杂。WDF * IDF 优化的内容需要考虑关键词的语义上下文。公式 WDF * IDF 一直是网页 SEO 的一个重要话题。它不只是通过单个关键词或多个关键词进行搜索,还通过计算在其他高排名网站上使用的相关术语,然后根据热门程度对这些术语进行排序。由于比较了相关术语、语义上下文和术语的热门程度,所以数据更加准确。

WDF * IDF 是如何运作的?简单地说,一个词在搜索引擎中出现的频率越高,它的相关度就越高。应用这一原则,WDF * IDF 分析确定互补关键词在搜索中的相关性。

WDF * IDF 工具可以确定哪些术语应该包含在内容中,以提高搜索排名。使用这一工具查询用户的关键词显示排名靠前的网站,以此获取更多的关键词。文字质量也很重要,因为网站是直接与最高竞争对手进行比较的。因此,文本应该是有趣的、相关的和高质量的。

支持 WDF * IDF 的搜索引擎优化工具有 SEOlyze, XOVI, On-page SEO, SISTRIX 和 Searchmetrics。

2. 外链相关性

外链相关性对于 SEO 而言也很重要。营销人员都知道,链接到网站的链接就相当于网络上的 "投票"。谷歌和其他搜索引擎使用这些投票在搜索结果中对网页进行排名。一个页面累积的投票越多,这个页面在搜索结果中的排名就越高。但要在谷歌排名,只有投票数量是不够的,还需要这些链接的相关性和权威性。链接页面和链接站点的相关性和权威性会直接影响链接的价值,从而影响网站排名。

尽管谷歌的算法复杂多变,但依然能够整理到一些基础的方法来确保和提高外链相关性。

（1）使用描述性的锚文本作为链接内容。

使用描述性锚文本来描述页面是关于什么的。避免通用的锚文本和偏离主题的锚文本，保持锚文本简洁，以 2~4 个单词为宜。虽然优化锚文本是件好事，但过多的锚文本会影响网站优化。

（2）从权威的、主题相关的网站获取链接。

在谷歌早期，在拉里·佩奇（Larry Page）想出如何根据受欢迎程度对页面进行排名之后不久，Hilltop 算法就提出了如何根据权威对页面进行排名。通过寻找链接到网页的"专家"页面来实现这一点。专家页面是一个链接到许多其他主题相关页面的文档。如果一个页面被链接到几个"专家"页面，那么它就被认为是该主题的权威，并且可能排名更高。

（3）寻找人们可能会点击的重要链接。

并非所有的链接都是能吸引访客点击的。谷歌的"合理冲浪模型（Reasonable Surfer Model）"专利背后的想法是页面上的某些链接比其他链接更重要，因此分配更多权重。

重要的链接包括：突出的链接，在 HTML 页面的上方与主题相关的链接，与源页面和目标页面都相关。

重要的链接更有可能被网页浏览者点击，一个与主题相关的链接比一个偏离主题的链接更有分量。

（4）选择主题相关性更高的网页。

谷歌的网页排名技术可用于在整个搜索索引中分配各种不同的排名信号。最常见的是受欢迎程度和信任度，另一个是主题相关性。两个具有相同数量链接的网站，如果其中一个主题相关性更高，那么它获得的排名可能性就更高。

（5）根据谷歌"基于短语的索引（Phrase-based Indexing）"策划锚文本。

对于 SEO 来说，"基于短语的索引（Phrase-based Indexing）"机制可能是一个复杂的概念。需要了解的重点是，"基于短语的索引"允许搜索引擎通过在源页面和目标页面中查找相关短语来对任何链接的相关性进行评分，短语越相关，分数越高。例如，使用 LSI 关键词进行锚文本优化，这有助于 SEO。扎实的关键词研究是提供识别相关关键词短语的起点。

（6）关键问题。

要了解一个链接是否与网站相关，只需问自己一个链接建设的关键问题：这个链接会给我们的网站带来高参与度、高质量的访问者吗？搜索引擎具体是如何判断外链的相关性不是我们可以理解的，企业优化人员只需要从这个关键问题出发，确保外链可以给企业网站带来访问者，那这个外链必然也是具有相关性的。

3.2 域名

域名是一个网站的私有和唯一的名字。域名通常由"www"前缀、网站名称(例如"domain")和后缀(例如"com")组成,后缀由"圆点"(句点标点符号)分隔。域名可以有各种各样的后缀作为网站之间的区别,企业站通常后缀是"com",学术及非牟利机构的后缀有"edu""net""org"及"ac",政府实体的后缀用"gov"等。

3.2.1 域名是否可以沿用

建设一个新的网站之前,原本已经拥有了一个域名,这个域名是否可以延续用于营销型网站的建设,通常情况下建议沿用。最主要的原因是域名作为一个企业的名片,已经被大多数人员熟知,而且域名越久积累的权重越高,越有利于谷歌排名。但有一种情况,当域名在之前的推广过程中使用过黑帽 SEO,如大量的垃圾外链等,就不推荐继续使用了。也不用担心域名变了客户找不到,在这种情况下可以使用 301 跳转的方式来保留老域名的正常访问。

3.2.2 新域名的挑选规则

1. 外贸域名

对于具有营销性质的外贸域名,建议优先选择 .com 域名,因为 .com 域名是国际域名,容易被记住。如果对应外贸市场有特定的目标国家或地区,建议使用指定目标国家或地区对应的后缀域名,比如,常见的有日本市场 .co.jp,俄罗斯市场 .ru,西语市场 .es 等。但要注意,指定国家的域名注册,不像 .com 域名这样可以在大部分的域名平台进行购买,某些国家或地区需要有当地的办公场所或营业执照方可购买。

2. 域名越短越好

域名越短越好的建议很好理解,因为越短越好记,越短用户的体验越好。如果购买过域名,输入想要购买的简短域名时,可能常常会遇到域名已经被注册的提示,特别是五位数以内的域名。有些域名被注册后,如果需要购买,费用可能小到几千,大到几万或几十万。因此,考虑到成本与品牌发展,不必为了一个简短的域名付出过大的代价。只要好记忆,具有品牌性,或包含行业关键词,域名稍微长一点也没有关系。

3. 域名包含品牌词

品牌需要时间来发展,在自己的领域中加入独特的品牌名称可以脱颖而出,获得认可，并增加网站的访问量。在创建品牌名称和域名时，要避免使用任何现有的品牌名称或商标。域名包含品牌词可以帮助品牌形成强大的互联网品牌标识，提升客户的忠诚度，保护品牌。

4. 包含关键词

域名包含相关的词可以帮助用户在搜索中找到网站，并一眼就能看出网站是做什么产品或服务的。关键词可以包括企业相关的产品或服务（如"稳定器"或"公司注册服务"），甚至是公司的位置，这对于锁定当地客户和用户很有帮助。

查询域名是否可以注册，可以查询 https://wanwang.aliyun.com/或 https://sg.godaddy.com/。

3.2.3 域名一定要.com 吗

域名不一定要.com。但是.com 作为国际通用的域名，相对而言更有利于推广且提升用户体验。

但对于特定市场，我们建议也可以使用特定市场的域名结尾，这样有利于本地化的推广。Google 搜索引擎在不同的国家有不同的域名后缀，同时 Google 搜索引擎对于本地化的排名更加倾向对应市场的域名后缀，因此如果外贸企业对于特定市场想要更好的推广效果，建议使用对应的域名后缀，比如，日本市场选用.co.jp，俄罗斯市场选用.ru。

3.2.4 独立域名

域名由两组或两组以上的美国信息交换标准代码（ASCII）或各国语言字符构成，各组字符间由点号分隔开，最右边的字符组称为顶级域名或一级域名，倒数第二组称为二级域名，倒数第三组称为三级域名，以此类推。我们接触的顶级域名又分为三类：一是国家和地区顶级域名（Country Code Top-level Domains，ccTLDs），目前 200 多个国家都按照 ISO3166 国家代码分配了顶级域名，如中国是 cn，日本是 jp 等；二是国际顶级域名（Generic Top-level Domains，gTLDs），如表示工商企业的.com，表示网络提供商的.net，表示非营利组织的.org 等；三是新顶级域名（New gTLD），如通用的.xyz，代表"高端"的.top，代表"红色"的.red，代表"人"的.men 等 1000 多种。

3.2.5 通用顶级域名及含义解释

.top：表示高端，顶级，事业突破，国际通用域名。

.com：表示商业机构。任何人都可以注册.com 形式的域名。

.xyz：作为字母表最后三个字母，组合含义灵活，没有限制，任何企业和个人都可以注册.xyz结尾的域名。

.xin：表示诚信、可信赖。

.vip：表示尊贵、会员、特别。

.win：英文解释为赢，一般用于体育或游戏相关的竞赛类网站，同时也可能涉及博彩类网站。

.red：表示吉祥、红色、热情、勤奋。

.net：表示网络服务机构。

.org：表示非营利性组织。

.wang：表示华人域名，取自拼音网（"wang"）。

.gov：表示政府机构。

.edu：表示教育机构。

.mil：表示军事机构。

.co：表示社区（Community）和公司（Company）。

.biz：表示商业机构。

.name：表示个人网站。

.info：表示信息提供。

.mobi：专用手机域名。

.pro：医生，会计师。

.travel：旅游网站。

.club：表示俱乐部等在线社区。

.museum：博物馆。

.int：表示国际机构。

.aero：表示航空机构。

.post：表示邮政机构。

.rec：表示娱乐机构。

.asia：表示亚洲机构。

3.2.6 子域名

子域名（子域 Subdomain），是在域名系统等级中更高一层的域。例如，mail.example.com 和 calendar.example.com 是 example.com 的两个子域，而 example.com 则是顶级域.com 的子域。通常二级域名以上级别的域名才称为子域名。

3.2.7 Whois 信息公开

什么是 Whois 信息？简单地说 Whois 就是一个用来查询域名的 IP 以及所有者信息

等的传输协议，Whois 信息需要向谷歌以及任何查询 Whois 信息库的人公开。Whois 信息公开是获得谷歌信任的一个因素，谷歌认为 Whois 信息是将网站作为合法的信息来源的依据。

查询 Whois 信息的网址：https://whois.domaintools.com/，https://www.whois.net/，https://lookup.icann.org/。

3.3 服务器

网站服务器（Website Server）是指在互联网数据中心中存放网站的服务器。网站服务器主要用于网站在互联网中的发布、应用，是网络应用的基础硬件设施。合理地设置网站服务器有利于 SEO 优化，因为服务器直接关系到网站的安全与速度。

3.3.1 服务器返回的 14 种常见 HTTP 状态码

当从客户端向服务器发送请求时，服务器将会返回状态码，状态码就是服务器的响应状态，通过它可以知道当前请求是成功了还是出现了什么问题。状态码是由 3 位数字和原因短语组成的（最常见的状态码是 200 OK），其中第一位数字表示响应类别，响应类别从 1 到 5 分为五种，见表 3-3。

表 3-3 状态码解释

状态码	响应类别	原因短语
1XX	信息性状态码（Informational）	服务器正在处理请求
2XX	成功状态码（Success）	请求已正常处理完毕
3XX	重定向状态码（Redirection）	需要进行额外操作以完成请求
4XX	客户端错误状态码（Client Error）	客户端原因导致服务器无法处理请求
5XX	服务器错误状态码（Server Error）	服务器原因导致处理请求出错

以下是最常见的 14 种代码状态：

（1）200 OK 表示请求被服务器正常处理。

HTTP 状态代码 200 OK 是最常见的服务器代码，是成功的 HTTP 请求的标准响应，这是 Web 页面成功提供时默认返回的内容。与响应一起返回的实际成功信息取决于请求中使用的方法。例如，在 GET 中，响应中发送与请求资源对应的实体；在 HEAD 中，与请求的资源对应的实体头字段在响应中发送，而不包含任何消息体；在 POST 中，描述或包含操作结果的实体；在 TRACE 中，包含终端服务器接收到的请求消息的实体。

（2）204 No Content 表示请求已成功处理，但是没有内容返回。

（3）206 Partial Content 表示服务器已经完成了部分 GET 请求。

（4）301 Moved Permanently 永久重定向，表示请求的资源已经永久地搬到了其他位置。当前试图访问的 URL 已被永久更改。

当删除页面或更改 URL 时，旧的 URL 不会自动消失，为了避免接收 404 错误，最好使用 301 重定向。301 重定向将用户和搜索引擎从这些旧 URL 重定向到指定的新页面。这也确保避免用户产生混淆，并将搜索结果的权重从这些旧页面传递给新页面。点击链接到旧地址或书签的用户会自动进入新地址，搜索引擎可以更新其索引。

（5）302 Found 临时重定向，表示请求的资源临时搬到了其他位置，请求的资源暂时被配到了新的 URL，这和 301 重定向很像，只不过资源是临时移动，资源在将来可能还会改变。302 重定向是一种临时更改，在有限的时间内重定向到所需的页面，直到将其删除。它也可以显示为 302 Found（HTTP 1.1）或临时移动（HTTP 1.0），可以使用 Meta 标签或 JavaScript 完成，而不是访问服务器文件。

302 Direct 在以下情况下非常有用：A/B 测试网页性能，获得新页面或更新页面的反馈，同时为浏览者提供一致的体验，而不会对 PageRank 造成任何影响。但有时也会造成混淆，并对搜索引擎的可见性产生负面影响。

（6）303 See Other 表示请求资源存在另一个 URL，应使用 GET 定向获取请求资源，303 功能与 302 一样，区别只是 303 明确客户端应该使用 GET 访问。

（7）304 Not Modified 表示客户端发送附带条件的请求（GET 方法请求报文中的 IF……）时，服务端允许请求访问资源，但未满足条件的情况。返回 304 时，不包含任何响应主体。

（8）307 Temporary Redirect 临时重定向，这和 302 有着相同含义，尽管 302 标准禁止 POST 变为 GET，但没人会遵照这一标准；而 307 就会遵照标准，不会从 POST 变为 GET。但处理响应行为时各个浏览器可能不同。

（9）400 Bad Request 表示请求报文存在语法错误或参数错误，服务器不理解，需要修改请求内容后再次发送。

（10）401 Unauthorized 表示发送的请求需要有 HTTP 认证信息或者是认证失败了，返回 401 的响应必须包含一个适用于被请求资源的 www-authenticate 首部字段以质询用户信息，浏览器初次接受 401 时，会弹出认证窗口。

（11）403 Forbidden 表示对请求资源的访问被服务器拒绝了，服务器可以对此做出解释，也可以不解释，想说明的话可以在响应实体的主体部分描述原因，比如，可能没有访问权限等。

（12）404 Not Found 表示服务器找不到请求的资源，也可能服务器不想展示，反馈结果为"找不到"。

（13）500 Internal Server Error 表示服务器执行请求的时候出错了，可能是 Web 应用有 Bug 或临时故障，更有可能是服务器源代码有 Bug。

（14）503 Service Unavailable 表示服务器超负载或正停机维护，无法处理请求，如果服务器知道还需要多长时间，就写入 Retry-After 首部字段返回。

3.3.2 关闭服务器签名

关闭服务器签名 Signature 是因为透露网站服务器带有服务器/PHP 版本信息的签名会带来安全隐患，会将系统上的已知漏洞告诉攻击者。因此，作为服务器加固的一个部分，建议禁用所有网站服务器签名。

3.3.3 Web 安全之防范点击劫持

点击劫持（Clickjacking）又称为界面伪装攻击（UI Redress Attack），是一种在网页中将恶意代码等隐藏在看似无害的内容（如按钮）之下或者将透明的 Iframe 覆盖在一个正常的网页上，并诱使用户点击的手段。也可以与 XSS 和 CSRF 攻击相结合，突破传统的防御措施，提升漏洞的危害程度。

3.3.4 CDN 加速

CDN（Content Delivery Network）即内容分发网络，尽可能避开网络上有可能影响数据传输速度和稳定性的环节，使内容传输得更快、更稳定。CND 加速主要是加速静态资源，如网站上传的图片、媒体，以及引入的一些 JS、CSS 等文件。CDN 加速的最大优点是成本低、速度快。

网站建设一段时间后，随着访问量的增加，网站的加载速度会变慢，影响客户体验和蜘蛛的抓取，使用 CDN 网站加速，可以减少网络节点，提高网站的加载和运行速度。CDN 加速是一种新型的网络构建方式，它是为了能在传统的 IP 网发布宽带丰富的媒体而特别优化的网络覆盖层；从广义的角度看，CDN 代表了一种基于质量与秩序的网络服务模式。

考虑到外贸企业网站的服务器会选择在国外，不需要域名备案即可访问网站，所以大部分外贸企业都没有备案域名；而中国有法律规定，境内的 CDN 必须要备案，即如果做了 CDN 加速，想要在国内也提升速度的话，必须要备案才能生效，否则无效。因此，为了全面考虑网站的访问速度，建议域名提前做好备案准备，因为备案通常需要 15 个工作日左右。

3.3.5 SSL 证书

SSL 证书是数字证书的一种，类似于驾驶证、护照和营业执照的电子副本。因为配置在服务器上，也称为 SSL 服务器证书。SSL 证书就是遵守 SSL 协议，由受信任的数字证书颁发机构 CA 验证服务器身份后颁发，具有服务器身份验证和数据传输加密功能。

1. 使用 SSL 证书时需注意以下几点。

（1）一定要选用安全的 SSL 证书。证书由数字证书认证机构（CA）颁发，该机构会采取有关措施，确认您的网站地址是否确实属于您的组织，从而保护访问者免受中间人攻击。在设置证书时，可以选择 2048 位密钥来确保高级别的安全性。如果所持证书的密钥（1024 位）安全性较弱，请将其升级到 2048 位。选择网站证书时，请注意以下几点。

① 从提供技术支持的可靠 CA 处获取证书。
② 确定所需证书的类型。
③ 适用于单个安全源的单个证书（如 www.example.com）。
④ 适用于多个已知安全源的多网域证书（如 www.example.com，cdn.example.com，example.co.uk）。
⑤ 适用于具有多个动态子域名的安全源的通配型证书（如 a.example.com，b.example.com）。

（2）使用服务器端 301 重定向。使用服务器端 301 HTTP 重定向将用户和搜索引擎重定向至 HTTPS 网页或资源。更多详情请查阅 https://developers.google.com/search/docs/advanced/security/https。

2. 使用 HTTPS 的好处

（1）信任与安全。

各商家和谷歌都十分重视客户隐私。因此，自 2018 年 7 月开始，Chrome 浏览器会将所有 HTTP 页面标记为"不安全"。

（2）效果更好。

HTTPS 支持采用可提升用户体验的技术。在百强网站中，有 81 个默认使用 HTTPS，其中一个原因就在于 HTTP/2 等全新增强型网络协议均要求采用 HTTPS。此外，谷歌竞价的并行跟踪功能也要求所有用于衡量点击的网址（跟踪网址，字段中包含的网址）中使用 HTTPS，而使用该功能可加快页面加载速度。自 2018 年 10 月 30 日开始，并行跟踪将成为进行点击衡量的唯一方法。这样一来，所有的跟踪网址都将需要使用 HTTPS。

3.3.6 W3C 验证

W3C（World Wide Web Consortium），即 W3C 理事会或万维网联盟。W3C 于 1994 年

10 月在麻省理工学院计算机科学实验室成立。创建者是万维网的发明者 Tim Berners-Lee。W3C 组织是对网络标准制定的一个非营利组织，如 HTML、XHTML、CSS、XML 的标准就是由 W3C 来定制的。W3C 会员包括生产技术产品及服务的厂商、内容供应商、团体用户、研究实验室、标准制定机构和政府部门，他们一起协同工作，致力于在万维网发展方向上达成共识。

W3C 验证服务可为互联网用户检查 HTML 文件是否符合 HTML 或 XHTML 标准，并提供快速检查网页错误的方法。W3C 验证网址：https://validator.w3.org/。

3.3.7 浏览器缓存

浏览器缓存（Browser Caching）是为了节约网络的资源加速浏览。简单来说，浏览器缓存就是把一个已经请求过的 Web 资源（如 HTML 页面、图片、JS、数据等）拷贝一份副本储存在浏览器中，缓存会根据进来的请求保存输出内容的副本。当下一个请求来到的时候，如果是相同的 URL，缓存会根据缓存机制决定是直接使用副本响应访问请求，还是向源服务器再次发送请求。比较常见的就是缓存访问过网站的网页，当再次访问这个 URL 地址的时候，如果网页没有更新，就不会再次下载网页，而是直接使用本地缓存的网页。使用缓存的原因有以下三点：

（1）减少网络带宽消耗。

无论对于网站运营者还是用户，带宽都代表着金钱，过多的带宽消耗，只会便宜网络运营商。当 Web 缓存副本被使用时，只会产生极小的网络流量，可以有效地降低运营成本。

（2）缓解服务器压力。

网络资源设定有效期之后，用户可以重复使用本地的缓存，减少对源服务器的请求，间接缓解服务器的压力。同时，搜索引擎的爬虫机器人能根据过期机制降低爬取的频率，也能有效缓解服务器的压力。

（3）减少网络延迟，加快页面打开速度。

带宽对于个人网站运营者来说十分重要，而对于大型的互联网公司来说，可能微乎其微。那 Web 缓存还有作用吗？答案是肯定的，对于最终用户，缓存的使用能够明显加快页面打开速度，达到更好的体验。

3.3.8 www 跳转

做 www 跳转，主要是考虑到不同版本会给搜索引擎带来混乱和重复的内容，从而影响收录。

从搜索引擎角度来看，不管是带 www 的网址还是不带 www 的网址，只要确定好任何一个版本，做好重定向设置，都不会影响收录与排名。从互联网搜索习惯来看，一般大家习惯 www 开头输入网址，所以常规情况下，我们默认使用 www 开头的网址，把不带 www 的重定向到带 www 的网址上来。如果运营者之后想要更改首选网址，也不会对谷歌优化产生影响，只要确保重定向设置正确且更改好内部链接即可。

3.4 进阶技术性 SEO

除了基础的域名与服务器以外，技术性 SEO 还包括针对用户体验度的设置，以及针对搜索引擎蜘蛛爬取友好的设置。

3.4.1 Favicon 站点图标

Favicon，是 Favourite Icon 的简称，也称作 Website Icon（网页图标）、Page Icon（页面图标）或 URL Icon（URL 图标）。一个网页的 favicon.ico 通常可以在浏览器地址栏、标签栏，或者被保存为书签后可见（如图 3-2 所示）。

图 3-2 Favicon 浏览器地址栏展示

Favicon 文件代码参考：< link rel = "shortcut icon" href = "/favicon.ico"/ >，网站使用 Favicon 的最大好处就是增加网页的辨识度，因为通常 Favicon 使用的都是 Logo 图，同时也可以增强品牌性。

3.4.2 Sitemap 文件

Sitemap 文件，一种是 XML 格式的网站地图展示形式，是为了方便搜索引擎抓取；另一种以 HTML 的形式展示，是为了方便用户浏览，从而提升用户体验度。

1. XML Sitemap

文件 sitemap.xml 中列出网站中的网址以及关于每个网址的其他元数据（上次更新的时间、更改的频率以及相对于网站上其他网址的重要程度等），目的是方便搜索引擎能够更加智能地抓取网站，提高网站页面被收录、索引的效率，从而提高网站/网页在 SERP 中的排名或提高 SEO 效果。

XML Sitemap 也可以根据实际情况做分类，如 Normal Sitemap，Image Sitemap，Video Sitemap，News Sitemap 等。常规 XML 站点地图包括常规的链接地址、上次更新时间、更新频率和网站内重要程度等信息。

示例：

```
<?xml version="1.0" encoding="UTF-8"?>
<urlset xmlns="http://www.sitemaps.org/schemas/sitemap/0.9">
    <url>
        <loc>http://www.example.com/</loc>
        <lastmod>2022-05-01</lastmod>
        <changefreq>daily</changefreq>
        <priority>1</priority>
    </url>
</urlset>
```

2. XML Sitemap 的基本要求

（1）仅包含 Canonical 链接，状态 200。
（2）每个站点地图最多包含 20 万个 URL，一般上限为 5 万个。
（3）备注到 robots.txt 文件中。
（4）UTF-8 Encoded。

3. 图像站点地图

通常情况下，可以将图像添加到常规 XML 站点地图中。如果有很多这样的文件，最好为图像创建一个单独的 XML 文件。

示例：

```
<?xml version="1.0" encoding="UTF-8"?>
<urlset xmlns="http://www.sitemaps.org/schemas/sitemap/0.9"
        xmlns:image="http://www.google.com/schemas/sitemap-image/1.1">
    <url>
        <loc>http://example.com/sample.html</loc>
        <image:image>
            <image:loc>http://example.com/image.jpg</image:loc>
        </image:image>
        <image:image>
            <image:loc>http://example.com/photo.jpg</image:loc>
        </image:image>
    </url>
</urlset>
```

* 参考来源：https://support.google.com/webmasters/answer/178636?hl=en

4. 视频站点地图

可以在站点地图上添加视频，与图片类似，视频也会在站点地图中列出，与页面/URL 相关。如果只有几个包含视频的页面，只需在普通的站点地图中添加该信息即可。如果网站有一个独立的板块专门放了视频，那么就可以考虑将它们设置成一个独立的站点地图。

示例：

```xml
<urlset xmlns="http://www.sitemaps.org/schemas/sitemap/0.9"
        xmlns:video="http://www.google.com/schemas/sitemap-video/1.1">
  <url>
    <loc>http://www.example.com/videos/some_video_landing_page.html</loc>
    <video:video>
      <video:thumbnail_loc>http://www.example.com/thumbs/123.jpg</video:thumbnail_loc>
      <video:title>Grilling steaks for summer</video:title>
      <video:description>Alkis shows you how to get perfectly done steaks every
          time</video:description>
      <video:content_loc>
          http://streamserver.example.com/video123.mp4</video:content_loc>
      <video:player_loc>
          http://www.example.com/videoplayer.php?video=123</video:player_loc>
      <video:duration>600</video:duration>
      <video:expiration_date>2021-11-05T19:20:30+08:00</video:expiration_date>
      <video:rating>4.2</video:rating>
      <video:view_count>12345</video:view_count>
      <video:publication_date>2007-11-05T19:20:30+08:00</video:publication_date>
      <video:family_friendly>yes</video:family_friendly>
      <video:restriction relationship="allow">IE GB US CA</video:restriction>
      <video:price currency="EUR">1.99</video:price>
      <video:requires_subscription>yes</video:requires_subscription>
      <video:uploader
          info="http://www.example.com/users/grillymcgrillerson">GrillyMcGrillerson
      </video:uploader>
      <video:live>no</video:live>
    </video:video>
  </url>
</urlset>
```

*参考来源：https://support.google.com/webmasters/answer/80471?hl=en

5. 新闻站点地图

如果网站上有一个独立的新闻板块，可以在站点地图中指定它。因为谷歌有一款 News 产品，当需要快速索引时，这个新闻的站点地图就可以派上用场。

示例：

＜?xml version="1.0" encoding="UTF-8"?＞
＜urlset xmlns="http://www.sitemaps.org/schemas/sitemap/0.9"
  xmlns:news="http://www.google.com/schemas/sitemap-news/0.9"＞
 ＜url＞
  ＜loc＞http://www.example.org/business/article55.html＜/loc＞
  ＜news:news＞
   ＜news:publication＞
    ＜news:name＞The Example Times＜/news:name＞
    ＜news:language＞en＜/news:language＞
   ＜/news:publication＞
   ＜news:publication_date＞2008-12-23＜/news:publication_date＞
   ＜news:title＞Companies A, B in Merger Talks＜/news:title＞
  ＜/news:news＞
 ＜/url＞
＜/urlset＞

* 参考来源：https://support.google.com/news/publisher-center/answer/9606710?hl=en

6. HTML 站点地图

HTML 站点地图是一个 HTML 页面，在这个页面上列出了网站的所有子页面。sitemap.html 通常放在网站的页脚，因此对所有访问者可见。与 XML 站点地图相比，HTML 站点地图主要是为用户创建的，它们可以帮助用户了解站点的结构并浏览所有子页面。从视觉上看，HTML 站点地图类似于一个导航栏，其中列出了所有页面，访客可以单击每个链接以到达相应的子页面。

因为 HTML 站点地图列出了所有的子页面，所以很容易导致页面超载或者显示混乱。为了避免这个问题，有两种方式可以选择：一种是将站点地图限制在最重要的页面上，包括主要类别以及最相关的子页面；另一种是将站点地图划分为多个层次结构，如可以列出字母表中的所有字母，因此当用户单击某个字母时，将出现一个新页面，其中包含以该字母开头的所有子页面，如果需要，可以再次细分这些页面，直到站点地图上有网站所有页面的链接。

对于较小的网站，可以在一个 HTML 页面上列出所有子页面。链接可以按时间顺序排列、按主导航结构排列，也可以根据网站的内容，按字母顺序排列。但是，应该避免放置过多链接影响用户体验。

HTML 站点地图对于网站的可用性非常重要，因为它们使用户只单击几下就能够快速地访问任何子页面。在网站没有清晰导航条的时候，这一点更重要。

HTML 站点地图在搜索引擎优化（SEO）方面也很有用，因为它们使谷歌和其他搜索引擎爬虫更容易找到所有子页面。由于 HTML 站点地图由内部链接组成，搜索引擎爬虫（如 Googlebot）会跟踪这些链接，这样它们只需几个步骤就可以访问所有子页面。此外，还可以使用 HTML 站点地图将链接资产从主页传递到站点的子页面。在谷歌站长工具中，谷歌也建议为用户创建站点地图。合理利用 HTML 站点地图可能带来意想不到的谷歌首页排名，如结合网站架构和关键词地图进行锚文本设置。

7. 什么情况下需要 Sitemap 文件

（1）网站很大。

大型信息或新闻媒体网站以及业务范围很广的集团网站，如果网站有很多页面，这就意味着很快就会用光搜索引擎的爬行预算。而站点地图的设置，虽然对提高爬行预算没有帮助，但可以帮助网站更快地获得更深层的页面索引。

另外，一个大的网站也可能意味着经常更新，如发布新产品、删除旧产品、发布新闻等。正确地设置 XML 站点地图可以确保谷歌蜘蛛爬行和索引站点上重要的页面和新的页面。

（2）站内链接少。

如果网站的站内链接少，页面之间相互链接少，可能导致有些页面很难被搜索引擎搜索到，站点地图的设置可以很好地帮助搜索引擎发现这些层级深或链接少的页面。

需要注意的是即使站点地图中没有这些链接，也可能被谷歌正常索引到。但如果这些页面没有任何指向它的链接，也不会有任何页面排名，因为搜索引擎认为没有反向链接的网页都是不重要的网页，因此，在实际优化过程中，一方面需要增加站内链接指向重要页面，另一方面要增加站外链接指向重要页面，两者都很重要。

（3）网站新上线。

由于网页是谷歌蜘蛛在链接之间爬取时发现的，所以有其他网站链接到需优化的企业网站来表面它的存在是非常重要的。但一个新上线的网站通常还没有大量的外部链接进来，这时设置站点地图可以帮助搜索引擎快速发现站点上的新页面。

8. Sitemap 生成工具参考

https://www.xml-sitemaps.com/，

https://slickplan.com/，

https://dynomapper.com/features/visual-sitemap-generator,

https://writemaps.com/,

https://www.screamingfrog.co.uk/xml-sitemap-generator/,

https://www.powermapper.com/products/ondemand/。

以上工具都有一定时间的免费试用期和额度，其中 xml-sitemaps.com 可免费生成 500 张以内页面。

另外，站点地图的目标是让搜索引擎知道新的页面，所以应该在页面发布后立即更新它，如果系统支持自动更新 Sitemap 文件更好。sitemap.xml 可以通过 Google Search Console 进行提交，以提高页面索引的效率。

3.4.3 Robots.txt 文件

1. Robots.txt 文件是什么

Robots 协议也叫 robots.txt，是一种存放于网站根目录下的 ASCII 编码的文本文件，它告诉 Robots（通常是搜索引擎爬虫）在站点上要抓取哪些页面，不要抓取哪些页面。因为一些系统中的 URL 是大小写敏感的，所以 robots.txt 的文件名应统一为小写。文件 robots.txt 应放置于网站的根目录下。

当一个搜索引擎爬虫访问一个站点时，它会优先检查该站点根目录下是否存在 robots.txt，如果存在，引擎爬虫就会按照该文件中的内容来确定访问的范围；如果不存在，所有的引擎爬虫都将能够访问网站上所有没有被密码保护的页面。

robots.txt 文件也称为机器人排除协议，被当作是合理的搜索引擎优化黑客。

Robots 协议并不是一个规范，只是约定俗成的，所以并不能保证网站的隐私。Robots 协议是国际互联网界通行的道德规范，基于以下原则建立：

（1）搜索技术应服务于人类，同时尊重信息提供者的意愿，并维护其隐私权。

（2）网站有义务保护其使用者的个人信息和隐私不被侵犯。

2. Robots.txt 文件的基本框架

基本框架为：

User-agent：*

Disallow：/

"User-agent"后面的星号表示 robots.txt 文件适用于访问该站点的所有 Web 机器人。

"Disallow"后面的斜杠告诉机器人不要访问网站上的任何页面。

通常情况下，Disallow 建议只设置无优化价值的网页和需要保护隐私的网页。毕竟

SEO 的主要目标之一就是让搜索引擎轻松地搜索站点网页，从而提高排名。

如果不做 Disallow 设置，搜索引擎会抓取网站的每个页面。如果有很多页面，搜索引擎机器人会花一段时间来抓取它们，这可能会对排名产生负面影响。这是因为 Googlebot（谷歌的搜索引擎爬虫）有一个"爬行预算"。这可以分为两部分：

第一是爬行速度限制。一方面表现为谷歌蜘蛛会根据网站响应速度快慢来决定使用多少个同时载入的链接来抓取网站；另一方面爬行速度限制表现在谷歌蜘蛛在完成一次抓取后需要等待一定的时间才能执行下一次抓取。

第二是抓取需求。基本上抓取预算是 Googlebot 可以和想要抓取的 URL 数，要帮助 Googlebot 以最好的方式为网站花费爬行预算。换句话说，它应该抓取最有价值的页面。但有一些因素会消极地影响站点的爬行和索引。

3. 影响爬行预算的因素

根据分析，拥有许多低附加值的 URL 会对网站的爬行和索引产生负面影响。低附加值的 URL 可以分为以下几类，按重要性排序如下：

（1）分页导航和会话状态。

（2）站内重复内容。

（3）404 错误页面。

（4）被黑的页面。

（5）无限空间和代理。

（6）低质量和垃圾内容。

在这样的页面上浪费爬行预算会导致真正有价值的页面延迟被爬行，错过最佳时机。

通过正确地使用 robots.txt，可以告诉搜索引擎机器人如何明智地使用它们的爬行预算。这就是 robots.txt 文件在 SEO 中如此重要的原因。

4. 如何找到 robots.txt 文件

如果只是想快速浏览一下 robots.txt 文件，有一个简单的方法，这种方法适用于任何站点。所要做的就是在浏览器的搜索栏中输入网站的域名地址（如 yinqingli.com，googleseo.cn 等），然后在末尾添加/robots.txt。

5. 如何优化 robots.txt 文件

robots.txt 文件的最佳用途之一是通过告诉搜索引擎不要抓取站点中不向公众显示的部分来最优化搜索引擎的抓取成本。如何优化 robots.txt 完全取决于站点上的内容，使用 robots.txt 方法也有多种。

6. 几种常见的可排除页面类型

（1）有目的的重复内容。

虽然重复的内容是一件坏事，但是在少数情况下它是必要的和可接受的，这时候我们需要将重复的页面通过 robots.txt 进行屏蔽处理。

（2）用于感谢的提交页面。

感谢页面是营销人员最喜欢的页面之一，因为它意味着一个新的询盘。实际情况是有些感谢页面可以通过谷歌搜索结果内容直接点击访问，这意味着人们不需要经过咨询过程就可以访问这些页面，通过屏蔽感谢页面，可以确保只有询盘提交者能够看到。

（3）用户登录注册页面。

robots.txt 测试工具：https://www.google.com/webmasters/tools/robots-testing-tool。

3.4.4 页面结构化数据

在 Head 内添加结构化数据，增加其他分类的结构化数据。

首页结构化数据参考网址：https://schema.org/Organization

面包屑结构化数据参考网址：https://schema.org/BreadcrumbList

产品页结构化数据参考网址：https://schema.org/Product

产品列表页结构化数据参考网址：https://schema.org/ItemList

新闻文章结构化数据参考网址：https://schema.org/Article

FAQ 结构化数据参考网址：https://schema.org/Question

3.4.5 死链接

死链接又称无效链接，最常见的是 404 链接。简单地讲，死链接是指原来正常、后来失效的链接。死链接发送请求时，服务器返回 404 错误页面。

404 或未发现的错误消息（HTTP 404 页面，404 文件或目录未找到）是一个标准的响应代码，表明服务器找不到请求的 URL，或者无法实现该请求，但客户端实际上能够与给定的服务器通信。404 未发现错误消息可以出现在任何浏览器或操作系统中。大多数 404 未发现错误和网页一样显示在互联网浏览器窗口中，404 页面一般是由网站定制的。

此外，404 错误通常是客户端错误，这意味着这种错误是客户操作失误造成的，其原因一种可能是 URL 输入错误，或者页面已经从网站中移动或删除。另一种可能性是一个网站移动了一个页面或资源，但没有将旧的 URL 重定向到新的 URL（通常使用 301 重定向）。当这种情况发生时，客户将收到一个 404 错误，而不是被自动跳转到新页面。

如果一个网站存在大量的死链接,一方面会损伤网站的整体形象,另一方面会对搜索引擎不友好,因为搜索引擎爬虫是通过链接来爬行的,如果链接无法到达,不但网站收录页面数量会减少,而且网站在搜索引擎中的权重也会大大降低,所以避免死链接对 SEO 优化很重要。

常见检查死链接的方法和工具有两个:一是 Google 站长工具,Google Search Console;二是 Xenu 死链接检测工具,需要安装客户端软件,检查结果报告非常详细。

3.4.6 Canonical 标签

Canonical 标签是为了避免重复内容的收录,搜索引擎通过算法对网页内容及链接进行识别,对内容完全相同或者高度相似的网页给出一个系统认为规范的网页结果并建立索引供用户查询。

Canonical 是一个 HTML 的代码标签,是用来告诉搜索引擎哪个页面是权威页面,代码样式: <link rel="canonical" href="https://www.yinqingli.com/" />,放在页面 Head 部分。

1. Canonical 标签的作用

Canonical 标签可以使网址规范化,可以避免内容重复页面,可以集中传递页面权重,可以与 Alternate 标签一起使用,可以使搜索引擎收录更准确。

为了使搜索引擎能够理解 PC 端和移动端页面之间的关系,PC 端页面需要指向移动属性,并且移动端页面使用规范 URL"确认"关系。用 Alternate 标签和 Canonical 标签做移动适配声明:

(1) PC 端:

<link rel="canonical" href="https://www.example.com/">

<link rel="alternate" media="only screen and (max-width: 640px)" href="https://m.example.com/">

(2) 移动端:

<link rel="canonical" href="https://www.example.com/">

以上关于 URL 地址结构的更多说明,可查阅谷歌:https://support.google.com/webmasters/answer/76329?hl=en。

网站难免会出现同样的内容但 URL 地址不同的情况,这种不规范就会导致多个 URL 分散页面权重,不利于排名。对搜索引擎来说,浪费资源,浪费带宽。如果网站规范化问题太严重,也会影响收录,因为搜索引擎爬虫爬取一个网站的配额是有限的,所以需要规范 URL 地址让爬虫爬取那些有价值的页面。通过使用 Canonical 标签可以告诉搜索引擎哪个页面为规范的网页，能够规范网址并避免搜索结果中出现多个内容相同或相似的页面，帮助解决重复内容的收录问题，避免网站相同内容网页的重复展示及权重的分散，提升规范网页的权重，优化规范网页的排名。

2. Canonical 标签具体的使用场景

网站 URL 设置不规范，导致一个页面对应多个 URL，因为站点功能限制，不能直接使用 301 重定向来解决这个问题，因此会使用 Canonical 标签来告知搜索引擎哪个页面是主推页面。

网站改版或网站域名变更后，由于某些原因导致站点不能设置 301 重定向，会使用 Canonical 标签来标注新版页面的 URL（阿里云虚拟主机，只能首页 301 跳转，内页不能进行 301 跳转设置）。

B2C 商城电商类站点，会出现同一个商品拥有多个历史版本介绍的情况，以及同一列表按照价格、时间、人气、信用等进行排序后页面内容和默认排序高度相似的情况，这个时候可以使用 Canonical 标签解决内容重复问题。

当网站拥有独立的 PC 端和移动端的时候，需要用 Canonical 和 Alternate 的标记让两个版本的页面对应起来，具体操作方式如下：

在 PC 端网页上，添加指向对应移动端网址的特殊链接 rel = "alternate" 标记，这有助于搜索引擎发现网站的移动版网页所在的位置；在移动端网页上，添加指向对应 PC 端网址的链接 rel = "canonical" 标记。

3.5 内容优化

内容优化是以技术性 SEO 作为基础，针对着陆页开展的适合用户体验以及蜘蛛爬取的优化，内容优化与第 5 章讨论的内容营销是两个不同的概念。

3.5.1 自定义 404 页面

404 页面是客户端在浏览网页时，服务器无法正常提供信息或者服务器无法回应且不知道原因所返回的页面。404 错误信息通常是在目标页面被更改或移除，或客户端输入页面地址错误后显示的页面。在 HTTP 返回状态码中，4 开头表示由于客户端造成的错误；5 开头表示由于服务器端造成的错误。

1. 自定义 404 页面的作用

（1）避免出现死链接。

网站设置 404 页面后，如果网站出现死链接，搜索引擎蜘蛛爬行这类网址得到

"404"状态回应时，即知道该 URL 已经失效，便不再索引该网页，并向数据中心反馈将该 URL 表示的网页从索引数据库中删除，避免因为死链接影响网站收录。

（2）提升用户体验。

404 页面通常为用户访问了网站上不存在或已删除的页面，服务器返回 404 错误页面，告诉浏览者其所请求的页面不存在或链接错误，同时引导用户使用网站其他页面而不是关闭窗口离开，以此来提高用户浏览网站的体验。

（3）避免信任度下降。

搜索引擎通过 HTTP 状态码来识别网页的状态。当搜索引擎获得了一个错误链接时，网站应该返回 404 状态码，告诉搜索引擎放弃对该链接的索引。而如果返回 200 或 302 状态码，搜索引擎就会为该链接建立索引，会导致大量不同的链接指向相同的网页内容。结果是，搜索引擎对该网站的信任度大幅度降低。很多网站存在这个问题：404 页面返回的是 200 或 302 状态码，而不是 404 状态码。

（4）避免被惩罚。

有些网站由于应用了一些错误的服务器配置，导致返回的是 200 状态码或 302 状态码，虽然这些状态码对访问网站的用户没有影响，但是却会误导搜索引擎，使搜索引擎认为该页面是有效页面，从而抓取下来。如果 404 页面过多，就会造成大量的重复页面，很有可能被搜索引擎认为是作弊而遭到惩罚。

2. 自定义 404 页面元素建议

自定义 404 主要包含以下元素：

（1）错误提示语句。

（2）社交媒体。

（3）网站重要链接。

（4）返回首页。

（5）最新动态。

（6）搜索框。

（7）关于我们。

（8）联系我们。

（9）保持品牌风格。

3. 404 操作的注意事项

（1）不要将 404 错误转向到网站主页，否则可能会导致主页在搜索引擎中消失。404 页面不要自动跳转，让用户来决定去向。不要在自定义 404 页面中显示专业术语，"404 错误"这个词的使用非常规范，但这并不是使用专业术语吓跑访客的理由。"找不到网页"这个说法相比来说更准确也更易于接受。

（2）常见的英文提示有：

Page Not Found.

What you're looking for may have been misplaced in long term memory.

You've Lost.

We Couldn't Find Your Page！（404 Error）.

Oops！The page you are looking for doesn't exist. Sometimes you have to get lost before you find what you are looking for.

Even the things we love break sometimes.

There's nothing here.

UH OH！Couldn't find that．Try something else？（建议增加搜索框）

（3）自定义 404 页面，不单单是设计一张页面，还需要在返回码中也备注为 404，如图 3－3 所示。

图 3－3　自定义 404 页面示例

3.5.2　小语种网站

小语种，顾名思义就是相对英语这些应用面很广、用者甚众的外语而言，只在少数国家应用的外语语种。随着市场竞争变大，越来越多的外贸企业选择创建小语种网站，主要有以下原因：

1. 帮助获得更多的受众群体

多语言网站是极好的营销工具，能够通过不同的小语言获得更多的受众群体，从而增加流量并与新受众建立关系。

2. 抢占市场先机

查看竞争对手的网站，如果他们没有针对小语言的营销，那获取小语言流量是个很好的机会。

3. 更好地开拓全球市场

拥有一个多语言的网站可以向客户表明对于不同文化的关注。它还展示了企业是拥有大量国际客户的一个形象，这对任何企业来说都是有益无害的。对于不同国家的客户来说，小语种站也能帮助他们更好地了解网站和企业的业务。这种类型的客户服务是长期的，可以产生大量的流量。

3.5.3 面包屑导航

面包屑导航（Breadcrumb Navigation），面包屑导航的概念来自童话故事《汉赛尔与格莱特》，当汉赛尔与格莱特穿过森林时，不小心迷路了，但是他们在沿途走过的地方都撒下了面包屑，这些面包屑会帮助他们找到回家的路。所以，面包屑导航的作用是告诉访问者目前在网站中的位置以及如何返回。

"面包屑"是由箭头图标表示的导航符号，它使搜索引擎和网站访问者能够理解相关和嵌套网页之间的关系和层次结构。通常，层次导航从主页开始，一直到用户当前所在的页面（页面级别）。面包屑与页面的 URL 层次结构一致。下面列举面包屑导航的一个例子：Home > Product-category > Product-detail。

1. 面包屑导航对用户的帮助

（1）它们能够帮助用户了解网站的布局，用户可以很容易地浏览到上一层级。

（2）它们帮助用户浏览企业网站，以更快的速度浏览更多的内容。

2. 面包屑导航对 SEO 的好处

（1）面包屑上的关键词可指向特定的页面，同时帮助搜索引擎理解一个页面与另一个页面之间的关系。

（2）加强和改善网站的内部链接结构。当开展站外 SEO 时，面包屑导航与上下文链接连接到其他相关页面可以有效提升 SEO 效果。

（3）Schema 结构化数据可以用来描述面包屑导航。这使得谷歌和其他高级搜索引擎能够理解 Robots 正在爬取的是一个面包屑导航，从而赋予其相关的功能，如在 SERP 中显示面包屑，这样可以方便更多的用户浏览网站的内页。

3. 如何优化面包屑导航

（1）当优化面包屑关键词的时候，应该遵循如下结构：

主页使用主要关键词 > 产品类别关键词 > 产品详情精准关键词。

（2）如果使用正确的 Schema 标记，那么就可以在面包屑中使用几乎任何类型的样式。将面包屑设计为美观度较高的样式会更有利于用户体验。

（3）避免过度依赖面包屑。不要让面包屑代替网站的关键部分，如导航和内部链接，但要使用面包屑作为附加功能，让网站导航更有利于 SEO。

（4）面包屑需要被放置在一个可接近的和稍微突出的位置，以发挥作用。网站布局的左上角或者页面最大标题下面通常是放置面包屑的好地方，这能更清晰地让用户注意到，并且让搜索引擎蜘蛛更有效地抓取到面包屑。

（5）不要用面包屑导航代替浏览器的后退功能键。

3.5.4 锚文本

锚文本（Anchor Text）是超链接中可见的、可点击的文本。对应的前台样式通常与其他文本有样式区分，比如颜色区分或者标有下划线。代码格式：< a href=" https://www.yinqingli.com" >引擎力</a>。

1. 锚文本的类型

（1）关键词精确匹配锚文本。

如果锚文字是关键词，则锚文本是"精确匹配"的。例如，"谷歌优化"链接到一个关于谷歌优化的页面。

（2）关键词部分匹配锚文本。

在关键词以外增加别的文案成为部分匹配锚文本。例如，"谷歌优化策略"链接到一个关于谷歌优化的页面。

（3）品牌词锚文本。

使用品牌名称作为锚文本。例如，"引擎力"链接到 www.yinqingli.com 首页，或者是一篇博客。

（4）裸链锚文本。

直接使用链接形式作为锚文本。例如，www.yinqingli.com 这个 URL 就是一个裸链锚文本。

（5）通用锚文本。

比较通用的一些锚文本词有，"Read More""Click Here""Download""Contact Us"等。

（6）图片锚文本。

当链接到图像时，谷歌将使用图像的 Alt 属性中包含的文本作为锚文本。

2. SEO 友好锚文本的特点

（1）简洁。

虽然锚文本没有特定的长度限制，但链接文本尽可能简洁为宜。在具体选择锚文本的时候，应该考虑两个主要因素：一是最简洁、最准确地描述链接页面的主题，二是哪些单词或短语会鼓励用户点击链接。

（2）主题内容相关度高。

随着搜索引擎的成熟，更多的排名标准也随之而来，其中一个突出的标准就是目标页面的相关性，或者如果一个页面链接到另一个页面，那么页面 A 和页面 B 的主题相关度如何。一个高度相关的链接可以同时提高页面 A 和页面 B 在与其主题相关的查询词中的排名。

（3）关键词密度低。

随着谷歌算法的更新，谷歌开始更密切地关注锚文本中的关键词。如果一个站点有太多的入站链接包含完全相同的锚文本，就会引起谷歌的怀疑，认为这不是自然获得的链接。在可能的情况下，获取和使用特定关键词和主题的锚文本仍然是最佳策略。使用不同相关的锚文本短语而不是同一个关键词，可能会有更好的优化效果，但是不要使用过多的关键词内部链接。

3.5.5 标题标签（Heading Tags）

标题标签（也称 HTML 标题、HTML 标题标签）和副标题标签是搜索引擎营销的关键组件。所有的标题标签都应该根据它们的相关性来使用。最重要的标签是 \<h1\> 标签，通常是页面/文章的大标题。标题标签具有从 \<h1\> 到 \<h6\> 的层次结构。

标题标签用于将页面的标题和副标题与其他内容区分开来。在使用标题标签时，要注意不要关键词堆砌；一个页面只能包含一个 \<h1\> 标签；不能过度使用副标题等等。

随着谷歌搜索引擎算法的不断演变，从开始网页设置 Keyword 能够获得不错的排名，到后来谷歌不再抓取 Keyword 作为排名的信号，谷歌越来越强调品牌性和客户体验度，因此现在不仅要合理布局 Title 和 Description，还需要合理地使用 Heading 标签来合理布局页面架构。

根据优化实战经验，Heading 标签的重要性仅次于页面 Title 的设置，因此强烈建议根据具体网页情况，合理使用 H1/H2/H3…/H6 标签，便于搜索引擎更好地分析与概括网页的内容，以及获得更好的关键词排名。除了首页以外的每张页面都需要包含一个 H1 标签，H2 – H6 根据实际情况而定。

3.5.6 目录层级优化

严格来讲，目录层级是按照 URL 中域名后的"/"数量来计算的，最后的"/"不计入数量。在此前提下，有一个"/"就表明该页面是二级目录页面，两个就是三级目录。目录不宜过深，2~3 级目录为佳。

如果把一个完整的网站系统放在一级目录里，如 BBS、Blog、SNS，那么在长时间或稳定后，搜索引擎会把这个目录也看作一个完整的网站。同样的网站，如 BBS，放一级目录与放根目录，在谷歌没有优势上的太大差别。但百度往往给二级目录的权重比较低。适当的一级目录，可以为主域名提供庞大的内容，从而增加主域名的权重。

二级目录是相对于网站根目录而言的，example.com 一般认为是网站的根目录，而二级目录通常是在域名根目录下面的子目录，链接形式一般是在域名后面加/，如 www.example.com/product/ 就是一个二级目录。

3.5.7 小语种域名建议

从网站优化的角度讲，通常独立域名或二级域名的权重最高，子域名次之，二级目录又比子域名低。中小型企业网站通过根据整站架构使用二级目录来实现层级更深的页面，大型网站考虑到各个板块业务的差别或架构层级过于丰富可以使用子域名，在实际网站建设中根据实际情况选择使用即可。

考虑到外贸企业网站会根据实际业务配置小语种站点，这种情况下，独立的小语种域名优于子域名，子域名优于二级目录。这是因为，首先，小语种网站是一个独立架构；其次，小语种对应语种匹配国家的域名更有利于获得本地的搜索排名。通常情况要考虑到网站的集中管理、域名购买和维护的成本，以及不同国家地区域名注册的难度，子域名是小语种站点的最佳选择。

3.5.8 相关推荐

像"Others Also Viewed""Others Also Liked""You May Also Like"或者"Related Products"这样的句子对于向上销售或交叉销售非常有用。这些相关推荐可以增加访客停留在网站上的时间，有利于 SEO 优化。

3.5.9 站内链接

站内链接也称内部链接,是指同一网站域名下内容页面之间的互相链接,即从一个域的一个页面到同一域的另一个页面的链接,如主导航链接、栏目页面之间的链接、详情页之间的链接、上下文链接、Tag 标签链接以及锚文本链接等。

3.5.10 出站链接

出站链接是网站上一种向外的链接,也就是说这种链接存在于网站内部,但是指向了其他网站。

当很少或没有出站链接时,搜索引擎可能会认为这个网站是一个较差的资源。搜索引擎希望推荐最好的网站,那些没有帮助性的网站可能不会被认为是好网站,即使谷歌声明出站链接不是一个排名因素。但鉴于出站链接可以改善用户体验,搜索引擎希望网站提供相关资源,以提升访问者的用户体验。网站的动态内容和质量以及有用的资源将增加网站在访问者和搜索引擎中的声誉价值。出站链接通常是用于验证事实、备份资源或简单地向人们指出信息来源。

出站链接在网站上设置的时候可以分为 Noflollow 和 Dofollow 两种。

Nofollow 告诉搜索引擎不要跟随链接,即不要传递链接价值和权重。Nofollow 是 HTML 页面中 < a > 标签的属性值。它的出现为网站管理员提供了一种方式,即告诉搜索引擎"不要追踪此网页上的链接"。这个标签的意义是告诉搜索引擎这个链接不是经过站长信任的,所以这个链接不是一个信任票,即没有权重的传递。

(1) 什么时候使用 Nofollow 出站链接。

① 付费链接:如果有人通过付费的方式在一个网站上展示链接,谷歌有可能会对该网站做出惩罚,降低网站的排名和曝光。此时需要使用 Nofollow 标签。

② 评论中的链接:网站评论区会有包含垃圾链接的评论,Nofollow 标签能使这些垃圾链接无法获得权重。即使该链接存在欺诈行为,网站也不会因此受到惩罚。

③ 用户生成内容:如果网站允许访客发布或生成内容,Nofollow 标签可以让网站无需为用户生成的内容做"担保"。从公关的角度来看,这也是一种很好的"保险"。有一个开放的空间来交流思想是一回事,但推广和认可有争议或冒犯性的信息源则完全是另一回事。

Dofollow 链接将网站权重传递到目标页面。根据谷歌搜索引擎基础算法中链接价值可以传递的规则,网站的 Dofollow 出站链接即为权重的传递,具体传递的权重 = 网站权重/导出链接数量。例如,某网页 A 的权重是 6,出站链接是 30 个,那么它为每一个出站链接传递的权重为 0.02;如果网页 A 的出站链接增多了,那么每个出站链接所获得的权重也随之降低;如果网站 A 的导出链接增加至 60 个,那么它为每个出站链接传递的权重为 0.01。

（2）出站链接对于 SEO 的优势有以下几点：

① 增加相关性。

搜索引擎算法可以从出站链接了解网站。可以把出站链接看作是为爬虫提供的线索，了解网站所在的行业、试图解决的问题、竞争对手以及一个页面对用户的重要性。如果提供出站链接到高权威页面，就建立了搜索引擎对网站的信任，证明是这个领域的合法成员，这将增加搜索引擎的信任，从而将页面作为结果提供给用户。

② 提高声誉。

通过出站链接链接到相关的、高权威的信息来源网站，可以提升网站自身的信誉。考虑到通常情况下人们没有时间访问 5 个不同的高权威网站来获取他们需要的所有信息，所以提供快捷方式来帮助用户找到相关的信息有助于网站被视为一个权威和专家。

③ 提升价值。

高质量的内容将使网站从竞争对手中脱颖而出，而链接到其他高质量的内容将为网站的访客提供快速、即时的价值提升，更有可能回来阅读网站的相关内容。随着越来越多的人访问网站，权重得到提升，网站的流量和排名也就更高了。

综上，出站链接是获得更好排名的重要因素之一，如果使用得当，出站链接确实会对 SEO 产生积极的影响。

（3）如何正确实施出站链接。

① 寻找自然的链接机会。

不要强制放置链接到网站的文本中。高质量的出站链接可以让网站的文章显得更加集中和严谨，从而提高文章的整体质量。常见的两种情况可以自然地链接出去：一是这个链接对访问者是有价值的，体现相关性；二是文章需要信息源的链接来支持观点。

② 确保链接在新的选项卡中打开。

因为出站链接会把用户从网站上"赶走"，所以必须确保网站不会在这个过程中被"抛弃"。因此，设置出站链接的时候，一定要设置为新选项卡打开，从而避免从当前页面跳出，也方便用户回看网站相关内容。

③ 避免太多出站链接。

如果出站链接做得过多，就会分散访客的注意力，反复地把他们从企业网站推向其他网站。因此，网站只包含与访客相关和有帮助的链接，保持链接相对分散，并在要链接的句子中强调链接的内容。通过这种方式，人们知道如果他们点击链接会得到什么。如果链接是为了支持某个观点，人们通常会认为发布者已经做了研究，而不会点击它。

重要提示：要定期使用链接检测工具来确保所有链接都是最新且正确的，避免 404 错误。

3.5.11 图片优化

为了更好的用户体验，建议网站的内容形式多样化，除了搜索引擎能够识别的文字以外，建议图表、视频等也可以合理使用。如果图片使用得当，将有助于访客更好地理解内容，建议每一张网页中都添加图片，让它们更有吸引力。

图片搜索变得越来越重要，可能会提供相当可观的流量，因此建议将图片搜索引擎优化作为重要优化事项。

可从以下几个方面进行图片搜索引擎优化。

(1) 使用原创图片，如果没有原创图片，可以通过一些不错的图片网站获取，如 flickr.com 是一个很好的图片网站，但是要注意在使用非原创图片时，一定要确保图片可以免费使用以及不会造成侵权。

(2) 使用与主题相关的图片且命名包含关键词，图片放置的位置应该在相关的内容附近。

(3) 图片格式的选择。

对于较大的照片或插图，选择 JPEG 格式，因为它会在相对较小的文件尺寸下，保证较好的颜色和清晰度；如果想保持背景透明度使用 PNG；使用 WebP 格式的图片，文件小，质量高，谷歌对于 WebP 图片格式的详细解释见 https://developers.google.com/speed/webp/，对图片进行 WebP 转化，可以下载工具 https://storage.googleapis.com/downloads.webmproject.org/releases/webp/index.html；对 Logo 和图标使用 SVG 格式，在 CSS 或 JavaScript 的帮助下，可以管理 SVG 格式的图像，如调整它们的大小而不损失质量。

(4) 图片大小优化。

加载时间对用户体验和 SEO 很重要，网站加载越快，访问和索引页面就越容易。图片会对加载时间有很大的影响。如果一个 2500 像素×1500 像素的图片以 250 像素×150 像素的大小显示在网页上，但是大尺寸原图仍然需要加载，因此将图像大小调整到网页显示的大小尺寸有利于提高加载速度。

(5) 使用响应图片。

即图片根据不同的屏幕大小适应加载的图片尺寸，对移动端非常有用。

(6) 图片压缩处理工具。

① https://imageoptim.com/。

② https://www.jpegmini.com/。

③ https://www.jpeg.io/。

(7) 图片优化完成后的测试工具。

① https://pagespeed.web.dev/。

② https://developers.google.com/web/tools/lighthouse/。

③ https://www.webpagetest.org/。

④ https://tools.pingdom.com/。

（8）图片说明对图像搜索引擎优化很重要。

早在 1997 年，尼尔森就提出加强优化的元素包括大标题、大字体、粗体字、高亮文字、项目符号列表、图形、说明、主题句和目录。KissMetrics 更进一步提出，"图片下面的文字阅读量比单纯文字的阅读量高出 300%，所以不使用图片，或者不正确使用图片，就意味着错过了吸引大量潜在读者的机会"。

每张图片都需要添加说明吗？不必要，因为有时图像还有其他用途。决定图片是否添加说明，主要考虑是否需要对图片进行搜索引擎优化。考虑到避免过度优化，应该只在访客认为有意义的地方添加说明。优先考虑访问者，不要仅为了图像搜索引擎优化而添加说明。

（9）图片使用 Alt 标签与 Title 标签。

HTML 样式：< img src = "image URL" title = "image description" alt = "image tooltip" >。

当图像添加了 Alt 标签，图像因为某种原因不能显示给访问者的时候，图片会有描述性的文本显示出来。维基百科指出，当图片无法提供给阅读者时，可能是因为他们关闭了网页浏览器中的图片，或者因为视觉缺陷的人使用了屏幕阅读器，Alt 文本标签可以确保信息或功能不会丢失。确保使用的每张图片添加 Alt 文本，且 Alt 文本包含该页面的 SEO 关键词（如果合适的话），最重要的是，描述图片中的内容，这样搜索引擎和网页浏览者都能理解它。图片周围的相关信息越多，搜索引擎就会认为这张图片越重要。

当鼠标悬停在图片上时，一些浏览器会将标题文本显示为"提示信息"。但考虑 Title 文本与 Alt 文本基本一致，以及 Title 标签对于浏览器的显示或者没有鼠标可以悬浮操作的情况不可读，所以很多网站已经不再使用 Title 标签了。

（10）添加图像结构化数据。

在页面中添加结构化数据可以帮助搜索引擎将图像显示为丰富的结果。虽然谷歌说结构化数据不能帮助获得更好的排名，但它确实有助于在图像搜索中获得更丰富的展示。

谷歌图像支持以下类型的结构化数据：产品、视频、食谱。如果想要图像出现丰富的图像搜索，需要遵循谷歌的一些指导意见。如必须有图像 Alt 属性，图像可抓取和索引。

（11）Open Graph 和 Twitter Cards 使用图片进行社交分享。

添加以下图像标签在 HTML 页面上：

< meta content = "https://example.com/link-to-image.jpeg" property = "og:image" >

这将确保图片包含在您 Facebook 上的分享中（Open Graph 也被用于 Pinterest）。

（12）图像 XML 站点地图。

在 XML 站点地图中添加图像可以帮助谷歌对图像进行索引，以便更好地进行图像搜索引擎优化。

3.5.12 网站重复内容

重复内容是指在网站中重复出现的内容。搜索引擎尤其是谷歌，会使重复的内容贬值，这可能是网站排名下降的原因。在网站推广过程中，通常会对内容进行深入的评估，其中一个主要任务就是杜绝重复内容。通常情况下，网站所有者并不知道他们的网站有重复的内容，因为这些内容可能完全在另一个网站上，如法律完全引用自一个源网站，或者一个具有相同内容的新网站在不同的域名上发布。为了避免重复的内容，网站的内容要原创，独特的内容是很重要的。要验证内容是否唯一，请从网站中选择一段文本，将其输入搜索引擎，然后进行搜索。如果它是重复的，它将出现在其他网站。

检测重复内容的工具主要有：

https://www.siteliner.com/

https://copywritely.com/plagiarism-checker/

https://www.copyscape.com/

https://www.duplichecker.com/

3.5.13 社交分享组件

1. 社交分享组件（Social Share Buttons）的作用

（1）鼓励和方便读者分享网站内容，可以促进网站的相关流量。当这些分享被社交媒体重新分享时，涟漪效应会扩大，有时迅速且巨大，类似"病毒式传播"。

（2）随着越来越多的相关人士阅读网站内容，当这些读者在博客和网站上提到并链接到这些内容时，自然链接的机会就会增加。

2. 正确使用社交分享组件

（1）社交分享组件不需要所有页面都放，建议放在可分享的内容页面，比如，博客页面，或其他一些专业的知识性介绍页面。

（2）分享按钮建议放在内容的开头和结尾处。

（3）放主要的分享按钮，如 LinkedIn，Facebook，Twitter，对于图片较多的站点，一定要加上 Pinterest。

3.5.14 网站信用度

不论是从搜索引擎角度，还是用户体验度考虑，增强网站信用度都是极其重要的。网站信用度对于营销型网站而言是获得转化的第一步。因为一旦建立了信任，就意味着网站可以获得更多的访客、更高的点击率，以及更多的转化。让人们信任网站并不难，好的设计、安全的网页、优秀的内容和正确的安全标志是建立信任的最好方法，以下方法可以让网站更值得信赖。

（1）使用 SSL 证书，将网址转为 https。

（2）清除 404 页面。

（3）根据色彩心理学，蓝色"创造信任和安全的感觉"，在符合品牌调性的情况下，可以考虑网站设计为蓝色。

（4）展示真实的人物照片和名字。

（5）仔细校对文案，确保没有语法和单词拼写错误。

（6）视频/音频避免自动播放。

（7）专业的 Logo。

（8）引用 PR 新闻稿知名媒体。

（9）增加信任的权威认证、优秀证书、奖项、Yelp 五星评级等。

（10）增加 Warranties 和 Guaranties 页面。

（11）展示服务过的客户，以及客户推荐信。

（12）行业经验年限如果是优势的话，可以展示出来。

（13）提供 Free Sample，或者 Free Trial 的机会。

（14）高质量的网站设计。

（15）包含 About 页面，详细地介绍公司情况、团队情况、愿景、文化等。

（16）包含 Contact 页面，详细地展示公司的售前售后联系方式、地址等信息。

（17）使用在线留言板，方便用户联系。

（18）使用博客板块，定期更新文章。

（19）Privacy Policy 页面。

（20）确保网站加载速度。

3.5.15 文本相对 HTML 的比例

文本相对 HTML 的比例表示网页上实际文本的总量与代码总量的比值。根据排在谷歌搜索引擎首页的网页情况来看，为了内容优化达到更高的可索引性，文本相对 HTML 的比例建议不低于 10%。具体解释如下：

搜索引擎对于包含更多内容的页面会给予更多的关注，因此，文本相对 HTML

的比例高意味着页面更有机会在搜索结果中获得靠前的排名。

较少的代码会提高页面加载速度以及提升页面排名,同时也会帮助搜索引擎机器人加快网站的抓取速度。建议将网页文本内容与代码拆分到不同的文件中,然后比较两者的大小。如果代码文件的大小超过了文本文件,审核页面的 HTML 代码、优化代码结构并且移除内嵌的脚本和格式有助于提升文本相对 HTML 的比例。

3.6 移动端优化

谷歌在 2021 年 3 月正式开始移动端优先索引的规则,即移动端页面作为谷歌索引的优先页面,其页面的质量对于排名而言更加关键。以技术性 SEO 为基础,做好移动端优化,在移动市场获得高质量的流量与转化成为营销的必备手段之一。

3.6.1 移动端优化的重要性

让网站在移动设备上呈现良好效果具有重要意义,尤其是移动端客户体验优化,下面列出了其中部分原因:

(1) 适合移动设备的网站会展示在搜索结果中更靠前的位置。

(2) 在 google.com 上的搜索半数以上为移动搜索。

(3) 对于许多广告主而言,其大部分流量来自使用手机的用户。

(4) 如果网站不适合移动设备,访问者选择离开的可能性会提高 5 倍。

(5) 谷歌发布了 Mobilegeddon 和移动第一索引,因此,一个网站需要对移动设备友好,这样网站的内容才能在移动搜索引擎结果页面中被索引到并获得对应排名。

对于移动端网站,当前市场上普遍有两种情况,一种是当下比较流行的响应式网站,另一种是根据具体用户需求或者因程序版本不支持而开发的独立移动端网站。SEO 认为响应式网站(Responsive Web)和独立 Mobile 站点都是为了移动友好。只要移动端和 PC 端的内容可以同步,正确使用 rel = "canonical" 和 rel = "alternate" 标记,不管是响应式还是独立的 Mobile 站点,对 SEO 而言都可以,具体看公司的资源分配情况。建议条件允许的情况下,尽快采用响应式网站,为网站的长远发展做准备。

3.6.2 移动设备测试

站点显示必须能够缩小在移动设备上显示,同时仍要功能正常且用户友好。这样做的目的是使适合移动设备的网页在搜索中获得更高的排名。

可以使用 Google 的移动设备友好测试工具(https://search.google.com/test/mobile-friendly)检查网站的移动设备友好性。Gooogle Search Console 里面也会有关于移动端网

页友好改善建议，企业可定期查看并安排技术人员进行对应修改以确保网页移动端的友好性。

3.6.3 响应式网页的优势

1. 成本低

使用响应式网站制作的成本远远低于手机端独立站（通常是 M. 子域网站）。这是因为响应式网站使用相同的代码库。相同的代码库意味着用于桌面站点的 HTML 代码与移动版本相同。本质上，这是在做一个网站，而不是两个网站，而且这样做的成本要低得多。

2. 搜索引擎优化效果好

响应式网站设计可以满足谷歌的移动友好的要求。桌面版和移动版都是一个 URL，意味着没有重定向，从而消除了常见重定向错误的风险。移动专用网站（M. 子域）使用重定向将用户引导到站点的移动版本，因此可能出现重定向错误。如果使用移动端专用网站（M. 子域），且网站 PC 端有旧页面重定向到现有页面，用户点击链接到旧页面后，必须重定向到新页面，然后再重定向到网站的移动版本。这相当于多次重定向，意味着链接为目标网页所传递的权重丢失了。由于响应式 Web 设计的网站使用相同的 URL，所以不需要重定向到子域，这意味着不需要多次重定向也不会丢失链接，因此可以获得更好的域名权重。

网站的两个版本的内容也保持不变，这意味着只需要使用一套内容。这可以节省时间和金钱，同时也意味着，当在移动版本的网站上使用类似内容或重复内容时，不会因为不正确地使用 rel = "canonical" 和 rel = "alternate" 标记而遭受任何重复内容的惩罚。

社交分享和反向链接是重要的搜索引擎优化排名因素。对于响应网页分享 URL 来说更加容易，因为 URL 保持不变。然而，如果在另一个站点或社交媒体上分享移动子域的 URL 但是用户是在桌面 PC 端或 Mac 上点击了被分享的 URL，那么站点将不得不重定向到桌面版本的站点，这时，常见的重定向错误就会出现。

响应式网页设计站点使用的单个 URL 意味着不会在谷歌搜索结果中获得同一页面的多个版本的排名。独立的 Mobile 站点如果没有建设好，可能导致谷歌同时收录该站点的桌面版本和移动子域版本，这时谷歌可能会做出惩罚，这意味着谷歌会降低网站在搜索结果中的排名，同时网站的转化率也会降低。

3. 网站建设时间更快

由于只建立一个网站，只需要编码一套 HTML，这使网站建设时间更快。如果时间很重要，想要尽快启动项目，响应式网页设计通常是正确的解决方案。然而，调整 CSS 使网站的移动版本完美运行可能需要一些时间。

3.6.4 响应式网页的缺点

1. 网站的速度变慢

与 m.example.com 子域网站相比，网站响应速度对响应式网站来说是个问题。由于网站需要加载时间来识别设备是移动的，然后加载不同的样式，这意味着页面加载时间变长加载速度变慢。页面速度对于网页浏览者来说是个关键因素，他们需要页面速度尽可能快，方便快速访问。解决这个问题的方法是对站点的桌面版本和移动版本使用简单的设计来减少所需的 CSS，而简单的设计和样式也可能会带来更好的转化。

2. 构建过程中增加的 Bug

当网站的移动版本被设置样式时，由于可用的屏幕大小和方向不同，经常会导致 Bug。Bug 通常包括图像错位、文本颜色或字体显示与 PC 端不一致，文本在屏幕上拟合不当，无法正确嵌入视频，下拉菜单和按钮滑块不正常工作或无法正确点击。这些都是可修复的，只是需要花费更多的时间去发现、测试并修复。

3. 兼容性差

用户在测试站点兼容性时会遇到各种各样的问题，由于站点的样式与桌面版本非常不同，在测试期间会出现一些 Bug，导致需要不断修改 CSS，这样用户体验才会逐渐完美。

3.6.5 移动子域名的优势

1. 网站速度快

移动端独立站的速度比自适应网站的速度要快，因为该网站的移动版本将使用专门为 m.example.com 子域设计的 HTML 和 CSS 构建。网站速度是谷歌 SEO 排名的一个因素，相同条件的两个网页，网速越快的网页排名将会越靠前。

对于用户而言，访问速度快的网站可以获得用户更多的浏览时长，他们不会在加载过程中就失去耐心，同时有可能刺激用户访问更多的页面。

2. 用户体验更好

移动端独立站有专门针对不同移动设备的设计方案，这样可以很高效地提升用户体验并减少在测试阶段的网站不兼容问题，提高用户实际浏览体验。

3.6.6　移动子域名的缺点

1. 影响 SEO 效果

移动端独立站站点域名通常是 m.example.com，也就是说移动端内容位于一个子域名上，而主域名的权重往往是比子域名高。如果移动端内容与桌面站点内容相同或者非常相近，并且没有正确使用 rel="canonical" 和 rel="alternate" 标记，网站可能会因为重复内容受到谷歌的惩罚。这可能也意味着失去很多重要关键词排名或关键词排名在移动搜索结果和桌面搜索结果中显著下降。移动子域网站内容的另一个问题是，为了使设计过程更快、更简单，人们倾向于删除部分内容，这将对搜索引擎优化效果产生负面影响。

重定向也是一个问题，从桌面到移动设备进行重定向时，初始加载速度会减慢或出现重定向错误等问题。

2. 建站周期长

因为开发两个网站，一个是移动版的，另一个是桌面版的，需要的时间是编写两个独立代码库所需的时间。这也意味着两组测试和两组 Bug 修复，还需要测试网站，以确保搜索引擎不索引两个版本的网站。因此网站建设的时间就更长了。

3. 成本高

与响应式网站相比，构建两个网站的成本要高得多，响应式 Web 设计只需要修改 CSS 代码以允许在移动设备上使用不同的样式。

3.6.7　如何设计高质量移动端网站

设计高质量移动网站有下面 10 条建议。

（1）企业 Logo 展示。

（2）头部联系方式明显。

（3）导航结构简短为宜。

（4）容易返回首页的按钮。

（5）避免弹出窗口。

（6）明显的搜索功能。

（7）使用谷歌地图。

（8）使用面包屑导航。

（9）设计横向和纵向展示样式，鼓励用户切换到最佳方向。

（10）设计有效的表单，利用自动填充功能，用户可以轻松地使用预填充数据完成表单。

3.7 URL 地址

URL 作为谷歌索引的唯一标识，其重要性不言而喻。一个 URL 地址就是一个链接，谷歌蜘蛛通过链接爬取内容并在确定特定页面或资源与搜索查询的相关性时提取页面。因此，加强技术性 SEO 优化的 URL 地址能够获得更多的机会。

3.7.1 什么是 URL 地址

在 www 上，每一个信息资源都有统一的且唯一的地址，该地址就是 URL（Uniform Resource Locator，统一资源定位符），它是 www 的统一资源定位标志，即指网络地址，简称网址。

URL 由三部分组成：资源类型、存放资源的主机域名、资源文件名，也可认为由四部分组成：协议、主机、端口、路径。

URL 的一般语法格式（带［］的为可选项）为：protocol://hostname［:port］/path/［;parameters］［?query］#fragment。

3.7.2 URL 地址组成部分

1. 协议（Protocol）

协议（Protocol）是对数据格式和计算机之间交换数据时必须遵守的规则的描述。

file 资源是本地计算机上的文件。格式为 file://。

ftp 通过 FTP 访问资源。格式为 ftp://。

http 通过 HTTP 访问该资源。格式为 http://。

https 通过安全的 HTTPS 访问该资源。格式为 https://。

mailto 资源为电子邮件地址，通过 SMTP 访问。格式为 mailto://。

mms 通过 支持 MMS（Multimedia Messaging Service，流媒体）协议播放该资源。代表软件：Windows Media Player。格式为 mms://。

ed2k 通过 支持 ed2k（eDonkey2000 network，专用下载链接）协议的 P2P 软件访问

该资源。代表软件：电驴。格式为 ed2k://。

news 通过 NNTP 访问该资源。

2. 主机名（Hostname）

主机名是指存放资源的服务器的域名系统（DNS）主机名或 IP 地址。有时，在主机名前也可以包含连接到服务器所需的用户名和密码（格式为 username：password@hostname）。

互联网上的主机或 Web 站点由主机名识别。主机名有时称为域名。主机名映射到 IP 地址，但是主机名和 IP 地址之间不是一对一的关系。当 Web 客户机发出到主机的 HTTP 请求时，使用主机名。对于用户来说，主机名比数字 IP 地址更方便。公司、组织和个人常常选择其 Web 站点的主机名，因为用户能很容易地记住这些主机名。

3. 端口号（Port）

整数、可选、省略时使用方案的默认端口，各种传输协议都有默认的端口号，如 HTTP 的默认端口为 80。如果输入时省略，则使用默认端口号。有时出于安全或其他考虑，可以在服务器上对端口进行重定义，即采用非标准端口号，此时，URL 中就不能省略端口号这一项。

4. 路径（Path）

由 0 或多个"/"符号隔开的字符串，一般用来表示主机上的一个目录或文件地址。

5. 参数（Parameters）

这是用于指定特殊参数的可选项。

6. 查询（Query）

可选，用于给动态网页（如使用 CGI、ISAPI、PHP/JSP/ASP/ASP，NET 等技术制作的网页）传递参数，可有多个参数，用"&"符号隔开，每个参数的名和值用"="符号隔开。

7. 信息片段（Fragment）

字符串，用于指定网络资源中的片断。例如，一个网页中有多个名词解释，可使用 Fragment 直接定位到某一名词解释。

3.7.3 动态 URL 地址和静态 URL 地址

动态 URL 又称动态页面、动态链接，指在 URL 中出现 " ? " 这样的参数符号。原始的 URL 地址都是动态 URL 地址。区别动态地址与静态地址最大的特点是动态地址包含问号，静态地址是没有问号的。

动态网址的生成是采集数据库的内容，不能保证网页内容的稳定性和链接的永久性，所以不利于反向链接的建设，同时也很难被搜索引擎收录索引。搜索引擎更青睐于静态 URL，可以更加方便搜索引擎蜘蛛抓取网页，有利于页面收录。

一般通过 URL 中是否带有 " ? "" = "" & "" php "" asp " 等字符来分辨，换句话说就是不带有任何参数的 URL 就是静态 URL。静态 URL 地址内容稳定，链接唯一，利于搜索引擎索引和收录。

3.7.4 纯静态 URL 地址和伪静态 URL 地址

URL 地址静态化分为纯静态和伪静态两种。

1. 纯静态

纯静态网址的网站可以通过 FTP 在服务器上找到真实的文件，每个网页都会对应一个文件（纯静态是一对一，伪静态是多对一），就像在本地电脑上浏览文件夹一样，有多少个文件、文件夹，文件名字都能直接找到，层次结构一目了然。

纯静态 URL 的优势：

（1）加载的时候不需要调用数据库，打开速度快。

（2）减少了服务器对数据响应的负荷。

（3）从安全角度讲，纯静态网页不易遭受攻击。

（4）从网站稳定性来讲，即使网站代码或数据库出了问题，静态网站也不会受到影响。

纯静态最大的缺点就是程序生成了大量文件，占用了过多的网站空间，增加了网站制作的成本。

2. 伪静态

伪静态实际上也是动态地址的一种，只是表现形式为静态。伪静态即 URL 地址重写，文件都放在数据库中，只是将动态文件伪装成了静态，就是截取传入的 Web 请求并自动将请求重定向到其他 URL 的过程。其目的主要是通过重写 URL 的方法去掉动态网页的参数，从而更加有利于搜索引擎的收录。伪静态路径看起来像静态路径，但它是由动态路径转化过来的。

伪静态 URL 的优势：

（1）维护方便，网页每天都自动变化，不用维护或者说极大地减少了维护量。

（2）可以方便地实现对搜索引擎的优化，易于被搜索引擎收录。

（3）缩短了 URL 的长度，隐藏文件实际路径提高了安全性，易于用户记忆和输入。

（4）占空间比较小，不像纯静态那样占用过多的空间。

（5）安全性能通过 URL 地址隐藏或加密，让黑客无法找到真实的动态页面，同时动态文件不需要太高的权限，从而避免了木马的注入。

伪静态 URL 最大的缺点就是会占用一定量的 CPU 使用率，增加服务器的响应时间。

3. 关于纯静态与伪静态的几点说明

（1）从 SEO 角度来看，伪静态和纯静态的 URL 地址都能够很好地被谷歌索引。

（2）不管使用纯静态还是伪静态都有一定的弊端，如纯静态，需要全站生成纯静态页面，会导致服务器空间使用率增加，而伪静态对 CPU 会有一定的压力。

（3）推荐使用伪静态，最主要是考虑网站更新的问题，纯静态的所有内容都是写死在 HTML 代码里面的，因此修改的时候，哪怕改个单词，都要去 HTML 代码端调整，这样不但效率低，也会导致维护不方便，因为一般的运营人员操作不了或是容易出错。而伪静态是页面内容，可以直接在后台中更改，不需要接触代码。在后台数据有修改时，会自动生成一张缓存静态页面，而这个页面已经非常接近纯静态页面了。

3.7.5 URL 层级

URL 层级对于 SEO 来说，主要在于层级代表着蜘蛛爬行的难度，层级浅有利于网站的优化，也有利于用户的体验。

在 SEO 优化中，建议 URL 层级控制在三层以内，如图 3-4 所示。

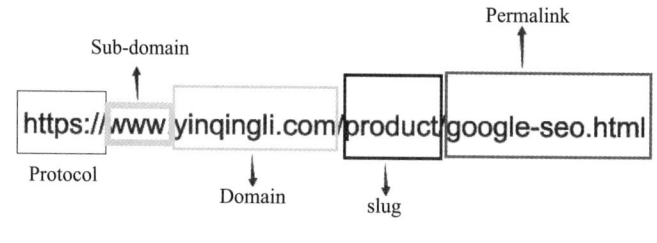

图 3-4 URL 层级说明

URL 层次结构减少，层级变浅，有助于搜索引擎的收录；另外，层次结构越浅意味着关键程度越高，一定程度上能提升网站页面的权重。

3.7.6 URL 地址中为什么建议包含关键词

1. 能够提升用户体验度

在谷歌搜索结果中,通过搜索关键词,谷歌会展示几项重要的内容,标题、URL 地址、页面所在路径、描述以及站内链接。通过关键词体现,可以让用户更加确信页面的相关度,从而提高用户体验度。

2. 能够提升关键词排名

关键词在 SEO 优化中至关重要,常见的关键词体现在 TDK(Title,Description,Keyword)中,这是最基本的设置。除此之外,关键词体现在合理的位置能够更好地帮助提升排名,如在 URL 地址中,这可以帮助搜索引擎确定相关性,但建议 URL 地址中关键词数量最多为 2 个,用一堆关键词填满 URL 地址不会帮助提升,反而降低用户体验度。

3.7.7 为什么 URL 地址单词之间用中划线

URL 地址结构对于搜索引擎优化非常重要,因此需要设置正确。根据谷歌,带有连字符(-)的 URL 要优于使用下划线(_)的 URL,主要考虑 URL 的可读性。以下举例说明:

(1)带有连字符的 URL:https://www.example.com/new-york-real-estate-agent。

(2)使用下划线的 URL:https://www.example.com/new_york_real_estate_agent。

(3)不使用避免连字符或下划线的情况:

http://www.example.com/newyorkrealestateagent.html。

(4)单词之间空格的情况:

https://www.example.com/new20%york20%real20%estate20%agent。

上面例子哪个比较容易记住呢?是连字符,因为它更符合标准的标点用法。一个 URL 对人们来说越容易阅读,对搜索引擎就越好。从表面上看,搜索引擎对连字符和下划线的处理是一样的。然而,事实并非如此。

一方面,谷歌将连字符视为空格或单词分隔符。URL 不能添加一个传统的空格,但在谷歌那里连字符就表示空格了。

另一方面,下划线被认为是"单词连接",也就是说 new_york_real_estate_agent 与 newyorkrealestateagent 对于谷歌而言是相同的。如果 URL 是 word1_word2,只有当用户搜索 word1_word2 的时候谷歌才会返回该页面。如果 URL 是 word1-word2,当用户搜索 word1,word2,甚至"word1 word2"时,谷歌都可能返回该页面。

3.7.8 为什么 URL 地址要使用小写字母

1. 服务器处理大写的方式不同

如果您的网站是在 Windows 服务器上，那么 www.example.com/ABOUT 和 www.example.com/about 会指向同一个页面，因为 Windows 服务器不区分大小写。如果网站托管在 Linux 上，那么这两个地址将被视为两个不同的页面。这意味着一个将返回正确的页面，而另一个将返回一个 404 页面。因此，如果最初驻留在 Windows 服务器上，然后转移到 Linux 服务器上，可能会让用户混乱并造成大量 404 页面。此外，如果在 Linux 服务器上使用大写字母作为 URL，那么如果用户试图使用所有小写字母来访问一个页面，就会得到一个 404 页面。

2. 两个 URL 指向同一个页面不利于搜索排名

正如上文提到的，Windows 服务器将网址 www.example.com/ABOUT 与网址 www.example.com/about 同等看待。这意味着虽然 URL 不同，但它们指向相同的内容，搜索引擎称其为重复内容，并建议尽可能避免使用。而且，像谷歌这样的搜索引擎将把两个 URL 看作是独立的页面，并在它们之间划分链接量。这将导致页面的排名可能低于它可能达到的水平。

最合适的处理方法是使用 301 重定向来确保用户只能通过一个 URL 看到每个页面。避免上述问题的最好方法是所有 URL 地址使用小写字母，既符合用户体验也不会影响搜索排名。

3.8 技术性 SEO 诊断表

以下是技术性 SEO 诊断列表以及重要性说明：

1. 网站基础部分

网站基础主要包含域名、服务器、CDN 和 SSL 证书（见表 3-4）。其中，域名和服务器设置对于技术性 SEO 优化至关重要。

表 3-4 网站基础部分说明

类别	项目	说明
网站基础部分	域名	英文站优先使用 xxx.com 类型域名
		新注册域名包含品牌名
		有老域名优先使用老域名（前提是老域名未被惩罚过，不包含大量垃圾外链）
		多语言域名：独立域名 > 子域名 > 二级目录
		移动域名：子域名 > 二级目录 子域名通常建议为 m.example.com；mobile.example.com（在不是响应式的情况下，响应式网站域名统一）
		Whois 信息尽量公开不要加密
		域名 MIIT ICP 备案（使用 CDN 全球加速需要）
	服务器	服务器放在美国或者目标推广国家
		如果同 IP 下有网站被惩罚，需要更换服务器
		关闭服务器签名 Signature
		防止点击劫持（Clickjacking）
	CDN	使用全球 CDN 加速服务
	SSL	开启 HTTPS 保护隐私

2. 程序代码部分

程序代码部分（见表 3-5），主要是指 HTML 代码、CSS、JS 等一系列优化建议。

表 3-5 程序代码部分说明

类别	项目	说明
程序代码部分	Favicon	设置站点图标，代码参考 < link rel = " shortcut icon" href = "/favicon.ico" />
	自定义 404	自定义 404 页面且返回代码为 404
	Sitemap 文件	需安装 sitemap.xml 和 sitemap.html 两个文件
	Robots.txt	不要禁止抓取 JS 和 CSS
		robots.txt 里面要包含 sitemap.xml 的路径
		禁止抓取需要登录查看的页面和高度重复的页面
	页面内容	重复内容不要放在 Flash，Iframe 里，不要使用 AJAX 和 JS 加载
	邮箱加密	代码内的邮箱地址进行加密处理
	Inline CSS	减少使用 Inline CSS
	网页压缩	开启 Gzip
	浏览器缓存	设置静态文件的浏览器缓存过期时间
	CSS 命名规范	CSS 命名链接字符使用（-）不要使用（_）
	CSS 选择器	不要使用过于复杂的 CSS 选择器

续表

类别	项目	说明
程序代码部分	Inline JS	可以放到文件内的 JS 代码尽量不要写在页面内
	JS 位置	JS 不要放在 </html> 之外
	Noscript	页面增加 <noscript> 如果客户浏览器屏蔽掉 JS 会显示 Noscript 的内容 <noscript> Your browser does not support JavaScript </noscript>
	第三方 JS/CSS	尽量使用最新版的 JS/CSS，可以一定程度减少错误
		使用样式而不是 控制间距
	文件夹浏览	禁止输入网站目录结构访问网站目录内文件
	W3C 检测	https://validator.w3.org/
	分享组件	文章页增加分享组件，可以快速分享文章
	社交账号链接	网站底部加入公司社交账号的超链接
	代码注释	正式网站删除开发版本代码中的代码注释
	结构化数据测试	检查网站是否使用结构化数据，这可以让搜索引擎更好地理解网站内容，并在搜索结果中创建丰富的展示形式（这有助于增加网站的点击率）

3. URL 地址 & HTML 标签

URL 地址关系到索引的难易度，HTML 标签关系到内容是否好识别，因此，重要程度都很高（见表 3-6）。

表 3-6　URL 地址 & HTML 标签说明

类别	项目	说明
URL 链接	静态处理	重要页面都静态处理
	URL 层级	减少页面深度，保证三次点击可以访问任何页面，www.yinqingli.com/a/d.html 优于 www.yinqingli.com/a/b/c/d.html
	关键词	URL 中需要包含关键词
	WWW 跳转	不含 WWW 的跳转到 WWW 页面，或 www 跳转至不含 www 的页面均可
	URL 连接字符	URL 中连接单词使用（-）不要使用（_）
	大小写	URL 尽量避免同时使用大小写字符
	相关推荐	在产品详情页或者新闻详情页增加相关产品、新闻推荐
	锚文本	关键词适用锚文本
链接相关	站内链接	合理的站内链接架构有利于提升 SEO 效果
	出站链接	减少重要页面的出站链接
	死链接	删除所有死链接或者跳转到相关存在的页面
	主导航	导航不要使用 Flash, JS, AJAX (Asynchronous JavaScript and XML) 图片
		直接链接到所有分类页
		不超过 7 个
		不要出现 2 个主导航，如果是响应式网站，通过程序控制加载隐藏不要使用 CSS 隐藏显示导航
	面包屑	所有内页增加面包屑，可以跳转到上级页面

续表

类别	项目	说明
HTML 标签	Lang Tag	若是英文语言,指明当前页面的阅读语言 < html lang = " en" >
	编码	指定页面编码如 < meta charset = " utf-8" >
	Heading Tag	每个页面都要含有 H 标签,内容要和页面主题一致,每张页面 1 个 H1 标签,每张页面不超过 15 个 H 标签
	Canonical Tag	设置当前页面的唯一原始页面 URL

4. 图片优化

图片 SEO 优化对于外贸网站而言是非常重要的。如果网站有很多图片但是没有进行适当的 SEO 优化,那么这些图片不会出现在谷歌的图片搜索结果中。

视觉内容对人类来说一直很重要,更容易让人记住。过去,在内容中使用高质量的视觉效果并不容易,但现在情况已经发生了变化。随着科技的进步,尤其是互联网的发展,网速越来越快,在内容中加入高质量的照片、视频、GIF 等媒体是可行的。

图片优化的具体内容见表 3 - 7。

表 3 - 7　图片优化说明

类别	项目	说明
图片优化	图片名	图片名需要包含关键词
	Alt	所有图片需要添加 Alt 标签
	图片压缩	所有图片进行无损压缩,不要过度压缩以免图片模糊
	图片尺寸	不要使用 CSS 更改图片尺寸, < img > 内设置 width 和 height
	小图片合并	减少页面内图片数量,小图片合并
	矢量图片	矢量图片使用字体文件(https://www.iconfont.cn/)或 SVG 格式
	图片格式	建议使用的图片格式 WebP > JPEG > JPG > PNG > GIF 图片格式的选择:对于较大的照片或插图,选择 JPEG 格式,因为它会在相对较小的文件尺寸下,保证较好的颜色和清晰度;如果想保持背景透明度,使用 PNG;WebP 是最佳选择,图片小,质量高;Logo 图片和网站图标建议使用 SVG 格式,在 CSS 或 JavaScript 的帮助下,可以管理 SVG 格式的图像,例如,调整它们的大小而不损失质量。
	图片站点地图	增加图片站点地图便于谷歌对网站图片索引收录和排名

正确的图像 SEO 的优势:

减少网站加载时间:减少图片的大小是图像 SEO 的一个重要部分。网页加载的速度直接取决于图片的大小。

图片搜索排名上升:谷歌图片搜索已经比以往任何时候都更受欢迎。浏览谷歌图片的人中有超过 60% 的人可能会查看和访问来源。图像搜索引擎优化可以提高网站在谷歌的图像搜索排名。反过来，这将带来更多的流量。

积极的用户体验：SEO 友好的图片被认为对整体用户体验有积极的影响。图片吸引了用户，降低了网站的跳出率。

让内容成为病毒式传播：相关的、讲故事的图片更有可能成为病毒式传播。

5. 网站信用度

（1）信任信号的概念。

网站信用度、权威性、相关性是 SEO 成功的三大支柱。信任信号通常会出现在网站和实体店的销售点上，帮助顾客在决定购买某一特定的产品或服务时更有安全感。

信任信号的形式有很大的不同，但它们的作用都是让潜在客户提高对企业的信任感。因此，信任信号是影响转化的一个关键因素。

（2）信任信号的类型。

一些信任信号是可以立即识别的，而另一些则是更微妙的暗示。取决于所涉及的业务类型、业务所在的行业或垂直领域，以及别的其他因素。因此，存在许多不同类型的信任信号。

① 担保信托信号。

这些信任信号可能非常强大，尤其在某些特殊的行业，因为它们让消费者安心。担保信托向潜在客户保证，如果零售商或网站被证明是不可靠的，或者客户改变了主意或对他们的交易不满意，他们的钱或投资将受到保护。

② 社会证明信任信号。

社交媒体的迅速崛起带来了很多东西，尤其是作为信任信号的"社会认同"的爆炸式增长。这类信任信号包括从 Yelp 等网站上看到的客户评论，以及满意的客户和行业专家的推荐。与担保一样，社会认同信任信号也具有强大的说服力，因为这些用户对产品或品牌的积极反馈、好评和普遍的正面评价更能吸引潜在客户。如果考虑使用这种信任信号类型，请确保"担保者"个人的姓名和身份是容易核实的，不要使用用任何人都可以写的匿名评论，不要使用几个人的复合评论。真实性是这种信任信号成功的关键。

③ 客户列表信任信号。

许多公司的网站上都有知名品牌的标志，这暗示了它们的可信度。这种信任信号背后的逻辑是，如果一家公司服务于一个家喻户晓的品牌客户，那么一定是值得信赖的。

④ 信任标志媒体宣传。

媒体提及也可以作为信任信号。一些公司选择利用媒体报道作为信任的信号。例如，来自 The New York Times，Forbes，Bloomberg 等的报道。这在初创公司和仍在成长的年轻科技公司中尤其常见。企业与知名媒体品牌的联系是一种隐含的信任信号，希望能让潜在客户相信他们的选择是正确的。

对于外贸营销型网站，在站点内可以通过公司的地址验证、隐私政策、服务条款、退款政策、退货说明、详细的联系方式、详细的公司简介等，体现足够多的信任信号。其中一定要避免隐藏内容，因为这对于搜索引擎而言，是非常不好的信任问题。网站信用度相关建议具体见表 3-8。

表 3-8 网站信用度说明

类别	项目	说明
网站信用度	Google Map	引用谷歌地图标注公司位置
	Privacy Policy	网站需要有 Privacy Policy
	Service Terms	网站需要有 Service Terms
	Warranty	建议有 Warranty 页面
	Guaranties	建议有 Guaranties 页面
	Social Proof	如新闻媒体，客户推荐信，服务客户的 Logo，权威认证证书等
	邮箱	邮箱账号需要使用域名邮箱
	避免隐藏内容	不要使用 CSS 隐藏内容，如 display:hidden
		不要使用 JS 隐藏内容
		不要设置相同颜色的字体和背景色
		不要设置单像素超链接
	关于我们页面	详细的关于我们页面：公司简介、团队核心成员、公司照片、发展愿景、公司文化等。
	联系我们页面	联系我们页面需要包含公司地址、谷歌地图、注册公司名称、邮箱、客服电话、上班时间、FAQ 和表单。

6. 关键词布局

SEO 优化也被称为关键词优化，由此可知，关键词的重要性。关键词贯穿在整个 SEO 优化过程中，关键词关乎网站架构制定、内容发布、页面内容策划与撰写、锚文本优化、图片优化、站外优化等几乎所有 SEO 工作。因为关键词作为用户搜索的字词，是市场上最直观的信号。关键词优化操作具体见表 3-9。

表 3-9 关键词布局说明

类别	项目	说明
关键词优化	Title	包含关键词，且关键词在 Title 的前面
		字符数控制在 70 个左右，也可以根据情况控制在 90 以内
		每张页面独一无二的 Title
		包含品牌词
		避免关键词堆砌
	Description	尽量包含关键词，建议 70～160 个字符数，也可以根据情况控制在 200～300 字符数
		避免出现重复 Description
		重要页面 Description 不要和页面内容重复
	Keywords	建议填写 3～5 个关键词。但是谷歌已经声明过 Keywords 不会影响网页排名
	首页布局	首页布局核心关键词和公司定位相关关键词
	文本含有关键词	内容里需要含有关键词
	关键词位置	页面布局的关键词需要包含在文本内容前 100 个单词中
	关键词密度	关键词密度保持在文本 3% 左右，避免堆砌关键词
	图片中文字	图片中若包含大段文字的，需要图文分开，或使用文字代替
	页面内容长度	主要内容要大于 300 个单词，内容要合理包含关键词

第 4 章　SEO 关键词

关键词是 SEO 工作的重中之重，网站优化过程中的所有操作都与关键词息息相关。除了站内 SEO 优化，关键词在 B2B 外贸企业开展的线上营销推广渠道（比如谷歌付费广告、内容营销、社媒营销）以及 C 端推广平台（比如 Amazon）中同样极其重要。即便如此，很多营销人员并没有真正理解并合理利用关键词。本章我们对关键词进行分析，了解什么是关键词，关键词的类型有哪些，如何筛选和使用关键词，以帮助我们更好地实现线上推广。

4.1　什么是关键词

根据百度百科的解释，关键词源于英文"Keywords"，特指单个媒体在制作使用索引时所用到的词汇。关键词搜索是网络搜索索引主要方法之一，是访问者希望了解的产品、服务和公司等的具体名称用语。

在搜索引擎方面，关键词指用户为了查找相关信息，在谷歌等搜索引擎中输入的单词和短语，输入之后谷歌会有一个列出结果页面的网页，用户通过搜索关键词可以获得更精确更丰富的搜索结果。

谷歌优化也称为关键词优化，由此可见，关键词是至关重要的。首先，关键词与我们的网站密切相关，因为关键词定义了我们的内容主题以及与主题相关的信息；其次，关键词与我们的业务以及客户群体有关，因为关键词是搜索者通过搜索引擎查询想要获得的答案时输入的搜索字词。

网站所有者和内容创建者总是希望页面上的关键词与用户正在搜索的内容相关，以便提高网站展示在搜索结果中的概率。

当人们在搜索引擎查询某个关键词的时候，如果网站能够出现在搜索结果中，且能够出现在搜索结果靠前的位置，就能够获得更多的流量，对于企业而言，这就意味着更多的订单。

虽然谷歌目前已经退出中国市场，但是谷歌搜索引擎营销的蓝海一直持续，主要原因如下：

（1）谷歌搜索引擎的市场占有率高。

谷歌搜索引擎在全球搜索引擎市场占据领先优势地位，越来越多的企业投资搜索引擎平台营销。

（2）在以下数字营销领域中，搜索引擎占据较大比例。

数字营销的渠道，不同的营销人员对其理解不同，所以分法不同，此处采用以下分法：

- 视频营销（Video Marketing）；
- 邮件营销（EDM）；
- 内容营销（Content Marketing）；
- 社媒营销（SMM：Social Media Marketing & Ads）；
- 搜索引擎营销（SEM：SEO & PPC）；
- 联盟营销（Affiliates）；
- 品牌营销（Branding：PR，Wikipedia，Google Knowledge Graph）；
- 红人营销（KOL，Influencer Marketing）。

针对企业的需求，可以选择不同的营销方式进行搭配。以下是针对 B2B 与 B2C 企业比较有效的搭配方式：

B2B 营销型企业：

- 邮件营销（EDM）；
- 内容营销（Content Marketing，Website）；
- 搜索引擎营销（SEM：SEO & SEA；Google，Bing，Baidu，Yahoo，Yandex）；
- 品牌营销（Branding：PR，Wikipedia，Google Knowledge Graph）。

B2C 商城企业：

- 视频营销（Video Marketing）；
- 社媒营销（SMM：Social Media Marketing & Ads）；
- 搜索引擎营销（SEM：SEO & PPC；Google，Bing，Baidu，Yahoo，Yandex）；
- 联盟营销（Affiliates）。

其中，搜索引擎营销中的 SEO 是所有营销方式的基础，这也是所有营销最终转化的着陆点。搜索引擎营销相较其他营销方式更为基础且效果没有那么直观。因此，很多大公司容易忽略搜索引擎营销，导致数字营销需要投入更多的人力物力财力。其次，对于 B2B 企业而言，建议一开始就加强品牌营销，因为搜索引擎，尤其是谷歌搜索引擎偏好品牌和流量站，品牌营销的合理开展有助于形成良性循环；而对于 B2C 商城而言，视频营销、PPC 广告中的购物广告，以及联盟广告都是比较推荐的，如果有优质资源的网红营销也值得推荐。

另外，搜索引擎营销属于被动营销，企业一旦开始开展，就会发现其转化远高于其他营销渠道。例如，国内一家知名家具企业把搜索引擎营销作为海外市场营销重要渠道，这家企业通过搜索引擎开展蓝海市场，在非洲市场获得极大成功。

SEO 是数字营销的基础，而关键词又是 SEO 最基础且最重要的因素，我们从以下这几个方面进行关键词分析：搜索引擎如何找到关键词，关键词的类型有哪些，如何策划关键词，关键词优化怎么做。

4.2 搜索引擎如何找到关键词

搜索引擎主要通过以下方式找到关键词。

（1）页面布局：Title，Description，Keyowrd。

（2）H 标签。

（3）文本内容，文本包含关键词，避免关键词堆砌和过度优化。

（4）图片名称，Alt 文本包含关键词。

（5）文本中的前 100 个单词中使用核心关键词。

（6）URL 包含关键词。

（7）外部链接关键词匹配指向。

（8）域名和关键词相关。

（9）站内锚文本使用关键词。

（10）站外链接相关性，相关行业的链接指向有利于搜索引擎对关键词进行排名。

（11）社交媒体相关关键词的活跃度，这一项对于 Bing 搜索引擎而言至关重要。

4.3 关键词的类型

搜索引擎优化策略成功的前提是关键词选择准确。如果企业找到了最准确的关键词，就可以为网站带来最多的流量和转化。要知道哪些关键词在搜索引擎优化中最有效，前提是需要知道关键词类型有哪些。

（1）目标市场关键词。

（2）按长度划分的关键词类型。

（3）站内内容关键词。

（4）买家关键词。

（5）谷歌广告关键词。

4.3.1 目标市场关键词

目标市场关键词是与行业、产品和受众密切相关的短语和术语。这类关键词可以细分为：细分市场关键词，客户定义关键词，产品关键词，品牌关键词，竞争对手关键词，地域关键词。

1. 细分市场关键词

细分市场关键词是与某个行业或品牌相关的通用关键词。目标受众有针对性地为某一特定领域、某一特定人群或某一特定需求提供专门的信息检索。

2. 客户定义关键词

客户定义关键词是识别特定客户或受众的搜索短语。在这类搜索词中，客户使用单词或短语来定义自己。例如，Running Shoes For Women。

3. 产品关键词

产品关键词是与特定品牌产品相关的术语。这类关键词包含公司的产品型号或服务类型。建议品牌为其产品和服务制定关键词策略，以便现有客户和潜在客户通过搜索产品关键词找到其产品。例如，Nike Flex Contact。

4. 品牌关键词

品牌关键词指明确带有企业品牌名称的关键词。这类关键词有以下几种类型：只包括品牌名称，品牌结合产品、专有型号词或品牌结合描述性短语。例如，Nike Running Shoes。

5. 竞争对手关键词

竞争对手关键词是指竞争对手的品牌词或产品词。对一个品牌来说，研究竞品关键词大有好处，因为企业可以参考竞争对手关键词找到新的关键词灵感。例如，对于 Nike 品牌，Reebok Running Shoes 就是竞品关键词。

（1）发现竞争对手的关键词目标。

（2）了解哪些词是有效的关键词。

（3）发现可能没有想到的新关键词。

（4）为企业提供创造新内容和提升搜索引擎排名的机会。

6. 地域关键词

地域关键词是跟地理位置相关的搜索字词或短语。使用这些术语的搜索者通过搜索目标产品加地域词寻找附近匹配搜索结果，这些关键词通常将搜索者引向一组本地结果，因此本地企业在这个不断增长的市场中获得优先地位。例如，Tampa Running Shoes Store。

4.3.2 按长度划分的关键词

根据关键词的长度，有三种类型的关键词：短尾关键词，中长尾关键词，长尾关键词。关键词的长度可以显示其搜索量，潜在流量以及转化可能（如图4-1所示）。

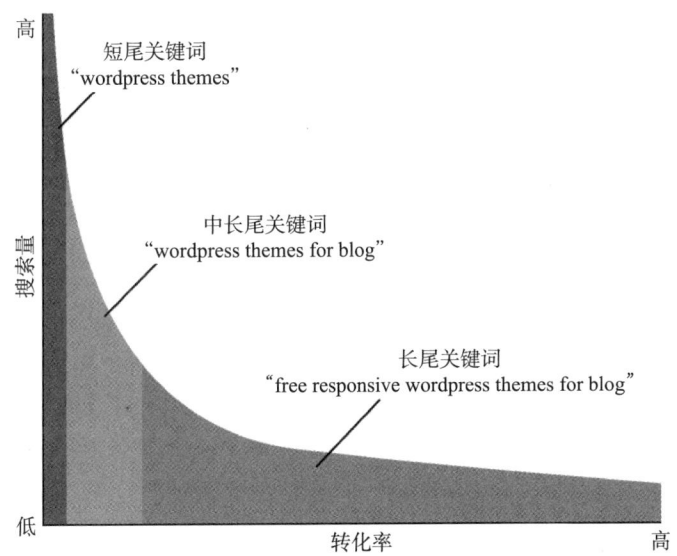

图4-1 按长度划分的关键词类型、搜索量与转化率图示

图片来自 https://loganix.com/short-tail-keywords/。

1. 短尾关键词

短尾关键词，即通用关键词或流量词，是热门的、广泛的搜索词，有非常高的搜索流量。这些关键词通常只有一两个单词，但竞争度激烈。

2. 中长尾关键词

中长尾关键词介于短尾关键词和长尾关键词之间，短尾关键词流量大，但竞争激烈；中长尾关键词流量小，但竞争较小，转化率较高。中长尾关键词通常由两三个单词组成，比通用关键词更具描述性。例如，Best Running Shoes。

3. 长尾关键词

长尾关键词是最长的搜索词，针对一个特定的主题或受众。长尾关键词是更具体、更长的搜索短语（通常是三个或更多单词组成）。这些长尾关键词通常搜索量和竞争力相对较低，更易获得排名。长尾关键词精准且具体，可以清楚地传达搜索者的意图，因此转化率比流量词更高。例如，Best Running Shoes for Bad Knees。

4.3.3 站内内容关键词类型

站内内容关键词，顾名思义，就是布局在网站内容文案里的关键词。

1. 核心关键词

核心关键词是在特定网页上核心优化的目标关键词。每个页面的 SEO 内容都应该分配一个核心优化的关键词。根据优化经验，整张页面围绕当前页面核心关键词进行策划，将有助于提高这个关键词的排名和页面流量。建议页面内容应该遵循关键词优化规则，以便搜索引擎和搜索者清楚当前页面内容。例如，一个专门展示女士跑鞋的页面可以把 Women's Running Shoes 作为这个页面的核心关键词。

2. 相关关键词或 LSI 关键词

相关关键词或 LSI 关键词（Latent Semantic Indexing，潜在语义关键词）是在语义上与一个核心关键词相关的术语或短语、变体或同义词，主要用于辅助页面内容中的核心关键词优化。每个网页都应该分配一个核心关键词和多个相关关键词，根据这些关键词，丰富页面内容，有助于搜索引擎更好理解页面同时对其进行排名。LSI 关键词展示在谷歌搜索结果页的页码上方。例如，Women's Running Shoes 的 LSI 关键词，如图 4-2 所示。

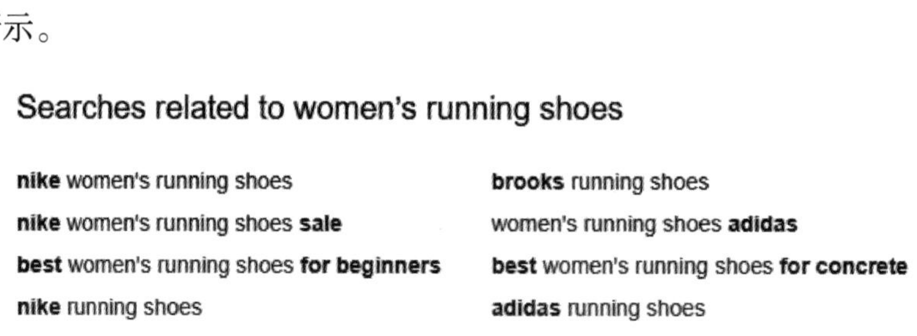

Searches related to women's running shoes

nike women's running shoes　　　　　brooks running shoes
nike women's running shoes sale　　　women's running shoes adidas
best women's running shoes for beginners　best women's running shoes for concrete
nike running shoes　　　　　　　　　adidas running shoes

图 4-2　LSI 关键词示例

4.3.4 买家类型关键词

买家类型关键词是搜索者在寻找产品或服务时使用的术语。这类关键词根据搜索者在购买漏斗中的位置进行分类。每种类型的买家关键词代表了不同类型的搜索意图。以下是买家在购买过程中的几个阶段：

1. 信息类关键词

信息类关键词，又称知识类关键词，是用户寻找相关信息时在搜索引擎中输入的关键词。这种情况下，搜索者考虑购买，或者想要购买仍然存疑需要了解更多信息。通常来讲，信息关键词的搜索量不高，竞争度较低，但相关的搜索关键词数量庞大。虽然这类关键词不像精准关键词那样带来较高的转化，但通过研究这类关键词，可以很好地构建网站的相关内容，有利于提高网站的用户体验度，从而提升整站流量。例如：What's the Best Running Shoes。

信息意图意味着搜索者愿意更多地了解这个概念，不建议直接向其进行销售，但是可以将这些关键词布局在博客中，作为引流手段，同时可以收集用户电子邮箱。纯信息意图的搜索词通常包含以下：

How to, Why, Best Way to, History of, Anatomy of, What…Means, Where to, I Need to, Tips, Strategies, Guide, Tutorial, Ideas, Learn, Examples, Resource 等。

获得信息类关键词排名的最佳方式是使用高质量的 SEO 内容，真正提供与查询相关的有用信息。例如，维基百科在提供基本的、可靠的、涵盖范围极广的主题信息方面做得相当好，这就是为什么大约一半的搜索结果中维基百科都排在首页。维基百科在信息搜索方面存在不足，企业可以以此作为契机。

以下方法，可以帮助企业进行信息类关键词排名来推动流量。

（1）写一篇对潜在客户有用的博客文章。例如，如果您是一个公关顾问，可以写一篇关于如何创建新闻稿的博客文章。

（2）制作一个与业务相关的操作视频。例如，机械设备安装、调试以及维护指南视频。

（3）写一份详尽有序的指导，说明业务开展过程。例如，中国留学申请的步骤以及方法。

（4）设计一个信息图表来说明一个概念。

企业一定要做有价值的内容发布，通过信息类关键词回答搜索者的问题，一方面可以提升企业品牌影响力，另一方面，在用户未来需要采购匹配的产品或服务时，企业才更有可能被用户选择。

2. 导航类关键词

导航类关键词是用户在搜索时，想访问一个特定品牌的网站，可能不知道网址或者不想直接输入网址，所以在搜索引擎中直接输入特定的品牌相关关键词。搜索者通常在有购买意向阶段使用导航关键词，研究不同品牌及其产品和服务。例如，Nike Running Shoes。

建议新站点展示给搜索引擎之前规划好导航类关键词。导航关键词实际上也可以理解为品牌关键词。例如，用户可以在谷歌的搜索栏中输入"YouTube"来找到YouTube站点，而不是在浏览器的导航栏中输入URL或使用书签。"Facebook"和"YouTube"是谷歌上最热门的两个搜索，它们都属于导航类关键词。

但是，有些查询看起来是导航性质的，实际上可能不是。例如，有人用谷歌搜索"Facebook"，可能是在寻找有关该公司的新闻或信息。

另外，建议企业创建自己品牌相关的导航类关键词。在理想情况下，拥有导航类关键词后，用户在搜索该品牌或公司名称时，网站会出现在自然搜索结果的第一位，也会出现在广告位的首位。正如Brand Geddes所指出的，"很多情况下，购买关键词是值得的，即使这些关键词已经获得了自然搜索排名"，因为品牌关键词有助于推动点击和转化率，最终带来更高的利润。

3. 交易类关键词

交易类关键词主要指的是用户明显带有购买意图的搜索字词，如"购买剃须刀"等。近年来，各大搜索引擎对该类关键词的数据进行了分析，发现交易型关键词在全部搜索词中占比10%左右。该类关键词的商业价值比较大，因为用户已经基本研究过商品，只是在寻找合适的商家，距付款仅有一步之遥，这样的搜索转化率一定是高的。企业营销人员一定要优先优化这些交易意图比较明显的关键词，甚至可以考虑在特定页面优化这些交易类关键词。

交易类关键词可能包括确切的品牌如"iPhone X"，通用的产品名称如"咖啡机"，或者包含"Buy""Order""Shop""Online Store"等术语。通过这些例子，可以推断出搜索者考虑在不久的将来进行购买，换句话说，他们处于转化率漏斗的末端。另外，垂直搜索也属于交易类关键词，这些搜索包括本地搜索、餐馆搜索、酒店搜索、航班搜索等。

建议采用双管齐下的方法进行交易类关键词优化，一方面做自然搜索排名，另一方面做PPC付费点击。因为交易类关键词很容易带来转化，用户在搜索引擎中寻找想要购买的产品时，付费广告和自然搜索结果一样可以匹配其需求。

交易类关键词相关的赞助广告（Sponsored Ad）在SERP中占比较大。因此如果想要更多展示交易类关键字，应该考虑PPC。谷歌给予赞助广告广告主更多选择，如投放图片。一项研究发现付费搜索结果与自然搜索结果的点击比例为2∶1，这可能是因为赞助广告在这类搜索结果中占据了太多位置，因为新的广告格式非常吸引眼球，而且很多搜索引擎用户无法区分广告和非广告。

但是，如果想增加总体流量，最好的办法还是建立在 SEO 内容上，因为相比交易类关键词，信息类关键词的比例更大。

另外，关键词意图其实和用户购买过程的几个节点匹配，以下是用户购买产品或服务的几个阶段。

意识阶段：通常被认为是客户决策过程中的第一步和最重要的一步。没有意识到需要，就不能进行购买。这种需求可能是由内部刺激（如饥饿或口渴）或外部刺激（如广告或口碑）触发的。从外部刺激角度，在互联网营销中，企业可以通过谷歌的搜索展示广告，社交媒体展示广告等让客户了解企业名称和产品，这些客户才有可能转化为真正的客户。

信息搜索阶段：在认识到问题或需求之后，用户对潜在产品或服务的兴趣日益浓厚，步入到信息搜索阶段，通过搜索引擎寻找最佳产品或服务。客户可能通过书籍、广告、在线媒体或口碑传播来获取信息。从搜索引擎搜索角度来看，为了确保信息搜索阶段能被客户找到，企业需要进行一系列搜索引擎优化操作，比如，增加丰富的联系方式，使用 SSL 证书，第三方权威认证，谷歌商家，增加站点可信度等。

选择评估阶段：客户确定需要的产品或服务后，通常通过搜索引擎评估不同产品或品牌，确保做出正确选择。在该阶段，我们可以帮助客户简化这个做决定的过程，如发布产品测评文章，分析产品优劣势等，这样有利于建立信任的客户关系。

购买决策阶段：这一阶段，客户通过搜索调查已经了解产品、品牌、价格以及支付方式等，已经做出购买决定。但即便如此，客户也可能因为某些原因放弃购买，菲利普·科特勒指出，最终的购买决定可能会被两个因素"扰乱"：其他顾客的负面评价以及购买动机大小。在这一阶段，建议企业尽可能简化购买过程，帮助客户迅速购买。

售后阶段：客户购买之后会比较产品是否达到预期。因此，这一阶段是留住客户的关键阶段，将在很大程度上影响客户未来对同一公司的购买决定，对信息搜索阶段和评估阶段产生连锁效应。客户对产品满意就会产生品牌忠诚度，在信息搜索和评估阶段就能快速跟踪或完全跳过。购买之后客户会根据满意程度，对产品做出正面或负面评价。产品可以通过网站上的评论，社会媒体网络或口碑传播，因此公司应该高效谨慎积极地进行售后沟通。

将关键词根据意图进行分类之后，需要通过优化着陆页来满足搜索者的不同意图。

4.3.5 谷歌广告关键词类型

谷歌广告关键词也叫付费关键词，主要针对搜索引擎营销中的 SEA，即 Search Engine Advertising。谷歌广告中有一些特定类型的关键词，可以使用它们来创建有针对性的广告活动。

1. 广泛匹配关键词

广泛匹配关键词是在进行广告活动的时候设置的一种匹配方式。广泛匹配关键词允许广告在有人搜索相关关键词或关键词变体时进行展示。

在使用广泛匹配时，一旦有人搜索该词组、近似词组、单复数形式、错误拼写、同义词、词干变体（如"Floor"和"Flooring"）、相关搜索以及其他相关变体形式，关键词就会触发广告进行展示。

例如，如果将"帽子"添加为广泛匹配关键词，即表示要求 Google Ads 尽量针对包含"帽子"这个词或近似字词的搜索展示广告。广告可能会针对与"草帽""太阳帽""软帽"相关的搜索进行展示。广泛匹配关键词可以帮助企业吸引最广泛的受众群体。

例如，Shoes 设置为广泛匹配关键词后，Buy Shoes，Shoes for Sale，Best Shoes for Women 等都可能触发广告获得展示。

2. 词组匹配关键词

词组匹配关键词亦是在进行广告活动的时候设置的一种匹配方式。当一个术语被设置为一个词组匹配关键词，只有在谷歌搜索密切相关的词组匹配关键词时广告才会显示。只有在用户的搜索字词包含我们的关键词词组或其紧密变体形式（同时还可以包含其他字词）时，广告才会展示。

对于采用词组匹配的关键词，触发广告展示的条件是：用户搜索关键词词组或其紧密变体形式；该词组的前面或后面可以包含其他字词。紧密变体形式包括错误拼写、单复数形式、首字母缩略词、词干变体（如"Floor"和"Flooring"）、缩写以及带重音符号的对应字词。例如，Womens Shoes 的词组匹配关键词 Womens Shoe Sale，Womens Shoe Stores，Stores for Womens Shoes。

3. 完全匹配关键词

使用完全匹配关键词时，只有当用户使用的搜索字词与关键词完全一样或为其紧密变体形式时，广告才会展示出来。完全匹配可以充分控制哪些受众能够看到广告，因此广告的点击率也会比较高。

谷歌会在用户搜索关键词或其紧密变体形式时展示广告。紧密变体形式可能包括：错误拼写，单复数形式，词干变体（如"Floor"和"Flooring"），缩写，重读形式，重新排列但具有相同含义的字词（如鞋子男士和男士鞋子），添加或移除虚词。在英语中，虚词包括介词（in，to 等）、连词（for，but 等）、冠词（a，the 等）以及其他不影响搜索意图的字词。例如，Shoes for Men 是 Men Shoes 的紧密变体形式，区别只在于前者包含虚词"for"。

4. 否定关键词

利用否定关键词，可以从广告系列中排除某些搜索字词，并专注于对客户较为重要的关键词。提高定位的准确性，不但能让真正感兴趣的用户看到企业的广告，还能提高投资回报率。例如，如果广泛匹配关键词是 Shoe Sale，但匹配着陆页是 Women's Shoes，那么否定关键词就可以设置为 Men's Shoes, Shoes for Guys, Men's Shoe Sale 之类的词。

4.4 关键词策划

关键词策划、研究、拓展的过程是一个知己知彼的过程。通过了解用户如何搜索关键词、关键词的难易度情况，以及竞争对手通过哪些关键词获得不错的流量等，形成自身网站的站内内容策略、站外优化策略、整站的营销策略。关键词不仅关系到站内内容，也关系到站外，关键词的重要性不言而喻，那么，如何策划关键词，怎么进行研究拓展，以下进行详细讲解。

4.4.1 头脑风暴关键词

头脑风暴的目的是想出尽可能多的关键词，潜在客户如何在搜索引擎使用这些关键词。营销人员可以自己头脑风暴，也可以与团队一起，或者收集一些现有客户的想法。

1. 收集行业以及客户关键词

根据对行业的了解、相关介绍性文字内容的提炼以及客户常用表达，收集关键词。

站在客户的角度，想想客户开始合作之前会遇到哪些问题，为什么做出这种选择，第一次接触的痛点是什么，如何描述这些问题。如果网站上有联系表单，也可以从客户提交的表单信息中获得一些线索。

（1）关键词围绕"解决方案"与"好处"。

有些人搜索问题，有些人搜索解决方案。通过搜索结果中的合作客户解决方案了解这些解决方案的优势。很多时候搜索者在搜索时想要看到的是一个完整的解决方案以及最终呈现的结果。

（2）关键词围绕"功能"。

虽然优秀的销售人员销售的是产品的优点而不是产品的特点，但在网络上，每个人都把自己想象成侦探，做尽可能多的初步调查。且那些搜索特定功能的人通常都准备好了进行购买,而这些人正是销售人员最想要面对的人。这些客户一手拿着鼠标,一手拿着钱包。因此,尽可能头脑风暴一些具有功能性的关键词。

2. 整理带有修饰词的关键词

根据 B2B 或 B2C 网站特性整理一些通用的带有修饰词的关键词。

(1) 问题修饰词。

根据 JumpShot 的数据①,谷歌约有 8% 的搜索是提问。所以,问题修饰词是一个很好的选择。以下是一些常用的举例:

Where is the best place to find (…)?

How do I build or make a (…)?

What is the best (…)?

Where can I (…)?

How to (…)?

What is the easiest way to (…)?

What is the fastest (…)?

What is the most popular (…)?

What is the best-selling (…)?

What is the best ranked (…)?

What is the highest voted (…)?

(2) 颜色、大小、材质、原料和品牌关键词。

Red, Blue, White, Black…

Small, Big, 10mm, 29cm, 1 inch…

Wood, Metal, Plastic, Stainless Steel

(3) 人称修饰词。

Teens, Students, Adults, Men, Women, Children, Kids 等。

(4) 价格范围修饰词。

Under $1000, Under $100, Under $10 等。

(5) 动词修饰词。

Buy, Find, Get, List, Compare, Locate 等。

(6) 形容词修饰词。

Best, Cool, Cheap, Fastest, Affordable, Popular, Quickest, Lightest, Smallest 等。

这些修饰性关键词可以用于元标题(SEO 标题)中;用于元描述中;用于 H 标签

---

① 参考来源:https://moz.com/blog/state-of-searcher-behavior-revealed。

中；出现在文章的前 100 个字里；贯穿正文；用于图像的 Alt 文本中。

3. 常见修饰词

对于 B2B 网站而言，常见的修饰词如下（供参考）。

（1）供应商词。

Manufacturer, Supplier, Factory, Company, Provider, Maker, Trader, Seller, Merchant, Procurement, Solution, Service, Business, Group, Production, Firm, Corporation, Producer, Builder, Planner, Brand, Wholesaler, Distributor, Manufacturing Company, Corp 等。

（2）形容词。

Custom-made, Custom, Affordable, New, Used, Best, Top, Cheapest, Quality, High-quality, Top-rated, High-end, First-class, Unique, Luxury, Expert, Customize, Personalized, Design, Cheap, Best Budget, Best Price, Standard, For Sale, Cool, Fastest, Popular, Quickest, Lightest, Smallest, Wholesale, Sales 等。

（3）提问词。

Where to Buy, What is, How to, How Much, Can You 等。

（4）动词 & 名词。

Buy, Find, Get, List, Compare, Locate, Learn, Guide, Development, Management, Maintenance, Prices, Technology, Working, Process, Installation, Meaning, Definition, Pros and Cons, Repair, Industry, Supply, Catalog, List, Source 等。

（5）国家地域。

China, Made in China, From China, in China, Guangzhou, Shanghai, Beijing, Shenzhen 等。

4. 谷歌站长工具找到匹配关键词

如果网站安装了谷歌站长工具，营销人员可以收集 Google Search Console 中网站的自然搜索查询词，并筛选出与企业产品或服务匹配的关键词。

5. 通过核心词进行 Google 搜索

通过选取的核心词进行 Google 搜索，在搜索结果中，筛选和自定义一些可能用到的词。例如，搜索框下拉的热门搜索词、别的网页中出现在 Title 和 Description 中的词，以及页码上方推荐的关键词，如图 4-3，图 4-4 及图 4-5 所示。

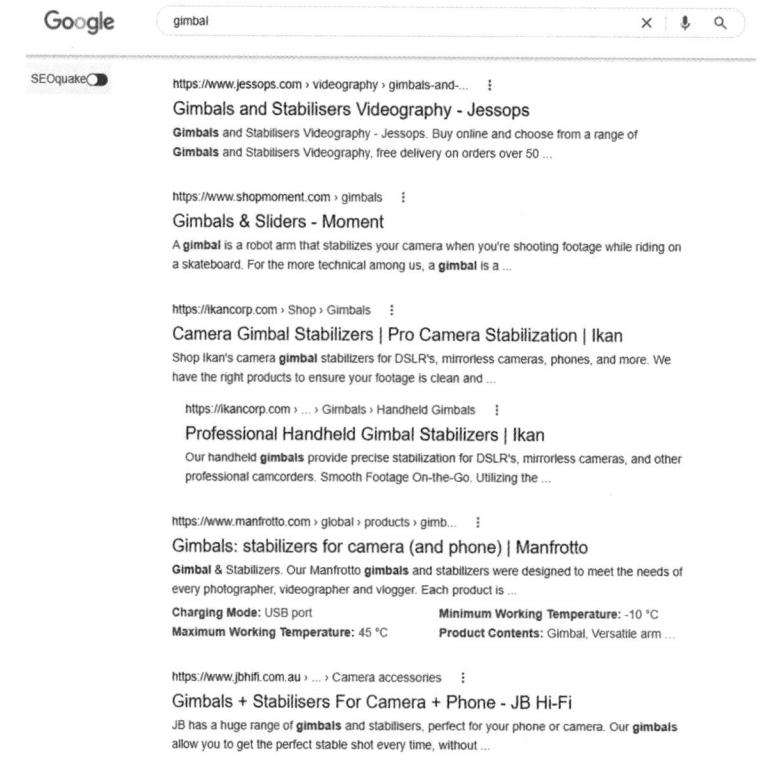

图 4-3　搜索框下拉的热门搜索词示例

图 4-4　别的网页中 Title 和 Description 布局示例

图 4-5　页码上方推荐的关键词（LSI 关键词）示例

6. 访问维基百科

维基百科作为一个权威的科普类信息网站，其词条包含丰富的信息。营销人员可以从词条内容中找到关键词灵感，同时参考词条下方的论证来源链接信息，可以开展关键词头脑风暴。

7. 访问亚马逊

亚马逊网站上有成千上万的产品，丰富的产品标题与描述，一定能够给营销人员带来很多灵感和想法。

4.4.2　Google Ads 拓展关键词并查询搜索量

整理好头脑风暴出来的关键词，然后通过 Google Ads 里的关键词规划师工具，查询得到更多的相关关键词及其搜索量。然后整理出与企业产品及服务相匹配的有搜索量的关键词。

如果想要筛选尽可能多的关键词，会花费较多时间，以下介绍几个小技巧。

（1）通过 Ads 中的优化关键词工具，把品牌词、公司名称词，以及其他不相关的词都筛选掉。

（2）从 Ads 中下载下来的关键词，通过升序或者降序排列，批量删除不相关的关键词。

（3）筛选并删除一些明显不匹配的关键词。例如，2017 年、2018 年这种年度词，eBay，Amazon，Walmart，Alibaba 等平台词，以及其他的如 Job，Meaning 等词，做批量删除。

（4）对于一些不明确的关键词，可以通过 Google 搜索，在搜索结果页中，以及图片搜索结果中，查看是否与产品或服务匹配。

4.4.3 关键词拓展工具

通过以上步骤，大概可以为每一个主题选取成百上千的关键词。但这也取决于不同行业，有一些行业，关键词很多，拓展比较容易；而有一些行业，关键词非常少，且不同的国家地域表达方式区别很大，也有可能是 Google Ads 中出于某些因素屏蔽了一些关键词，因此，还需要借助除了 Google Ads（https://ads.google.com/）以外的其他工具进行辅助，以下是筛选关键词以及话题拓展时常用的一些工具供参考。

(1) https://trends.google.com/：谷歌趋势显示一个话题随时间变化的热门程度变化。可以用它来捕捉和利用热门话题，避免创造一些热度下降的内容。

(2) https://neilpatel.com/ubersuggest/：Ubersuggest 可以帮助企业创建内容营销策略和生成关键词创意，是一款免费的关键词工具。

(3) https://www.keyword.io/：工具可以用来查找全面、高相关度的关键字建议，以起到协助创建和改善信息的作用，并让内容与用户需求更好地联系起来。该工具主要用于长尾词拓展，是一款免费工具。

(4) https://lsigraph.com/：这个关键词拓展工具可以免费提供相关的长尾词和 LSI 关键词建议。

(5) https://answerthepublic.com/：该工具能批量提取 Google 自动补全联想查询词，对于内容主题策划非常有用。

(6) https://alsoasked.com/：这个网站从谷歌的 People Also Ask（PAA）框中搜集问题。在这些问题中挑选有价值的内容，作为文章的话题，能够引起用户兴趣。这些问题可能是 Seoer 自己想不到的，它帮忙提供了灵感。

(7) https://chrome.google.com/webstore/detail/keyword-surfer/bafijghppfhdpldihckdcadbcobikaca?hl=en：作为 Chrome 的免费拓展工具，Keyword Sufer 可以显示谷歌搜索词的全球预估月均搜索量。

(8) https://www.semrush.com/：作为一款付费工具，SEMrush 是比较大的关键词数据库，用于查询关键词的月均搜索量、难易度、CPC 费用、搜索结果数等。

(9) https://kwfinder.com/：利用 KWFinder 分析竞争对手的关键词，找到长尾关键词，是一款付费工具。

(10) https://www.keywordrevealer.com/：长尾关键词工具。

(11) https://ahrefs.com/：Ahrefs 的关键词生成器能根据已有关键词或短语，从 170 多个国家的 100 多亿关键词数据库中提取前 100 个关键词建议，是一款付费工具。

(12) https://try.alexa.com/keyword-research：主要是发现竞争对手关键词，是一款付费工具。

4.4.4 竞争对手关键词

一方面，企业可以收集竞争对手布局的关键词，从中筛选出与企业自身产品或服务相关的关键词进行优化；另一方面，了解竞争对手通过哪些关键词获得较好的流量，以及哪些不错的关键词还未获得排名，从中获取关键词优化灵感。

在竞争对手关键词研究中，通常会用到 Google Ads，SEMrush，Alexa 和竞争对手 TDK 关键词。

1. Google Ads（https：//ads. google. com/）

Google Ads 需要开通竞价账号才会显示精确的数据。例如，搜索量显示的时候，如果没有开通竞价账号，结果是 10～100，100～1000，1 万～2 万等这样的区间值；若有开通竞价账号，就会有精准数值，是 19200，480 等这样的结果。

通过上方网站，登录进入，在右上角的工具与设置处，找到"关键词规划师"，如图 4-6 所示。

图 4-6　Google Adwords 后台截图

通过以下步骤（如图 4-7 所示）进行竞争对手关键词查询，这里注意：第一，语言和位置的选择。根据对应要筛选的关键词语言以及目标市场的位置可以更精准地得到相关数据；第二，选择"仅适用词页面"进行查询。因为这样查询获得的关键词相关性更高。

图 4-7　Google Adwords 后台截图

2. SEMrush（https://www.semrush.com/）

SEMrush 可以通过竞争对手网址查询到竞争对手优化的相关关键词，以及关键词排名，对应的流量占比以及搜索量、难易度和着陆页 URL。可以下载表格，进一步研究分析，查找关键词机会，具体步骤如下：

（1）输入竞争对手网址，如图 4－8 所示。

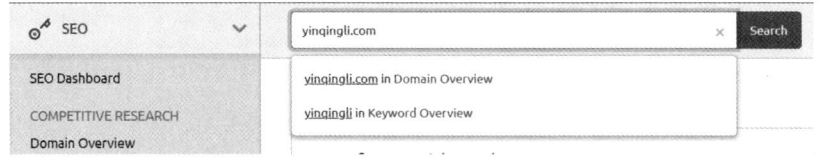

图 4－8　Semrush 后台截图

（2）找到"自然搜索关键词"点击进入，如图 4－9 所示。

Top Organic Keywords (669)

Keyword	Pos.	Volume	CPC (USD)	Traffic %
winner medical co ltd	1	140	0.00	28.64
winner medical	1	140	0.00	28.64
non woven medical adhesive ...	1	70	0.00	8.18
non woven cotton balls	1	30	0.00	3.58
wow bandage	4	210	0.00	3.58

View details

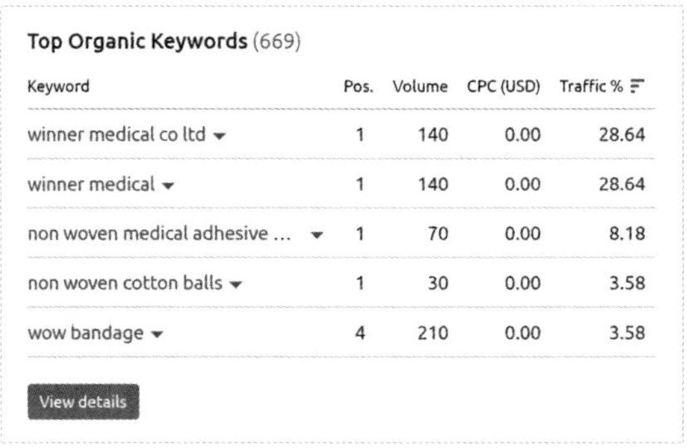

图 4－9　SEMrush 自然关键词研究截图

（3）进入以后可以看到具体的关键词、关键词排名，对应的流量占比、搜索量，以及难易度和着陆页页面网址，如图 4－10 所示。通过下载这个列表，可以进一步研究分析竞争对手关键词。

Organic Search Positions 1 - 100 (669)　　+ To Keyword Manager　Manage columns 11/15　Export

Keyword	SF	Pos.	Diff.	Traffic %	Volume	KD %	CPC (USD)	URL	SERP	Upd.
winner medical co ltd	+3	1 → 1	0	28.64	140	32	0	www.winnermedical.com/		Sep 22
winner medical	+4	1 → 1	0	28.64	140	34	0	www.winnermedical.com/		Sep 22
non woven medical adhesive wound dressing	+2	1 → 1	0	8.18	70	5	0	www.winnermedic... html		Sep 30
non woven cotton balls		1 → 1	0	3.58	30	0	0	www.winnermedic... html		Sep 19
wow bandage	+4	4 → 4	0	3.58	210	23	0	www.winnermedic... html		Sep 22
cotton tissue	+4	11 → 11	0	2.30	210	19	1.6	www.winnermedic... html		Sep 22
winner alcohol prep pads		1 → 1	0	2.30	20	14	0.5	www.winnermedic... html		Sep 24
winner cotton	+2	3 → 3	0	2.04	90	9	0	www.winnermedic... html		Sep 27

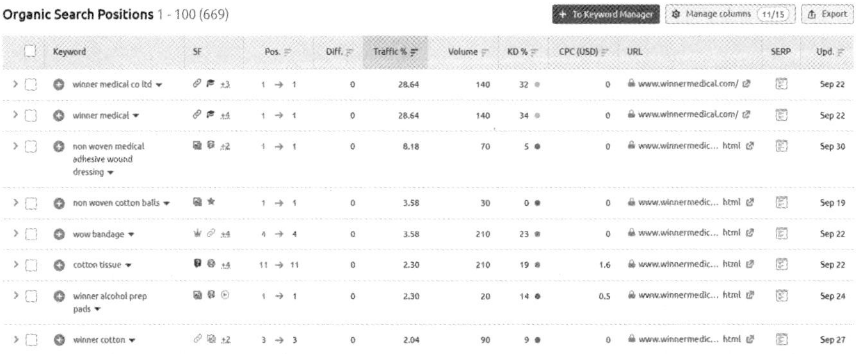

图 4－10　SEMrush 关键词排名截图

3. Alexa（https://www.alexa.com/）

如果竞争对手较多，导出的关键词太多，没有时间逐个筛选所有竞争对手的关键词，就可以使用 Alexa 工具，将竞争对手重合的关键词筛选出来，节省时间。

这个工具可以显示关键词的热度、竞争程度，以及关键词的出现频率。可以根据关键词的出现频率，对关键词热度和竞争程度进行排序，如图 4－11 所示。

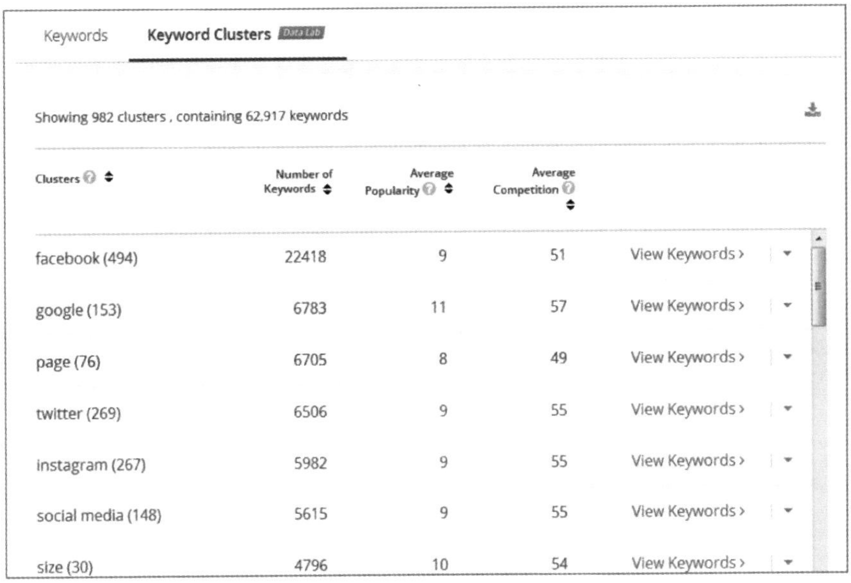
Keywords　Keyword Clusters　Data Lab

Showing 982 clusters, containing 62,917 keywords

Clusters	Number of Keywords	Average Popularity	Average Competition	
facebook (494)	22418	9	51	View Keywords ›
google (153)	6783	11	57	View Keywords ›
page (76)	6705	8	49	View Keywords ›
twitter (269)	6506	9	55	View Keywords ›
instagram (267)	5982	9	55	View Keywords ›
social media (148)	5615	9	55	View Keywords ›
size (30)	4796	10	54	View Keywords ›

图 4－11　关键词竞争程度排序 Alexa 截图

4. TDK 布局关键词

营销人员可以收集竞争对手高流量页面，通过查看这些页面源代码里的 Meta 信息，大致猜测竞争对手网页 TDK 中布局的关键词，获取灵感。

4.4.5　筛选关键词

收集到匹配的有搜索量的关键词之后，营销人员还需要对这些关键词进行难易度分析，并结合企业自身定位和实力来选择适合优先开展 SEO 优化的关键词。根据如下几个原则，进行关键词的筛选。

1. 选择高精准、低竞争关键词

原则上，保留高精准度和低竞争度的关键词。因为，精准度高的关键词通常更具体，更具体的关键词更容易定制相关内容，而一个精心设计的、符合搜索意图的内容通常会获得更多的自然流量和推荐。在这个过程中，还可以把 LSI 关键词整合到内容中，有助于丰富内容，并向搜索引擎爬虫发送有价值的信息。低竞争力的关键词搜索热度不是很高，但是非常适合实力有限的中小型企业进行优化，尤其是那些本身在互联网没什么品牌知名度的企业或网站域名权重较低的企业。

2. 从用户角度考虑筛选关键词

确定目标受众，并把自己放在客户的立场。当创建关键词列表时，问问自己，"如果我想找到这样的产品或服务，我会搜索什么字词？"也可以咨询其他人，如现有的客户，了解他们在搜索产品和服务时会使用哪些短语。

3. 结合企业定位筛选关键词

这里的定位，主要是指企业针对关键词类型的定位。例如，是 B 端还是 C 端，B 端强调 Manufacturer，Supplier 等一系列的关键词，C 端强调 For Sale，Online 等一系列的关键词；又如，企业对于产品是高端的定位，则可以使用 High-end，Expensive，High-quality 等关键词，如果企业走低价路线，则可以使用 Cheap，Affordable 等关键词。

因此，在关键词筛选上，要确保结合企业定位，选择最匹配企业定位的关键词，否则可能导致无效流量，即关键词带来的流量无法很好地转化为实际订单。

4. 分析竞争对手关键词并进行筛选

列出主要竞争对手的名单，去他们的网站看看他们的关键词是什么。阅读内容和查看元标签，以帮助确定他们的目标关键词。分析竞争对手关键词不仅能补全遗漏关键词，而且还能拓宽思路，发现新的关键词机会。同时，很重要的一点是可以分析哪些关键词获得了高的点击率，网站是采取什么策略获得了该关键词排名，这是搜索引擎优化的捷径之一。

5. 定期通过数据分析了解关键词的表现情况并做调整

选择关键词后，务必要记得监控它们的排名结果并进行分析。要每月或每季度做关键词数据分析。跟踪和分析结果是判断我们是否选择了正确的关键词的唯一方法。

4.4.6 关键词地图

通过以上的头脑风暴、关键词拓展、竞争对手关键词分析、关键词策划等，我们就可以形成网站的关键词地图了。关键词地图，即每个着陆页对应相关的关键词，以及关键词对应的搜索量和难易度等。

1. 关键词地图的具体用途

(1) 着陆页关键词植入：增加页面与搜索字词的匹配度。

(2) 着陆页文案撰写维度：解决用户诉求，拓展文案内容。

(3) 着陆页 Title 和 Description 布局：Title 和 Description 如果包含相关关键词能够提高网页排名，并刺激用户点击。

(4) 内容营销：通过关键词的进一步研究，了解用户搜索的意图，从而在网站上布局相关的信息，以便客户获得更精准的结果，增加关键词着陆页，增加流量入口。

2. 关键词地图模板

模板 1：对应的关键词和着陆页一目了然，见表 4-1。

表 4-1 关键词地图模板 1

序号	关键词	着陆页	月均搜索量	搜索结果数	allintitle	allinanchor	allinurl
1	ink cartridges	https://www.hottoner.com.au/	4200	86700000	905,000	462,000	895,000

模板 2：每张着陆页对应的关键词类型有做区分，每种类型的关键词可多个，见表 4-2。

表 4-2 关键词地图模板 2

着陆页	关键词类型	月均搜索量	搜索结果数	allintitle	allinanchor	allinurl
https://www.hottoner.com.au/	主关键词/核心关键词	ink cartridges				
	长尾词	cheap ink cartridges				
	品牌词/型号词	brother cartridges online				
	国家/地域关键词	ink cartridge Australia				
	LSI 关键词	discount ink cartridges				
	信息类关键词	What are the cheapest ink cartridges?				
	交易类关键词	buy ink cartridges				

后三列数据，也可以更换成 Google Ads 工具里面的竞争程度或第三方工具的数据，如 Semrush 工具中的 KD（Keyword Difficulty）。

模板 3：按照关键词的不同类型进行整理，见表 4-3。

表 4-3 关键词地图模板 3

着陆页	核心词首页或目页	展开精准词博客页	组成词详情页	提供商目录页	形容词详情页	渠道、涉汲类型详情页	材料详情页	颜色详情页	顶级详情页	国家/地区详情页	竞品词用于竞价和博客
www.example.com/kitchen-cabinets	kitchen cabinet	kitchen cabinets cost	corner kitchen cabinet	kitchen cabinet supplier	Custome made kitchen cabinet	kitchen cabinet wholesale	wood grain kitchen	white kitchen cabinet	Best kitchen cabinet	kitchen cabinets China	ikea kitchen
	kitchen furniture	custom kitchen cabinet	straight line kitchen design Manufacturer	kitchen cabinet Manufacturer	modern kitchen cabinet	hotel kitchen cabinet	Melanmine kitchen cabinets	dark kitchen cabinet	high quality kithen cabinet	kithen cabinets made in China	wren kitchens
	kitchen unit	wood kitchen cabinets	shaped kitchen kitchen design	kitchen cabinet maker	Contemporary kitchen cabinet	apartment kitchen cabinet	PP kitchen cabinet	Light kitchen cabinet	kitchen expert	solid wood kitchen cabinets from China	howdens kitchens
	kitchen cabinetry	acrylic kitchen cabinet	shaped kitchen cabinets	kitchen cabinet company	Traditional kitchen cabinet	villa kitchen cabinet	Laminate kitchen cabinet	Red kitchen cabinet	Top rated Kitchen cabinet	wholesale kitchen cabinets china	wickes kitchens
	kitchen cupboard	pvc kitchen cabinets	L shaped kitchen cabinets	kitchen cabinet factory	Affordable kitchen cabinet	Restaurant kitchen cabinet	Acrylic kitchen cabinet	Brown kitchen cabinet	HIgh end kitchen cabinet	imported kitchen cabinets from china	b&q kitchens

4.5 关键词优化

关键词优化,具体包含关键词布局和关键词着陆页优化。本节提供了关键词优化的常见问题供大家参考。

4.5.1 关键词布局

关键词布局的意义在于让搜索引擎发现网站并索引,从而在用户搜索结果中进行展示。那么,搜索引擎如何找到网站中的关键词,并体现网站与之相关性,从如下几方面进行分析:

1. 标题标签和元描述(Title & Meta Description)包含关键词

标题标签和元描述是网站优化的重要元素,布局与网页内容密切相关的关键词,可以帮助搜索引擎了解页面主题,并根据相关的关键词为网页建立索引。标题标签和元描述布局在 HTML 代码中的 Head 部分,形式如图 4-12 所示:

```
<head>
    <meta http-equiv="Content-Type" content="text/html; charset=utf-8"/>
    <meta http-equiv="X-UA-Compatible" content="IE=edge,chrome=1"/>
    <title>OPPEIN Home: Kitchen Cabinet, Wardrobe, Wooden Door, House Design & Furniture Manufacturer</title>
    <meta name="Description" content="OPPEIN HOME is the leading brand in China and the largest cabinetry manufacturer in Asia.With exceptional designs and professional one-stop project service, OPPEIN kitchen cabinets,wardrobes,bathroom cabinets,interior doors, home furniture design and manu"/>
    <meta name="Keywords" content="Oppein, Kitchen Cabinets, Wardrobes, wooden doors, house design, home furniture manufacturer, Oppein Home"/>
```

图 4-12 代码中的标题标签和元描述示例

标题标签和元描述，作为元标签，意思是它提供关于 HTML/XHTML 文件的信息，但不在页面上显示给用户。这并不意味着用户看不到它，它们会出现在搜索结果页面，标题标签也会出现在浏览器的顶部。标题标签和元描述出现在搜索引擎结果中，形式如图 4-13 所示。

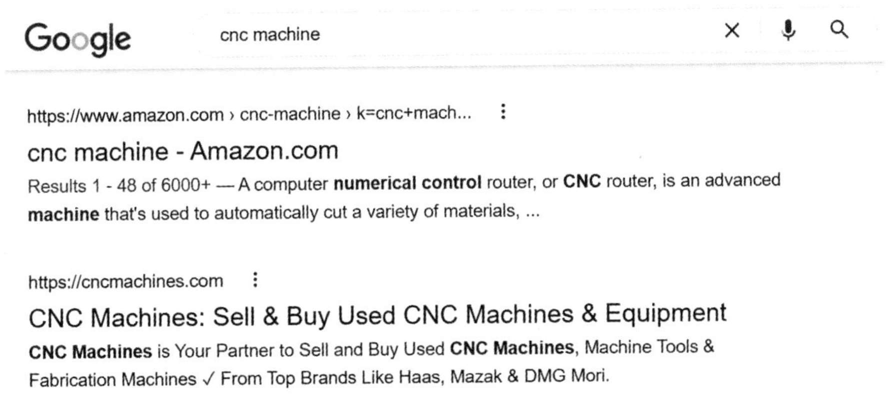

图 4-13 谷歌搜索结果截图

（1）写标题标签应注意的几个方面：

① 标题标签的长度通常建议在 70 个字符以内。现在很多 SEO 检测工具甚至建议 60 个字符，因为这样的长度允许整个标签在搜索结果中完整展示，方便用户阅读。也可以根据实践，控制在 90 个字符以内。

② 保证网站上每一张页面的标题标签都独一无二。避免误导用户与搜索引擎索引。

③ 在标题标签中使用关键词，并把重要的关键词放在标题标签的前面。当用户使用这些术语执行查询时，搜索引擎将在搜索结果中"加粗"或高亮显示这些术语。

④ 避免关键词堆砌。没有必要让相同的单词或短语多次出现。另外，尽量为每个页面设置不同的主题，这样就不会在多个标题标签中重复使用相同的关键词。否则可能会导致同一个网站内的网页竞争，从而导致搜索引擎无法确定最佳的页面排名。

⑤ 标题标签建议包含品牌词。可以在每个页面标题的开头或结尾包含品牌词，用一个分隔符（如连字符、冒号或竖杠）与标题的其余部分分隔开来。品牌词的布局有利于品牌推广。

（2）写元描述标签应注意的几个方面。

① 元描述标签的长度通常在 160 个字符以内，这样整个标签能够适合搜索引擎结果页展示，方便用户快速阅读。也可以通过实践，控制在 300 个字符以内。

② 网站上的每个页面都应该有一个独一无二的元描述。谷歌建议在主页或其他聚

合页面上使用站点级描述，在其他页面上使用页面级描述。

③ 对于大型网站，创建独特的元描述可能很费时。建议对重要的页面，如首页、聚合页做独特的描述；在其他页面，如产品详情页等，读取摘要内容或者撰写一套模板通过产品名称的不同来区分。

④ 元描述标签中包含关键词，但避免关键词堆砌，关键词出现一次即可。

⑤ 元描述建议是一个完整的句子。同时，描述就像简短的广告，写一些丰富的描述或提取一些相关性很强的亮点吸引访问者。

⑥ 增加 CTA 字词，吸引用户采取行动，访问站点，如 Contact Today for Free Sample 等。

2. Heading 标签包含关键词

Heading 标签，在 HTML 中用于定义页面的标题，包括 H1 标签、H2 标签……H6 标签。与前面的 Title 标题标签不同的是，Heading 标签是展示在页面上，可供用户查阅的。标题由 <hn> 定义，其中"n"为 1~6 的数字，确定标题在标题结构层次中的位置，其中 H1 标签非常重要，H6 标签不那么重要。

Heading 标签对于搜索引擎来说是至关重要的。搜索引擎使用 Heading 标签来识别整个页面内容中的重点关键词。通常标题会简要说明后面的文本部分是关于什么的。因此，建议在标题中使用已经存在的重要关键词。标题在页面上的层级越高，它就越重要。但是，不用在标题中使用太多的关键词。关键词应该与内容有直接的关系，并且符合可读的句子结构。

（1）以下是一个页面的标题结构示例：

\<h1\> 主标题 \</h1\>
\<h2\> 副标题 1 \</h2\>
\<h2\> 副标题 2 \</h2\>
\<h3\> 次级副标题 1 \</h3\>
\<h3\> 次级副标题 2 \</h3\>
\<h2\> 副标题 3 \</h2\>
\<h3\> 次级副标题 1 \</h3\>
\<h3\> 次级副标题 2 \</h3\>
\<h3\> 次级副标题 3 \</h3\>
\<h2\> 副标题 4 \</h2\>
\<h2\> 副标题 5 \</h2\>

（2）通过 Heading 标签构建结构良好的 HTML 文件为用户和搜索引擎提供帮助。

① Heading 标题可以被浏览器识别，但是浏览器可能无法识别或显示自定义样式。

② 给出一个清晰的结构。用户可以清晰看到页面内容结构，并快速划到自己感兴趣的部分。

③ 搜索引擎从 H 标签中获取页面的关键词信息，识别页面结构。

④ 从代码上可以很容易地对所有标题的样式进行更改。只需要对 CSS 文件进行一个小的更改，所有的标题都可以进行统一设置。

3. 正文内容体现关键词

正文内容是体现关键词相关性的最重要部分。前面提到的 TD 标签、Heading 标签，是对页面内容的提炼，包含关键词是告诉搜索引擎一些相关的信号，而页面最终能否获得较好的关键词排名，主要还取决于正文内容。在后续的关键词着陆页优化策略中有详细的解释，在此简单列出几项优化意见。

（1）正文前 100 个单词中体现核心关键词。

（2）正文后 200 个单词中体现核心关键词。

（3）每一段开头使用核心关键词。

（4）每 100～150 个单词中体现一次关键词。

（5）除了核心关键词以外，还要使用精准关键词，创造合理的关键词结构。

（6）锚文本使用核心关键词。

（7）相关关键词出现在内容中利于搜索排名。

例如，搜索 Ink Cartridge 的时候，搜索结果页面下方有"Searches related to ink cartridge"，如图 4-14 所示。如果这些相关关键词能够出现在 Ink Cartridge 的页面内容中，更有利于获得较高的排名。

图 4-14 相关关键词谷歌截图

4.5.2 关键词着陆页优化

1. 着陆页的内容形式

（1）一篇文章。

（2）一篇博客。

(3) 一个产品页面。

(4) 首页或目录页。

(5) 一个权威指南（PDF）。

(6) 一张图表。

(7) 一个视频。

2. 适合着陆页优化的技巧

(1) 选择适合这张页面优化的目标关键词，建议筛选与页面主题匹配的所有关键词。

(2) 确保内容的原创度，同时，在理论上，文字字数越长越好，以在不影响用户体验度的情况下达到 1000 字以上为宜。

(3) 确保内容的质量，植入关键词，考虑用户需求。

(4) 前 100 字出现核心关键词，保持重要的内容在页面上方。

(5) Heading 标签出现核心关键词，尤其是 H1 和 H2 标签。

(6) 图片优化，页面图片的 Alt 标签中包含关键词，最好图片命名也包含关键词。

(7) 着陆页 URL 地址包含关键词。

(8) 着陆页对应 Title 和 Description 包含关键词：核心关键词一定要出现在 Title 和 Description 标签中，而且越靠前越好。

(9) 使用直截了当的 CTA 按钮，如 Download，Request a Sample，Sign Up，Learn More，Get Started，Join Us 等。

(10) 持续的着陆页文案优化与关键词调整。

(11) 关键词优化结合链接策略：站内链接、锚文本链接、面包屑链接、导航链接、站外链接等都包含核心优化的关键词。

(12) 关键词与内容营销，对应优化的关键词需要有相关的内容做支撑。

(13) 主题清晰。

(14) 使用结构化数据。

(15) 提高着陆页用户体验度。

3. 提高着陆页用户体验，降低跳出率

搜索引擎的目的是给每个搜索者提供尽可能最符合需求的搜索结果。

对于每个网站而言，提高用户体验度，就意味着用户花在网站中的时间会更久，同时谷歌会认为这张页面是有价值的，从而传递有价值的信息给搜索者。

这里主要考虑如何降低用户的跳出率。跳出率是指当用户到达一个页面，在没有任何其他交互时离开，就会发生一次跳出。跳出与停留在页面上的时间无关，只要用户通过访问该页面，并且只访问了该页面后就离开，这就算作一次跳出。

以下是一些提高着陆页用户体验、降低跳出率的方法：

（1）提高内容可读性。

① 文章质量：输出观点，语法正确，无拼写错误。

② 控制每个段落的文字量：建议一个段落最多由 5~6 句话组成。一个段落通常支撑一个核心观点即可。

③ 使用小标题：一个人阅读一篇在线文章的平均时间只有 37 秒。我们可以通过添加小标题来增加阅读时间，帮助读者浏览内容，快速理解文章内容。但要确保标题是有价值的。

④ 使用项目符号：当有大量的数据和内容挤在一个段落里的时候，用项目符号的方式列出来会让阅读变得更容易。一般规则是，如果一段话要列出三个或更多个点时，使用项目符号。

⑤ 留白：过多的文字会让访问者视觉疲劳（并且很可能增加跳出率）。为了防止这种情况，可以将一些媒体元素，如视频和图片等，插入到大量文字的段落间隙，使阅读体验更好。

⑥ 图片/视频：为了说明正在讨论的观点、数据或步骤，适当插入图片以及视频说明有利于提升可读性。观点越复杂，就越适合用图像或者视频进行呈现。

（2）"水桶队"技巧。

"水桶队"最初是指一群人将一桶桶的水从一个人传递到另一个人去扑灭火灾。这里指一种捕捉和保持读者兴趣的文案写作技巧。在文案中，水桶队指的是连接一个想法到下一个想法以保持写作流畅的一系列单词。保持流畅，就能保持读者的兴趣。举例如下，供参考：

① 常见句式：

Do I have your attention?

Think about that for a minute…;

I know the feeling;

OK, I know what you're thinking。

② 介绍性句式：

Do you want to learn how to…?

Have you ever found yourself…?

Imagine what it would be like;

Have you wondered why…?

③ 内容主体：

Let's get started;

Let's dig a little deeper;

Let me explain;

Let me show you how;

Conclusion bucket brigades;

In short;

Let's recap;

In a nutshell;

But don't take my word for it。

(3) 使用倒金字塔的写作风格。

这种方法意味着把最有价值的信息放在文章的顶部，不太重要的信息放在下面，如图4-15所示。浏览文章的读者很少能到达页面的底部，所以在文章开头给他们想要的东西是有意义的。

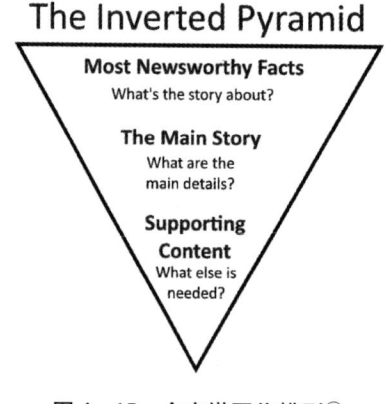

图4-15　金字塔写作模型①

(4) 改善网页上的用户体验（UX）。

通常情况下，高跳出率源于可读性低和用户体验差。但对于用户体验问题，很难绝对地指出影响因素究竟是哪些，因为涉及的影响因素比较多。这里有几种用户测试工具，可以给出一些用户与网站的互动数据，同时给出一些改进的建议：

① https://www.crazyegg.com/：里面对应的Heatmap，Scrollmap和Confetti功能可以帮助了解设计缺陷。

② https://www.optimizely.com/：主要针对于着陆页A/B测试。

③ https://marketingplatform.google.com/about/optimize/：谷歌Optimize可以帮助营销人员优化用户参与度和转化率。谷歌Optimize的免费版本是一款流程化的、用户友好的软件，它简化了A/B测试，并使用先进的建模功能来提高用户参与度，优化用户体

---

① 参考来源：https://hotblogtips.com/the-inverted-pyramid。

验。而谷歌 Optimize 最大的吸引力可能是它与谷歌分析的无缝集成，从而允许营销人员利用现有资源快速进行进一步分析。通过谷歌 Optimize，营销人员可以使用已有的分析指标，在熟悉的界面执行复杂的优化测试。

④ https://www.clickflow.com/：用于帮助企业在不建立反向链接或创建更多内容的情况下增加自然流量。

（5）提升网站加载速度。

网站加载速度对用户来说非常重要，因此谷歌把它作为一个排名因素，网站加载速度决定了网站在谷歌搜索结果中的表现。谷歌建议 PC 端的访问速度在 3 秒以内，移动端的访问速度在 2.5 秒以内。

① 帮助提升网站速度的工具。

https://pagespeed.web.dev/

https://amp.dev/

https://www.thinkwithgoogle.com/feature/testmysite/

② 帮助提升网站速度的方法。

减少页面上不必要的代码；

延迟加载 JavaScript；

减少服务器响应时间；

根据需要选择合适的服务器；

使用浏览器缓存；

启用压缩；压缩图像，以减少 30% ~40% 的页面大小。

4. 合理利用选取的关键词对 YouTube 视频页面进行优化。

视频（主要来自 YouTube）是 SERP 中的一个常见特性。YouTube 是互联网上最受欢迎的视频网站，每月有 20 亿活跃用户，每天 10 亿小时的视频被观看。它还是全球第二受欢迎的社交媒体平台和第二大搜索引擎，如图 4－16 所示。

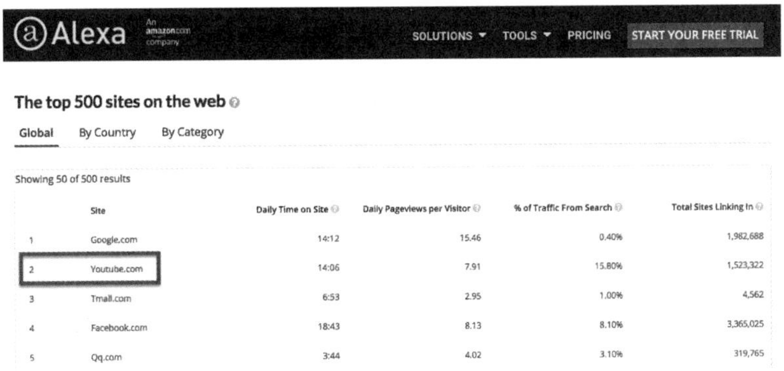

	Site	Daily Time on Site	Daily Pageviews per Visitor	% of Traffic From Search	Total Sites Linking In
1	Google.com	14:12	15.46	0.40%	1,982,688
2	Youtube.com	14:06	7.91	15.80%	1,523,322
3	Tmall.com	6:53	2.95	1.00%	4,562
4	Facebook.com	18:43	8.13	8.10%	3,365,025
5	Qq.com	3:44	4.02	3.10%	319,765

图 4－16　YouTube 在 Alexa.com 的排名

电子邮件中的视频可以增加 200%～300% 的点击率,在登录页面上添加视频可以增加 80% 的转化率,73% 使用视频营销的 B2B 公司获得了较高的投资回报率,如果是声音信息,人们在听到三天后只能记住 10%,但如果是视频信息,则能记住 65%;销售视频能增加 67% 的购买意向。

虽然视频营销并不适用于每个人,或者不一定适用于每个行业,但随着信息技术的进步,视频热度的上升,现在是进行视频营销的最佳时机。

使视频 SEO 友好,才能创建优质视频。就像谷歌的爬虫一样,YouTube 的算法通过收集和分析视频信息来工作。文件名、标题、上传内容的描述,所有这些元素都会影响 YouTube 搜索结果中的排名。以下分享一些技巧:

① 视频名称:在网站上上传图片时,需要在图片标签中植入关键词,因为谷歌会爬取图片的"Alt 标签"。同样,在 YouTube 上传视频时,也应该在视频名称中植入关键词。

② 视频标题:撰写一个吸引眼球同时 SEO 友好的视频标题。例如,问答类的标题:How to Implement the Best SEO Techniques in 2020? How to 系列的问答类内容在 YouTube 视频广告中是最流行的。再比如,核心关键词+副标题的形式:SEO Techniques 2022:10 Most Importment Techniques for Google SEO in 2022。标题应该由 5 个以上单词组成,并至少包含一个关键词,这不仅能让视频在 YouTube 上获得更多点击量,也有助于提升企业的谷歌 SERP 排名。

③ 视频描述:因为 YouTube 的爬虫无法"观看"视频,因此要依靠文字描述来确定视频内容。但这也不是说在视频描述中只要添加关键词就可以了,而要站在用户角度考虑,用语言描述视频的内容,长度没有限制。

④ Tag 标签:添加合适的标签也可以帮助提升视频排名,在标签中需要植入关键词,越重要的关键词标签越放在前面。添加标签之后,视频将有机会在 YouTube 的侧边栏"相关视频"中展示。

⑤ 创建自定义缩略图。

大多数搜索引擎将点击率视为影响排名的因素之一。因为某搜索结果得到点击,说明其确实存在价值。那么拥有一个吸引眼球的缩略图就能帮助增加点击量。一张优质的缩略图能让用户快速了解该视频的内容。建议创建自定义缩略图,而不是使用 YouTube 截图。

⑥ 创建视频播放列表。

用一系列视频讲述一个主题,即播放列表。收看播放列表中的所有视频能让用户在 YouTube 频道停留更长的时间,并产生更多互动。创建播放列表不仅能让客户更加关注频道,同时用户的频繁互动也能让 YouTube 给到视频更好的排名。

⑦ 制作更优质的视频

为了制作更优质的视频，可以直接在 YouTube 搜索目标关键词，查看其他视频创作者在制作什么样的内容。也可以根据 YouTube 搜索框给出的搜索建议，制作视频内容。

⑧ YouTube 视频优化工具。

可以在 google.com 中搜索"YouTube SEO Tool"找到很多 YouTube 视频优化工具，以下工具仅供参考：

https://www.tubebuddy.com/

https://www.tubics.com/

https://tuberanker.com/

4.5.3 关键词优化 FAQ

1. 关键词多久可以获得谷歌首页排名

关键词有难易度和竞争程度高低之分。通常情况下，关键词竞争度越低，获得首页排名的时间越短。同时，也可以从网站角度分析，不同的网站对应 DR（Domain Rating）不同，通常认为 DR 越高，获得排名越容易，反之亦然。

通常情况下，一个全新的站点，关键词月均搜索量在 300 以内，经过一年时间可以获得首页排名。不过获得首页排名的速度也受到优化工作的影响，如网站的内容丰富度、原创度、可信度、技术性 SEO 等。

2. 关键词排名的稳定性

（1）总的来说，谷歌的关键词排名相对稳定，首页的排名相比第 2/3/4/5 页及以后的页面更加稳定。

（2）在谷歌新算法 RankBrain（AI 机器学习算法）发布之后，可以发现排名经常发生一些波动，搜索同一个关键词 10 分钟前与 10 分钟后的搜索结果都有一定的波动。那么 SEO 优化人员能够根据 RankBrain 这个新的算法来调整 SEO 优化策略吗。答案是不能，因为这个 RankBrain 不像之前推出的熊猫算法和企鹅算法，它是一种查询解释模型。它可能会研究一些东西，如搜索者所在的地理位置、个性化的特征或其他一些方面。总之，它会解释这些搜索关键词，然后尝试了解其查询背后的意图，从而对搜索结果页进行排名。RankBrain 帮助谷歌理解查询词，所以虽然搜索者通过不同的词进行搜索，但若意图一样，那么显示结果页也会差不多。

（3）从 RankBrain 能够理解搜索者意图角度出发，可以得到如下信号：

① 关键词匹配不那么重要了。

② 链接多样性不那么重要了。

③ 锚文本不那么重要了。

④ 新鲜度非常重要。因为谷歌希望提供给搜索者最新最好的搜索结果。

⑤ 域名权重很重要。因为谷歌不会给低质量的域名进行排名。

⑥ 参与度很重要。这里主要指页面的用户体验度、页面访问时长、跳出率等，确保着陆页是高质量、高体验度的。

⑦ 话题相关性很重要。体现在用语、内容丰富度、维度多样化等诸多方面。

⑧ 内容深度很重要。谷歌希望帮助搜索者解决问题，因此会将更加全面的搜索结果页展示靠前，我们在优化着陆页的时候，需要丰富实质的内容，而不是一些浅显易见的内容。

⑨ 本地化 SEO 很重要。因为 RankBrain 会有地域性方面的考虑，所以本地化 SEO 很重要。

以上内容中提到的不那么重要的事项，并不意味着完全不重要。就当前的 SEO 优化而言，关键词匹配、外链多样化和锚文本仍然是重要的，只是在对重要事项的排序中，可以加强相关性、内容广度、内容深度以及用户体验度。

3. 月均搜索量只有 10 的关键词是否保留

与产品或服务相关的所有关键词都可以保留。首先，关键词的搜索量低，但可能竞争程度并不低；其次，搜索量低，但如果是很精准的利基市场关键词，非常建议保留，因为这类词的转化通常会更好；最后，从提升网站内容的深度和广度方面出发，搜索量低的词作为相关性体现，可以提升着陆页质量。

4. 只优化搜索量高的核心关键词是否可以

答案是否定的，即不可以只优化搜索量高的核心关键词。具体原因如下：

（1）与核心关键词相对的是长尾关键词，那么只优化核心关键词，就意味着放弃了长尾关键词，而优化长尾关键词是能够让网站从竞争中脱颖而出的好办法。

例如，折弯机这个产品，常见的核心关键词有 Press Brake、Hydraulic Press Brake、Cnc Press Brake、Bending Machine 等，通过竞争对手分析与关键词分析后，发现一个用户搜索的维度，按照不同的吨位来分类产品，搜索量不高、但词量很多（如图 4-17 所示）。于是按照长尾理论，从吨位出发架构网站和进行关键词优化就是一个出奇制胜的妙招。

对于一个新的站点而言，想要通过一些大词去和竞争对手竞争，无疑是以卵击石。而从一些长尾词角度出发，不但可以尽快获得精准流量，还可以让网站良性发展。流量逐渐增加的同时，网站的权重逐渐积累，从而带来更多高搜索量的关键词排名。

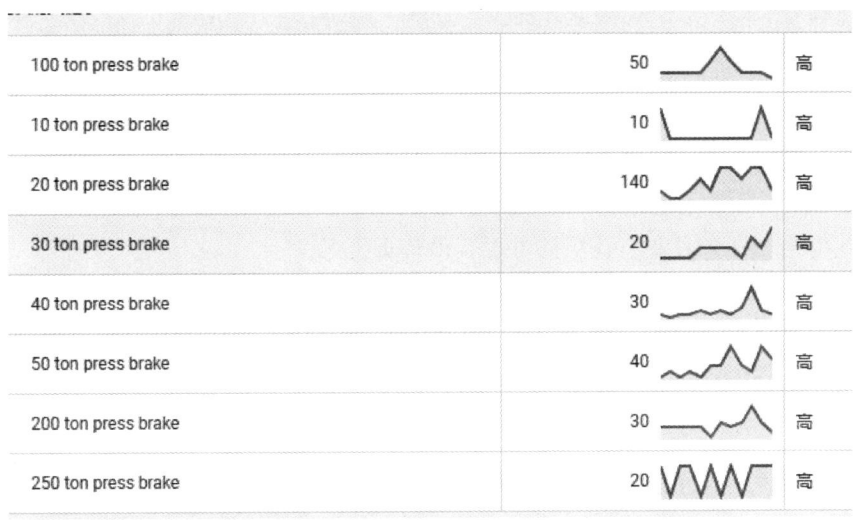

图 4-17　折弯机吨位相关键词 Google Adwords 后台数据

（2）核心关键词的竞争程度一般都很大，因此很难在短时间内把核心关键词做到谷歌首页。例如，一个月均搜索量在 4000 左右的关键词，所需时间不低于 2~4 年，甚至更久。而执行长尾关键词，网站可以在 3~4 个月的时间内获得一些精准流量和转化。

5. 影响网页获得关键词排名的因素

（1）内容：内容是否与用户搜索的内容相关？
（2）性能：网站加载速度快，工作正常吗？
（3）权威性：内容是否有用，内容是否被其他权威网站作为参考或引用过？
（4）用户体验：网站设计如何？导航方便吗？安全吗？跳出率高吗？

6. 关键词优化的重要步骤

（1）选择合适的域名：包含品牌或关键词，且方便拼写。
（2）关键词策划：整理出适合优化的目标关键词。
（3）网站内容与优化：导航页、产品详情页、博客页、PDF、FAQ、视频、图片等着陆页优化，如标题、关键词植入、话题、文案质量、新鲜度、长度等。
（4）代码优化：友好的 URL 地址、Title、Description、Heading 标签、Alt 标签、404 优化、代码压缩、内部链接等。
（5）技术性 SEO：谷歌结构化数据优化、站点地图优化、Robots 优化。
（6）获得外链：多样化、相关性、权威性、持续性。
（7）周期性检查与数据分析：404 错误、网站访问正常与否、网站速度优化、移动端站点检查、GA 与 GSC 数据分析。

7. 让一个网站快速获得关键词排名的方法

大家都知道 SEO 是一个耗时较久的过程，所以一般意义上的快速通常是指至少 3 个月，甚至 1～2 年。另外，关键词中的长尾关键词获得排名应该是最快的，如果 SEO 策略实施得当，半个月左右长尾词可以获得首页排名。

所以快速获得关键词排名的方法就是：第一，关键词通过研究后，优先优化那些搜索量不错但是竞争度小、难度较低的关键词；第二，将关键词布局到合适的着陆页，然后合理安排站内外优化。除了 SEO，PPC 也是一个能够快速给关键词排名的方式。

第 5 章　内容营销

内容营销的目的是给用户输送有价值的内容,而价值的体现来源于搜索用户对于相关内容的需求,这些需求可从搜索市场的数据中得到体现。关键词是内容营销的基础,也是其核心。对关键词进行研究、分类、分析,可以得到用户感兴趣的话题,而这些话题就是内容营销的最好出发点。

5.1　什么是内容营销

内容营销是一种战略营销方法,专注于创造和传播有价值的、与用户需求相关的、持续改进的内容,以吸引和留住受众群体,并产生经济价值。内容营销不是在推销产品和服务,而是在为潜在客户和已有客户提供真正相关和有用的内容,帮助他们解决问题。

内容营销作为一种营销策略,用于创建目标受众认为相关且有价值的内容并通过内容吸引现有和潜在客户。内容营销的形式有视频、电子书、白皮书和报告、博客文章、幻灯片、信息图表等。

内容营销对于外贸营销型网站而言,其作用远不止填满网页内容,它还能为已有客户和潜在客户建立信心。同时,它可以帮助企业建立良好的品牌知名度,并能展示服务与产品,给网站带来流量。无论时代如何变化、科技如何发展,"内容为王"永不过时,因为人们对高品质产品和服务的渴望不会改变。开展内容营销主要能带来如下好处:

(1) 将内容放在首位的营销人员更有可能看到积极的营销 ROI;

(2) 内容营销不仅提升了 SEO 效果,也提高了其他营销策略的效果;

(3) 内容营销为企业的品牌带来流量、转化和商机;

（4）内容营销创造长期、可持续的效果。

无论使用哪种营销策略，内容营销都应该是整个营销策略的一部分，不能孤立存在。在社交媒体营销中，内容营销策略先于社交媒体策略；在搜索引擎优化中，搜索引擎偏爱发布高质量、持续性内容的网站；成功的公关策略解决读者关心的问题——内容营销的本质；点击付费广告要想获得效果，需要内容营销的支撑；在集客营销中，内容是增加入站流量和推动转化的关键。

5.2 内容营销的组成部分

内容营销可以采取多种形式，要做好内容营销，需要确定潜在买家喜欢什么类型的内容。以下是一些常见的内容营销形式：

1. 博客文章

将企业的内容营销策略视为自己的博客计划或策略。不过不同的是，公司的博客还应该同时用来交叉推广其他内容，如公司新闻，团队建设，案例展示等等，这将有助于维持企业网站的定位。在博客内容中要合理使用 SEO 策略。

2. 电子书

电子书的内容应该遵循某种叙事结构，并采用好的视觉设计。使用电子书的目的是让用户学习，但保持内容与品牌价值的一致性也很重要。

3. 视频

将视频作为内容策略的一部分的有效技巧是尽可能地不让视频具有时效性，这样就不会被迫不停地花费时间和金钱来创造更多内容。高质量的视频内容也可以用来向 YouTube 的大量活跃观众展示品牌。

4. 信息图表

使用尽可能少的文字，让信息图表来讲述故事。

5. 白皮书和报告

这些材料类似于电子书，因为它们主要是教育性的，但白皮书和报告一般不那么图形化设计，使用的语言更专业一点。它们还可以创造与其他组织合作的机会。

6. 幻灯片

幻灯片是一种很好的形式，可以把复杂的想法分解成简单的步骤或小块。建议保持幻灯片的简洁，例如在一张幻灯片中使用最少的文字和大的图形。

7. 案例研究

用真实的数字和完整的故事构建案例研究，这将有助于保持内容的价值。

5.3 内容营销策略

内容营销可增加网站的自然流量，但内容策略如果总是围绕单一的关键词，可能就很难推动流量。今天的搜索引擎算法能够理解不同概念之间是如何关联的。它们使用潜在语义索引（Latent Semantic Indexing，LSI），权衡网站的专业性、权威性和可信度（Expertise，Authoritativeness，Trustworthiness，E-A-T），以提供给搜索者更相关和权威的结果。因此，不能仅仅围绕相同意图的关键词创建着陆页来引流。

5.3.1 主题集群策略

与其沉迷于单个关键词，不如将内容策略集中在几个核心主题上，以帮助企业赢得搜索引擎的信任，自然流量也会随之而来。这被称为主题集群策略，这种思维方式将读者、搜索意图和上下文置于内容策略的前沿，可以带来巨大的自然流量增长。

1. 分解主题集群

主题集群是指一系列相关网页的所有超链接指向一个核心页面。将站点内容组织成集群有助于搜索引擎辨别专业领域，并能更好地理解这些页面之间的关系。

创建主题集群涉及三个主要部分：核心页面、集群内容、超链接，如图 5-1 所示。

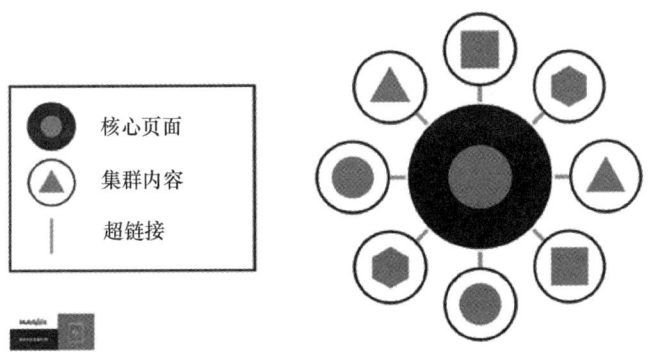

图 5-1 主题集群示意①

---

① 图片来自 https://www.clariantcreative.com/blog/what-are-pillar-pages-and-topic-clusters。

核心页面位于集群的核心位置，是核心主题竞争排名的权威页面。产品目录、资源页面等可以作为核心页面。

假设销售的产品是 Stabilizer，目标是获得"Stabilizer"这个词的排名。在主题集群场景中，核心页面将是一个深入的资源页面，涵盖了搜索者在这个主题上的核心问题。接下来是集群内容或子主题页面。这些页面主要关注与核心主题相关的长尾查询，通常以博客文章的形式出现。通过将子主题页链接到它们的主题页，向搜索引擎表明主题页是权威资源。

2. 主题集群策略的实施步骤

主题集群策略的实施步骤主要包含定义主题，策划子主题，创建一个优秀的内容计划并执行，实现合理的链接结构，衡量和改进内容，充分利用内容。

（1）定义主题。

开发内容策略时建议使用以下提示来进行头脑风暴主题集群：

① 销售的产品或提供的服务。

即以销售的产品或提供的服务作为内容主题。例如，企业最想以什么产品或服务为主题被客户认识，那就定义它为内容营销的主题；再如，产品是 Stabilizer，那么"Stabilizer"就可以被定义为内容主题。

② 客户如何使用或从产品中获益。

客户如何使用产品或服务？客户从产品或服务中获得了哪些好处？以这个出发点作为内容营销的主题。例如，How to Use a Stabilizer。

③ 产品或服务解决的痛点。

有些人知道自己的需求，但不知道满足自己需求的产品或服务的业内专业叫法。例如，"iPhone Filming Stabilizer"。

④ 转化高的付费关键词。

付费广告和 SEO 策略应该一起进行。通过高 ROI 的付费关键词，寻找内容主题。如果站点域名权重较低或者是一个全新的站点，建议从最关键的一个或两个主题开始。

（2）策划子主题。

主题集群确定后，就该为子主题制定策略，以涵盖每个主题内容。子主题是相关的长尾查询，作为核心主题的支持内容。如何策划出独特的子主题，以下是一些常用的方法。

① 与销售或客服团队讨论：围绕一个主题编制一份常见问题清单。

② 从目标客户群体入手：记下目标受众关心的所有问题。

③ 浏览论坛和评论网站：例如，Quora 和 Reddit 这样的网站容易发现一些相关子

主题。在亚马逊上，阅读客户的评论也可以激发对相关问题和痛点的想法。

④ 调查客户：使用实时聊天或者表单，从访问者和客户那里收集他们希望看到的内容类型和信息。

⑤ 关键词策划：通过关键词策划与整理，找到与主题相关的话题。

⑥ 找到相关适合的子主题后，通过谷歌的关键词策划工具进行查询，了解这些主题的搜索量情况，从而做一个优先排序。

(3) 创建一个优秀的内容计划并执行。

有了主题，以及主题周边的支撑内容和子主题后，就需要对应具体的内容创建着陆页了。通过对话题的搜索量的了解以及话题与业务的相关性对它们进行优先排序，建议从与产品或服务帮助目标客户解决问题最相关的子主题开始。

发布简单的内容不会带来任何自然搜索效果，编写深入的、上下文丰富的内容是主题集群策略的基础，必须尽力占据该关键词搜索结果的首位，以获得用户信任。

创建上下文丰富、搜索友好内容的步骤如下。

① 在开发内容之前，评估目标主题或子主题在搜索引擎中的前三页搜索结果，了解页面的丰富度、内容形式、相关植入关键词、页面权重等。

② 整理搜索者围绕这个主题提出的核心问题，可以参考"Answer The Public"平台推荐的问题或谷歌搜索引擎结果页的"People Also Ask"部分。

③ 使用 LSI 和与谷歌的 SERP 部分相关的搜索，在企业的页面上找到相关的主题。

④ 研究目标主题的 SERP 特性和机会。如果当前的精选片段是一个列表，请确保文章以列表格式展示。

⑤ 围绕主题，有针对性地使用 H2 和 H3，可以使页面结构更加清晰。

⑥ 找出当前搜索结果与自身内容的差距找到相关的、可信的内容研究，如使用权威数据支撑内容的可信度。

⑦ 在写内容时，采用搜索者的思维方式，要考虑读者希望看到什么信息以及喜欢哪种格式，永远要把读者放在第一位。

(4) 实现合理的链接结构。

主题集群策略的一个关键部分是链接结构。通过将相关的、有价值的页面指向企业网站的核心页面，可以帮助建立这个页面的权威。因为主题相关的内容都是紧密联系的，所以不难找到一个合适的地方来做超链接。

(5) 衡量和改进内容。

不断评估和改进内容可以帮助页面赢得搜索权威。通过谷歌的 GA 和 GSC 工具，可以了解着陆页的表现情况，如浏览情况、浏览时长、跳出率等，从而进一步改善页面。

（6）充分利用内容。

制作最好的内容需要时间、精力和技能，所以要充分地利用内容来最大化投资回报。一方面，可以把内容从一种格式转换为多种格式。例如，文档、视频、图片等。另一方面，可以把不同形式的内容分享到站外平台。例如，通过邮件分享给客户、通过视频形式上传到 YouTube、通过图文结合的方式发布到社交网络等。

从 SEO 实战经验及搜索排名结果来看，首页、目录页、产品详情页以及博客页是获得流量较高的入口。

3. 容易获得谷歌首页排名的页面

（1）内容形式丰富：图片、视频、文字、表格、PDF 下载文件等。
（2）大品牌优先排名。
（3）高流量网页优先排名。
（4）政府网站优先排名。
（5）教育网站优先排名。
（6）维基百科优先排名。

从站点着陆页来看，博客详情是首页排名着陆页最多的形式，目录页其次，首页和产品详情第三。

5.3.2 首页内容营销策略

在访问网站的几秒钟内，访问者就已经形成了对企业的第一印象。主页就像酒店大堂，访客不会在那里逗留太久，但希望它有吸引力、干净、容易导航。主页内容需要让访客清楚地知道企业是谁，是做什么的，然后邀请他们去探索。如果访客不喜欢自己所看到的内容，就会离开。做好首页内容营销需要从以下七个步骤入手。

1. 企业号召语

企业可以拥有最流畅的网速、最惊艳的网站设计，但如果网站不能让用户在几秒钟内了解其内容，就会失去用户。企业号召语是出现在网页顶部（通常是在首页，并且常用大号字体）的声明，它传达有关该企业的信息。如果制作得好，企业号召语可以抓住用户的注意力，并说服他们进一步探索。

2. 有明确的价值主张

价值主张是告诉访问者为什么应该选择本企业而不是其竞争对手。建议做到如下几点。

（1）简明易懂。
（2）定位工作内容。
（3）让别人很容易在网上找到。
（4）明确目标受众。
（5）解释产品或服务是如何解决受众的问题的。

3. 展示公司规模及特色

在阅读了企业的号召语和价值主张之后，企业网站的访问者应该对该企业是否能帮助他们有一个大致的想法。接下去他们需要了解更多企业情况，例如公司的规模、服务行业等。

4. 展示企业问题解决能力

让外贸网站的访问者知道企业是谁、是做什么的、能帮助谁？企业会帮助促进合作吗？如何提高工作效率？不要只是列出功能，而是要列出客户的困难。

5. 展示企业竞争优势

无论从事什么行业，都必然会遇到激烈的竞争。告诉访问者企业与众不同的地方。仅仅说有最好的员工、最有效的流程或最先进的技术是不够的，要明确是什么让企业更好，并且要具体。谈谈团队的经验，或者谈谈企业流程是如何带来高质量的过程。保持简短，但要有力。

6. 展示成功案例或权威数据

描述的竞争优势，客户体验到了什么结果？在主页内容中加入统计数据、推荐和案例研究的简短总结，以支撑关于竞争优势的表述。

7. 强烈呼吁采取行动

任何外贸网站的目标都是让访问者采取行动，所以要确保主页内容能让他们采取行动。

5.3.3 目录页内容营销策略

无论是对于传统贸易 B2B 还是跨境电商 B2C 网站，目录页都是能够获得大流量的着陆页，特别是在有品牌流量的背景下，目录页更容易获得行业核心词的首页排名。

目录页内容主要有以下组成部分：标题、副标题、简要概括、产品或服务列表（这部分通常包含：产品标题、简要描述、图片、评级等）、详细描述（H2 话题内容，

FAQ）、在线表单或者CTA按钮。在目录页的组成部分中，产品或服务列表是最为核心的内容部分。例如，亚马逊从谷歌首页获得了极高的排名，其中大部分排名都指向到亚马逊的目录页，而目录页的表现形式主要就是产品列表，展示详细的图片、产品标题、产品摘要信息等。因此，在对目录页进行页面设置的时候，可以重点花时间在产品列表展示的详情上。

在详细描述部分，备注了FAQ，是因为现在通过谷歌搜索的时候，谷歌有一个产品"People Also Ask（PAA）"会出现在搜索结果中，且篇幅不小，而这部分抓取的都是问答类内容。因此，在做内容描述的时候，通常建议可以就当前主题相关的核心问题做一个精简的问题罗列以及回答，并结合结构化数据优化，帮助网站在搜索结果中形成FAQ展示形式。

目录页对应的产品展示列表根据不同的产品、不同的行业视情况而定。首先，重点考虑用户体验度，就产品角度而言，图片最为直观，因此图片是必要的；其次，列出对应的型号与关键词，重要的特点、优点，或根据实际情况来确定的参数。

5.3.4 详情页内容营销策略

详情页内容营销策略主要是指产品或服务的详情页内容。

对于外贸企业而言，其提供的产品与服务相对较少，通常集中在某一个品类，或某一个相对细化的市场上，因此在内容呈现上，入口相对较浅，在首页和目录页能够直观地获得展示。从搜索引擎角度而言，入口越浅，越容易被索引和获得排名。所以，对于外贸企业的产品详情页，首先入口要浅，给搜索引擎加速索引的机会；其次，需要提供给用户以及搜索引擎有价值且全面的内容，从而得到首页排名的机会。

外贸网站产品详情页内容的主要组成部分：标题、副标题、摘要描述、详细描述、特点、参数、图片、视频、应用、PDF下载文件、在线表单、相关推荐。

对于产品相对较少的企业网站，每一个产品详情都可能成为一个流量入口，因此，建议把尽可能多的资源整合到一张页面上，而不是对产品进行过度的细分。

对于B2C商城站而言，通常产品与服务是多种类和多样化的，因此在内容呈现上，入口通常较深，从搜索引擎方面，给层次较深且具体的产品详情展示与排名的机会就会相对减少。但是，只要架构设置合理，被搜索引擎索引是很容易的，内容合理的布局也很有可能获得长尾词的关键词排名，在产品量大的情况下，也是很好的引流方式。

考虑B2C网站的产品较多，分类方式丰富，具体详情入口较深，且不太可能花人力对每一个产品做详细的文案描述，因此对于B2C商城站，主要内容建议有标题、多张图片、摘要、特点、参数、价格、评论、相关推荐。

5.3.5 博客内容

博客是大多数网站进行引流的主要方式，也是内容营销的主要部分。博客与用户搜索的话题密切相关，从用户采购流程来看，在意识阶段和信息搜索阶段进行查询的关键词，着陆页很多都是博客形式，创建博客内容的直接目的就是获得流量。创建能够引流的博客可以从以下几方面入手。

1. 找到用户感兴趣的话题

（1）博客关键词分析与研究。通过关键词的研究分析会得到一批适合博客内容的话题关键词，如 How To，What，Where To 等系列。根据这些词的搜索热度进行排列，从高到低撰写比当前获得首页前三排名着陆页更为优秀的内容（请详细参考第 4 章 SEO 关键词中关于关键词优化部分）。

（2）头脑风暴。从企业自身出发，从产品与服务出发，从用户在实际使用过程中反馈回来的问题出发，撰写真正能够帮助客户成长的内容。从这个渠道获得的内容是最有价值的部分，因此建议运营人员可以定期与销售人员沟通，因为他们是接触客户的最前线人员，可以提供那些用户关心和感兴趣的话题。

（3）查找行业相关热门话题的工具。

以 Projectors 这个产品为例，可以通过以下工具及方式查找对应热门话题：

① https://answerthepublic.com/。

② http://www.quora.com/。

③ https://trends.google.com/。

④ http://buzzsumo.com/。

⑤ https://www.reddit.com/。

⑥ https://www.semrush.com/。

⑦ https://ahrefs.com/content-explorer。

⑧ https://www.youtube.com/。

⑨ https://www.google.com/，搜索对应关键词，根据搜索结果中的 PAA 查找热门话题，如图 5-2 所示。

2. 撰写博客

通过以上整理，得到可以撰写的博客话题，接下来就开始撰写博客。所有的博客都应该是高质量的、阅读性强的，能够解决问题且可信度高的。

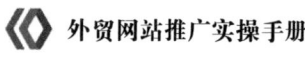

图 5-2 谷歌搜索结果中 PAA 示例

关于博客文章的撰写，建议如下：

(1) 标题引人注目。

① 标题需要简明扼要，准确概括文章大意。

② 尽量使用生动的语言，使其能够吸引读者阅读。

③ 不要出现语法等方面的错误，用词准确。

对于搜索引擎来说，标题中越靠前的内容越重要，所以要把最重要的关键词尽量放在前面位置；标题不要过长，避免被截断。

(2) 主题明确。

① 列一个文章大纲，明确撰写目的。

② 围绕主题开展，扣紧关键词。

(3) 段落结构清晰。

① 明确每段的重点，可设置 H2，利用好小标题。

② 段落间可写过渡句合理衔接。

(4) 语法正确，拼写正确。

语法的使用及拼写要认真仔细，并进行检查，可借助 Grammarly 等工具。

(5) 内容形式丰富。

① 可插入相关产品的图片、视频等，结合具体内容使文章更丰富。

② 适当使用不同形式，可加入图表等，增加文章丰富度的同时也增加清晰度，避

免让读者因看到太多字而产生疲惫感。

③ 可创建新鲜独特的内容，新内容不仅可以让现有访问者群体再次访问，还能吸引新访问者。

（6）竞争对手研究。

搜索竞争对手网站，分析其文案并总结学习，寻找出其内容与自身内容的相同之处以及不同之处。

（7）字数建议在 1000 字以上。

搜索引擎倾向于优先考虑较长的文章，文章篇幅长一般会包含更多关键词，涵盖的内容也会更广泛，比篇幅短的文章更有优势。大量研究表明，搜索引擎倾向于支持至少 1000 个字的"深度"内容，而且许多较受欢迎的文章至少 1500 个字。内容越长，为读者带来的价值就越高，跳出率就越低。文章内容尽量丰富，但是不要随意堆砌一些无用内容，应提炼重要内容。

（8）备注权威数据来源（非常关键）。

引用参考资料和来源，如学术论文，可能是高质量内容的标志。谷歌质量指南规定，引用页面时应注意来源，是否是专业知识或权威来源很重要；提高文章内容可信度，增加用户信任感；如果文章需要加入一些数据或资料作为支撑，则注明数据来源，使文章有理可依。

（9）使用项目符号。

项目符号使文章内容更清晰，有条理，适用于列表。项目符号易于浏览并能帮助用户更快找到所需的信息。项目符号可在每个段落前加，也可在段落内分几个小点，注意准确性及逻辑性。

（10）使用 CTA 按钮或锚文本。

① 可在文章后面加入几句 CTA，强调品牌及产品优势等，吸引用户购买相关产品，可加上联系方式、网址、邮箱等。

② 锚文本即带超链接的文字通常是关键词，可选择品牌词锚文本、常用词锚文本以及目标词锚文本。锚文本的使用要自然，不能僵硬添加；同一篇文章内不要重复使用同一个锚文本；尽量选择长尾词做锚文本，选一些优质词，尽量使用简短但具有描述性质的词，不要用一些没意义的词；不要过度优化，一篇文章内不要超过 3 个锚文本，较短的文章甚至只需 1 个即可。在页面主体内容中添加的链接比页面底部或侧边栏中的链接权重更高。

（11）使用摘要。

① 对于较长的文章，可写一段摘要，字数不需要太多。

② 应该让读者对后面的内容产生好奇，在开始时告诉读者内容中有非常核心的点，但是在后面才会揭晓。

（12）更新博客。

① 更新博客，尤其是添加新内容时，保持内容新鲜度、相关性，同时可以增加搜索价值。

② 更新博客可方便用户及时了解当前情况，及时发布最新内容也是市场营销的重要环节。

③ 及时发布最新博客，保持活跃度。

（13）多了解受众群体。

① 博客撰写也是为了市场营销，必须要了解用户，包括用户的心理、需求以及喜好等，从而更有利于营销。

② 站在客户角度，目标更清晰，可以更好地写出优质合适的文章。

③ 若是涉及产品，则需要了解购买相关产品的用户的购买需求及喜好，从用户角度侧重切入。

④ 尽量多元化，写出吸引人的内容。

（14）避免过度营销和过多广告。

用户已经接触到很多广告，有些用户并不喜欢广告植入，所以在文章中应避免过度营销，以免引起用户的抵触情绪；尽量采用"软广"，可介绍一些用户感兴趣的基本知识以及一些和用户关联较大的信息等，再结合自身品牌及产品的优势以吸引用户。

3. 博客网页的 SEO 元素

（1）发布时间。

① 对排名有一定影响，可以帮助谷歌了解该文章的发布时间。

② 标明发布时间，排序更清晰，更方便用户浏览及查找等。

（2）作者。

① 博客中列出作者、发布日期或署名等信息，可为潜在访问者提供相关度非常高的信息。

② 标明著作权。

（3）阅读数。

① 阅读数可以反映此篇博客受欢迎度，阅读数越高，说明文章越受欢迎，对网站排名有一定的积极影响。

② 阅读数高有利于提高用户信任感。

（4）Tag 标签。

① 将同一个类型的内容进行汇总，主要目的是便于用户阅读，方便访客查找，也会得到搜索引擎的认可。

② 描述标签不会影响排名，但是也必须考虑用户。好的标签能够帮助他们更好地理解文章。

（5）分享按钮。

① 社交分享不算作外链，但可以帮助内容获得更多的曝光，并覆盖更多的受众。

② 在随机用户眼中，社交网络分享数高的内容似乎更受欢迎和信任。

③ 如果一个大 V 喜欢或转发了此文章，这很可能会吸引新的读者。

（6）前后博文。

① 提高阅读体验，方便用户阅读。

② 有前后博文的影响，可以提高博文被阅读的可能性。

（7）相关博文。

① 提高博客之间的相关度，增加联系，利于文章的曝光。

② 丰富文章界面，可提高用户阅读体验。

③ 有相关文章，可增加影响力，利于提升排名。

④ 关键词及标签设置精准，有利于更准确地匹配相关博文。

⑤ 可对比相关博文，分析其优势，并加以吸收，创作出更优质的内容。

（8）博文标题设置为 H1 标签。

① H 标签是用于在页面上指定标题的 HTML 元素。主标题标签称为 H1，通常用于页面标题。

② H 标签直观地告诉用户网页哪部分是比较重要的。

③ H 标签引导搜索引擎，能正确识别标题和内容。

④ 标题长度不要过长，一般在 40 个字符以内。

⑤ 标题内容尽量用一些别人可以通过关键词找到的字眼。

⑥ H1 的文字是最重要的，H1 应包含该页面的主要关键词或短语，且每个页面只需要一个 H1。

⑦ 避免使用 H 标签来标记非标题元素，如导航按钮和电话号码。

（9）合理使用 H2 标签。

① H 标签的层次结构按重要性从高到低的顺序为从 H1 到 H6，H2 到 H6 用于子标题。

② H2 表示一个段落的标题，或者说副标题，部署长尾关键词，合理使用 H2 可以使文章结构更清晰。

③ H2 的设置需要清晰，呼应后面对应的内容。

④ H2 到 H6 可以在一个页面中有多个，但是不要滥用，滥用会导致网页受到影响，搜索引擎会认定为作弊行为。

（10）前100个单词中包含主题以及核心关键词。

① 开篇就包含主题可以让用户更清晰此篇文章的内容，提升阅读体验。

② 要为用户提供和其使用的特定搜索词最相关的结果，需要在文本的前100个词内使用目标关键词。

③ 谷歌会把更多的权重放在页面的顶部关键词，这能让谷歌更好地了解页面主题，从而利于提升排名。

（11）博文标题设置为HTML代码中的Title。

① H标签和Title标签都是标题标签，但是H标签分为H1、H2、H3、H4、H5、H6六种，一个页面最多15个，都代表的是标题标签，而Title标签只有一个，位于HTML代码的Head标签中，是展示给搜索引擎的，搜索引擎的搜索结果中展示的标题就是这个Title标签里的内容。

② 标题是网页优化最重要的因素，Title标签相当于赋予网页一个主题，它告诉搜索引擎蜘蛛此页面是关于什么的，所以任何一个网页Title的重要性都是最高的，远远超过网站页面Keyword标签和Description标签的作用。

③ 网页的Title标签主要用于告诉用户和搜索引擎这个网页的主要内容是什么，而且当用户搜索到网页时，Title会作为最重要的内容显示在摘要中，搜索引擎在判断一个网页内容权重时，Title是主要参考信息之一。

④ Title标签里面除了关键词外还需要包含品牌词，但是不要堆砌。

⑤ 适当精简标题，选择好主关键词、辅关键词，并进行一定优化，不要有冗余或怪异的关键词。

⑥ 搜索引擎对于页面信息的抓取，是在HTML中自上而下进行的，所以在Title标签的最前面加上主关键词，可以很好地体现页面的主题内容。

（12）博文设置合理的Description。

① 谷歌有时会利用网页中的描述标记来生成搜索结果摘要，Description通常应使用简短且相关的摘要来让用户了解具体网页的内容，并引起用户的兴趣。它们应当像宣传标语一样，旨在让用户确信相应网页正是他们要找的网页。

② 在搜索结果中，摘要的内容很大可能都是来源于Description标签，与用户的搜索词相匹配，就会标红显示，增加用户点击网页的可能性。高质量的描述会显示在Google的搜索结果中，并会对搜索流量的质量和数量产生长远的促进作用。

③ 要确保描述确实具有描述性。

④ 描述中最好有关键词，但是避免关键词堆砌。

⑤ 描述长度建议控制在160个字符内，并且尽量在靠前的位置出现目标关键词。

⑥ 避免描述重复，这样不利于用户阅读，也不利于搜索引擎理解网站内容。

（13）友好的博客链接地址应是长度适当，没有单词截断，伪静态处理，具有可读性。

① 搜索引擎要求网站上每个页面都有独一无二的 URL，以便可以在搜索结果中显示该页面，而且清晰的 URL 结构和命名也有助于用户理解该 URL 的含义。

② 搜索者更有可能点击那些强调并清楚表达页面信息的 URL，而不太可能点击让看不懂的 URL。

③ 当别人使用链接本身作为锚文本链接到网站页面的时候，锚文本中就会包含关键词。

④ 虽然 URL 是次要的排名指标，但不能期望仅根据域名或页面标题中的单词进行排名。

⑤ URL 必须是描述性的和有意义的，最好的 URL 一定是用户可以轻松看懂的，而且易读的，避免无意义的数字和字母随机组合。

⑥ 网址长度很重要，太长的 URL 将被截断，但不能为了控制 URL 的长度而忽略 URL 的描述性。

⑦ URL 中包含关键词可能会提升 SEO 效果。

4. 发布博客内容并分享

有了高质量的内容，还需要合理的发布和分享。

（1）发布博客内容。

① 将文章发布到官网。

要推广文章，先要把文章发布到官网上，并确保网页是可抓取的状态，确保网站的 sitemap.html 和 sitemap.xml 两个文件中包含这篇文章的链接。

② 简化设计。

设计很重要，当页面清晰明了的时候，用户的阅读体验就更强。可以参考一些比较有名的博客网站或者一些网站的模板，如 WordPress 中的模板。

③ 去除网站上不必要的干扰因素。

吸引流量的基础是，不要让网站现有的流量受到影响。因此，博客页面的所有元素都应该是对获得流量有帮助的，如果有些元素会造成负面影响，那就要做出调整。例如，侧边导航是否有问题？如果网站开展了付费广告，效果好不好？会不会影响博客曝光？

④ 提升网页加载速度。

加载时间对用户的跳出率影响非常大，因此非常重要，加载时间缓慢会导致转化大幅下降。提升网页加载速度之后，提升用户体验，会带来大量"回头客"。

帮助提升网页加载速度的工具有：谷歌 PageSpeed Insights，这个工具会给出提升页面加载速度的建议；loadimpact.com，这个工具能展示访客较多的情况下网站的加载时间，并清楚地告知如何应对流量高峰。

⑤ 添加相关的站内链接。

在博客中，添加站内链接能帮助用户找到高价值的内容，也能让谷歌蜘蛛更容易抓取到内容。但是在添加链接时，切忌刻意添加，要站在如何能给读者带来帮助的角度上添加，否则就会显得十分生硬。

⑥ 在页面中添加社交分享按钮。

能让读者方便地分享博客是很重要的，读者分享内容能够为网站带来更多流量。在选择社交平台时，也要选择比较热门、符合受众的平台。例如，如果文章目标读者是小型企业的工作人员，那添加上 LinkedIn 分享按钮可能会带来较大的帮助。

⑦ 让读者轻松分享页面中的视觉内容。

视觉内容包含文章中的图片、视频或者其他内容，有助于吸引更多的流量，同时也要让读者能够更容易地分享这些内容。其中一种方法是使用 Social Snap 或其他类似的插件，这个插件能添加分享按钮。例如，Social Snap 插件能在图片上显示 Pinterest 分享按钮，读者点击之后就能将图片分享到自己的 Pinterest 主页中，以吸引流量。

（2）分享到其他网站和博客上。

① 发布外链，但要避免不自然甚至危险的外链建设策略。

给文章建设外部链接，外部链接是谷歌中非常重要的 SEO 排名因素。从长远角度看，如果为了快速获得流量采用一些不自然的外链建设策略，反而最终会获得较少的流量。所以开展自然健康的外链建设策略非常重要。

② 分享到社交平台。

在社交平台上增加博客的曝光量是增加流量的一个好方法。重点是需要有曝光。也就是说，首先，要在社交平台上发布文章，并添加热门且相关的标签（如#Google）；其次，发布好文章之后，要有粉丝积累，与粉丝互动。如果目前粉丝较少，也可以加入一些行业相关的群组，在群组中分享文章。文章的专业内容和独特见解都能在群组以及社交平台中建立权威，进而吸引粉丝和流量。社交平台有 Facebook，LinkedIn，Twitter，Reddit 等。Facebook，LinkedIn，Twitter，Reddit 是非常热门的社交平台，四个平台都可以建立群组，如果利用好了，就能够给文章增加大量的曝光。

③ 在 Triberr 平台上创建自己的频道。

Triberr 是一个对博主来说很实用的平台。这个平台能将志趣相投的博主联系起来，使人们能轻松分享彼此的内容。在这个平台上，分享的内容越多，获得的分享的机会就越多。

操作方法是：注册一个账号，并添加 RSS Feed 功能；申请加入一些相关部落；当某个部落的负责人批准您成为正式成员之后，其他人在部落流中会看到您的内容，如果不是正式成员，您只能关注并分享他们的内容。

④ 直接在领英发布文章。

LinkedIn 发布了名为 Pulse 的发布者平台，意味着可以直接把文章发布到 LinkedIn。有时，文章会在 Pulse 中被提取和精选，那么就会带来较多的流量。如果文章是针对业务撰写的，这种方法值得一试。

⑤ 积极参与问答网站。

在谷歌中搜索关键词时，经常能看到 Stack Exchange，Quora 或 TripAdvisor 之类的问答平台在搜索结果中的排名靠前。

问答类型的网站是互联网上最大的在线社区之一。在网站中回答问题之后，答案是长期有效的，这就可以成为网站的常规流量来源。但是，在回答问题的时候，也不要随意植入链接，只有在适合上下文的情况下，才能添加指向企业网站的链接。

⑥ 定期在 Pinterest 平台发布图片。

Pinterest 是一个很好的平台，只要定期发布图片，就能获得稳定的图片浏览量，并且与 Instagram 相比，Pinterest 具有更强的商业性，更能促成转化。

（3）利用电子邮件营销。

① 一封电子邮件只包含一篇文章。

我们经常能看到一份电子邮件推送中包含很多篇文章，其实这样做会降低每篇文章的点击率，大多数人不会把每篇文章都阅读一遍，所以只包含一篇文章能带来更好的效果。

② 将博客链接添加在邮件的个人签名中。

如果经常发邮件，将博客链接添加在邮件的个人签名中也是一个提升流量的好方法，并且如果邮件是发送给客户的，那么流量还会非常精准。

（4）其他方法。

① 重点放在最有效的策略上。

当推广一段时间后，需要观察一下哪种或哪些策略是比较有效的，可以通过谷歌分析查看网站流量的来源渠道。

流量来源可能会有自然搜索、社交、直接访问、引荐（也就是一些外链网站）、电子邮件等。我们可以对这些流量来源进行筛选过滤，选出主要的流量来源，从而确定在哪些策略上花更多的时间和精力。

② 联系认识的人分享文章。

有时候，请认识的人分享文章也能带来可观的流量。当请求别人帮忙时，可以在邮件末尾表达自己的诚意，如果对方有什么需要帮助的，也可以出一份力。这样成功率就会高很多。

③ 成为记者的素材资源。

使用 HARO（Help A Reporter Out）之类的工具，可以找到宣传机会。HARO 是一个帮助记者查找新闻素材的平台。全世界的记者都需要专业的新闻素材。只需注册一个免费账户，就会有机会收到电子邮件，留意合适的记者，并向他们发送消息，注意消息要简明扼要，并说明为什么对于他们是合适的。

④ 战略性链接建设。

除了给页面进行外部链接建设和内链之外，也可以在文章中提及知名的品牌、有影响力的人，并给予他们出站链接，并发邮件给对方，邀请他们在社交平台上分享自己的文章或者返回链接。如果已经成为合作伙伴，这是一个增加双方流量的绝佳机会。

⑤ 数据分析。

所有的付出都期待有结果，网站上的文章也一样，高质量的文章发布后，需要通过数据分析来查看效果如何，如果效果很好，可以乘胜追击，增加相关的内容，或者把内容转换成视频、PDF 等形式以便覆盖更多的用户群体；如果效果不佳，可以对文章进行内容调整与改进。

第 6 章 外链建设

链接是互联网的基石。有了链接，信息才不会孤立。搜索引擎使用链接爬取整个网络，它不仅会爬取一个网站内部不同页面之间的链接，也会爬取不同网站页面之间的链接。

外部链接对于 SEO 特别有价值，因为这些链接代表了从一个站点到另一个站点的"信任投票"。指向网站的外部链接向搜索引擎发出信号，表明支持该内容。如果许多站点链接到同一网页或网站，则搜索引擎可以推断出该网页或网站是值得链接的内容，也值得在搜索结果中进行显示。因此，获得这些外部链接可以对网站的排名或曝光产生积极影响。

外部链接是网页排名的主要指标。带有大量外部链接的页面往往具有较高的自然搜索引擎排名。外链建设是网站获取其他网站反向链接的过程，旨在提升导入链接的数量和质量，增加网站曝光，提高整个网站或单个页面的搜索引擎排名。

6.1 外链建设需要的技能

许多 SEO 专家将大部分时间花在外链建设上，因此，如果能熟练掌握构建高质量链接的技巧，它就能真正使我们领先于其他 SEO 专家和竞争对手。

在外链建设过程中，需要具备多种技能包括逻辑分析思维：竞争对手分析和策略；创意思维：链接诱饵和内容创意；优秀的沟通技巧：建立关系网和拓展外链；心理因素：研究如何使别人主动链接到网站。外链建设最重要的两种技能是竞争对手外链分析和外链拓展。

1. 竞争对手外链分析

外链建设一个很好的起点就是分析竞争对手网站的外链。可以使用工具爬取竞争对手的外链。通过分析竞争对手外链，可以深入了解其链接建设策略，并抓住复制竞争对手链接的机会。诀窍是弄清楚竞争对手如何（或为什么）能收到特定的链接，并确定是否可以为网站复制这些链接。

比较容易复制的链接有以下几种。

（1）网站用户生成的链接——社交主页、视频网站、博客评论等。

（2）客座博客链接——可以直接访问链接网站，并询问是否可以将文章发布到网站上。

（3）资源页面上的链接——搜索并询问该网站是否愿意添加企业网站的链接。

难以复制的链接就是指向竞争对手网站的真实的、用户自发的链接。要复制这些链接，必须分析竞争对手的内容，然后进行外链拓展行动，任务确实比较艰巨，但是链接获得的难度越大，就越有可能对排名产生积极影响。

2. 外链拓展

外链拓展可以说是外链建设者最重要的技能，也是难掌握的技能之一。关于外链拓展有非常多的内容可以讨论，此处介绍一个提高成功率的小窍门——把握时机，就是说要迅速发现新的链接机会，并做出行动，如此才能大大提高成功的概率。借助工具监控竞争对手或者关于关键词的最新的链接机会，并开展行动。如果有人链接到竞争对手的内容，工具会发出警示，然后需要迅速联系并询问是否考虑链接到你的网站；如果有人撰写有关目标关键词的新文章，工具也会给出提示，然后需要快速联系并询问是否考虑链接到你的网站。

6.2 决定外链质量的因素

1. 页面权重

链接到网站的页面权重（Page Rating）如果越高，该链接对排名产生的影响就会越大。页面权重非常重要，因为来自权威页面的链接将更多权重传递给了网站。虽然现在谷歌不会公开页面权重信息，但是仍将其用作算法的基础。可以在 Ahrefs 这个工具中查询页面权重，如图 6-1 所示。

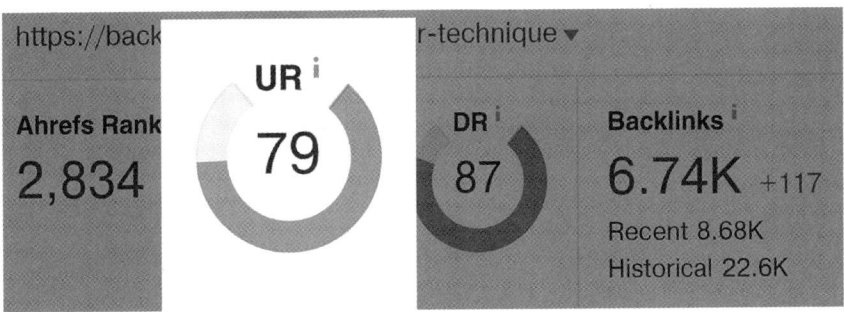

图 6-1 页面权重 Ahrefs 截图

2. 网站权重

链接的质量也取决于该网站的权重。通常，与不知名博客作者的链接相比，知名博客或新闻网站的链接具有更大的影响。虽然这些链接很难获得，但是也值得付出努力。同样，也可以使用 Ahrefs 查询网站权重（Domain Rating），如图 6-2 所示。

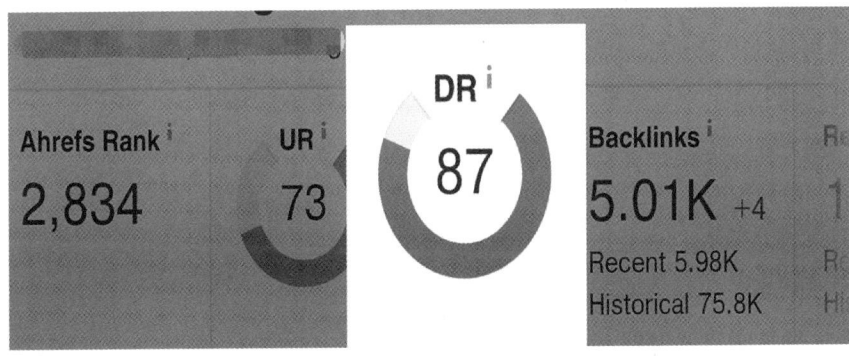

图 6-2 网站权重 Ahrefs 截图

网站权重也可以用 MOZ 这个工具查询（Domain Authority），如图 6-3 所示。

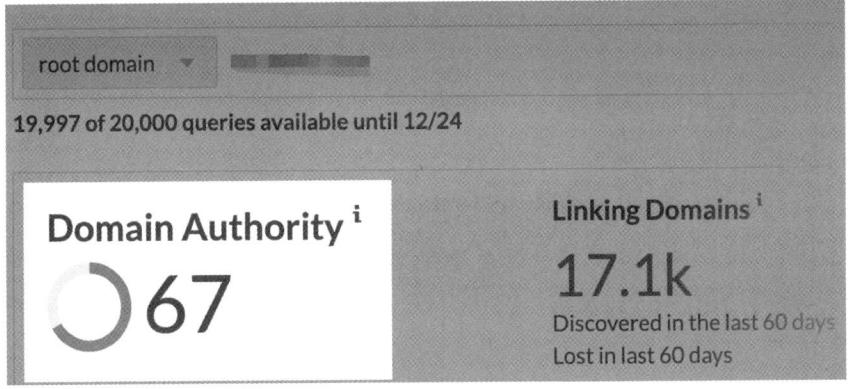

图 6-3 网站权重 MOZ 截图

3. 页面或网站的相关性

谷歌认为与网站相关的外部链接更有价值，因为人们更有可能点击它们。例如，一个出售机械的网站有两个页面的反向链接，其中一个页面内容关于猫，另一个关于机械保养，那么后者肯定是更有价值的。

谷歌工程师也曾表示，从高权重的页面获取链接一直以来都很有价值，但是如今，与网站主题相关的链接越来越重要。从用户角度来说，当然更希望从内容相关的权威网站看到链接。

4. 链接在页面中的位置

一般来说，底部导航和侧边导航的链接价值比不上页面主体部分的中间位置的链接价值。因为人们更有可能点击页面主体位置中突出显示的链接，因此这部分的链接比其他位置的链接具有更大的权重。就算不能将链接放在主体中间的位置，也至少让链接出现在页面的主体部分。如果不是，那可能就要考虑寻找其他的外链机会了。

5. 是否是自发链接

在外链建设时，应该观察是否有人因为觉得内容很优质而主动链接到网站，如果有的话，这就是自发链接。如果是在其他网站上创建个人资料，并上传了自己的链接，那就不是自发链接。

6. 锚文本

锚文本简单而言就是网页上超链接的文字部分，是影响网页搜索引擎排名的一项因素。谷歌采用了多种技术来提高搜索质量，包括页面排名、锚文本和页面中关键词附近的内容信息。也就是说，尽管锚文本确实很重要，但它不是最重要的。在建设外链时，虽然有时对锚文本中的锚文字没有太多的控制权，也就是不能将所有锚文本的文字都设置成关键词，但这反而可以说是好事，因为它有助于保持外链的自然状态，也表明获得的链接具有一定的质量。

7. NoFollow 和 DoFollow 标签

rel = "nofollow" 是添加到链接的标签，添加了该标签的链接相当于告诉搜索引擎"请勿跟踪此链接"。显然，需要尽可能地获得正常的 Dofollow 链接。但如果遇到 Nofollow 的链接，也不用太过担心，因为它仍然具有一定的 SEO 价值。

6.3 外链类型

6.3.1 主要外链类型

外链的类型有很多,以下是几种主流的外链类型。

1. 正文中的自发链接

正文部分的链接能给网站带来多方面的益处,因为正文中的自发链接对谷歌来说是一种很强的信号,用于评估网站链接的相关性、受欢迎度和权重。

(1)正文中的自发链接的作用。

① 链接显而易见,读者能一眼看到,以传送高质量的流量。

② 外部链接数量多、价值高,可以帮助提高域名权重,从而提升网站的整体排名。

③ 提升品牌影响力,进而帮助提升转化,如果内容被知名、专业的博主引用,那么效果将更加明显。

(2)获得自发链接的方法。

① 要创造高质量的内容,但这只是开始,进行内容营销才能吸引自然的链接(通过外链拓展、社交媒体推广或链接营销等)。

② 花精力在常青内容(Evergreen Content)上。常青内容是营销行业的一个专有名词,指的就是永远不会过时的内容,就像金子一样闪闪发光,能不断吸引访问者浏览和阅读,保持长时间的热度。这种内容在搜索结果中的表现是非常好的,能够不断吸引别人的自发链接。

③ 通过提供优质的产品或服务来进行品牌宣传,并通过品牌的内容营销来体现专业知识。

④ 与读者和博客的博主建立联系,这能够极大地简化内容分享过程,吸引更多链接到站点。

⑤ 内容吸引访客,内容的访问者越多,吸引链接的可能性就越大。

2. 客座博客

客座博客是获取有价值外链的有效方法。当在其他博客网站发布客座博客时,通常博客站长会允许在内容中添加链接。这种类型的外部链接是通过其他有影响力的出版方建立可信和权威链接的可靠方法。

3. 排名较高或已有排名的页面链接

从已有排名的页面获取链接非常有效,因为某种程度上来说,它们已经被谷歌视为可信任的来源。

（1）从已有排名的页面获取链接的原因。

① 它们能够获得稳定的访问量，能持续向链接的页面传送访问量。

② 内容的主题相关性为链接增加了更多价值，有助于提升链接页面的搜索排名。

③ 内容相关也能帮助吸引到潜在客户，提升转化率。

④ 能够扩大品牌影响力，不断给访问者留下品牌的印象。

（2）获得这种链接的方法。

① 加入在线的热门讨论（热门博客文章、论坛话题、Q&A 之类的问答网站和 News Hacker, Reddit 和 INBOUND 之类的在线社区中的讨论）。热门的讨论更易于在搜索结果上显示，特别是对于长尾词来说，因为热门讨论通常包含推动搜索引擎排名的多种要素。在这些讨论中提供有价值的内容，做出贡献，就能吸引更多的访客访问网站。

② 在高权重的 UGC（互联网用户主动创造并上传分享的内容）和文档分享站点（如 Slideshare, YouTube, Pinterest 等）上植入内容。这些网站往往具有较高的搜索份额，这就意味着发布在这些网站上的内容更有可能会获得行业关键词的搜索排名。当内容在这些站点上获得搜索流量的时候，网站也能获得持续流量以提升品牌知名度。

③ 在所在行业的权威网站上发表客座博客，并在文中植入一些目标关键词。在已获得行业关键词排名的资源页面中查看是否有损坏的链接，如果有的话，可设法把该链接替换成企业网站链接。一般有两种方法可从具有良好搜索排名的页面获取链接：一是为已有的网页增值，特别是那种有可能在搜索结果中获得更好排名的页面，或者如果它的排名已经很优秀了，那就要维持其排名；二是在权重较高的网站上创建有可能获得排名的页面，并添加指向企业网站的链接。

4. 真实评论的链接

积极的在线评论获得的链接绝对是任何销售产品或提供服务的企业最想获得的营销机会之一。

（1）这种链接受欢迎的原因。

① 在线评论可以吸引新客户。

② 用户/消费者的真实评论有助于增强企业的品牌知名度，还有助于维护品牌网站的声誉。

（2）获得这种链接的方法。

① 从个人角度进行 Blogger 推广，以获得关于真实体验的评论。

② 为客户提供优质的产品和服务，或出色的客户服务。这可以很大程度上帮助企业获得有关产品或服务的自愿在线评论。企业还可以给拥有博客或者在社交网络上拥有大量粉丝的客户提供免费赠品或者产品折扣，进而可以增加从他们那里获得链接的机会。

5. 来自知名社交品牌页面的链接

将内容营销和社媒营销相结合是外链建设中非常有效的方法。很多人通过社交分享发现优质的内容,因此企业需要在目标用户所在的社交平台上创建企业的品牌主页。

(1) 品牌主页重要的原因。

① 每次在社交媒体平台(如Twitter,Facebook,Pinterest等)品牌主页上推广网站新内容或老内容的时候,都能给网站带来一定的流量。

② 这种方式能有效地与粉丝建立关系,也能带来更多的链接、社交分享以及流量。

③ 通过举办活动及与粉丝互动,向搜索引擎和用户输出大量品牌信号。

④ 搜索引擎在评估一个网站权重时,会将这些站外的品牌主页纳为考虑因素之一。所以知名的品牌主页也能增加网站的权重,提升网站的搜索引擎排名。

(2) 如何为社交品牌主页增加粉丝。

① 在社交主页上定期发布有价值的内容,并将内容推广到社交网络,通过高质量内容带来粉丝。

② 跟转发社交帖子内容的用户互动,邀请他们关注社交主页。

③ 分享其他有影响力的博主内容,并参与其中,然后吸引对方关注社交主页的内容。

④ 分享其他品牌或博主发布的有价值的内容也是一种增加粉丝的实用方式。

⑤ 在主页上将分享按钮设置得显眼一些,提高粉丝分享概率。

⑥ 将社交主页植入到网站上进行推广,邀请浏览者关注。也可以通过已经有一定粉丝基础的社交账号推广品牌主页。

6. 采访链接

采访作为一种营销手段的效果是非常显著的。仅通过这种营销方式,就可以带来大量的询盘,因为很多人是通过访谈找到企业的业务。

(1) 采访链接十分重要的原因。

① 因为获得的链接是与企业有关的,这就意味着它可以将更高价值的链接传递到企业网站,帮助企业建立品牌,提升企业在行业内的知名度,打造品牌在行业中的专业形象。品牌知名度的上升可以有效地提高用户转化率。

② 可以维持良好的品牌关键词搜索结果(在线品牌知名度管理)。

(2) 如何获得采访链接。

① 向在进行采访的博客作者推荐企业自身或者企业客户进行采访(通过谷歌搜索可以找到这些博客作者)。

② 创建一个企业自身的新闻页面,让用户知道这个页面,并表达企业乐意接受采

访的意愿。

③ 积极参与内容营销。因为高价值内容和专业内容越丰富，就会有越多的人希望对这些内容有更多的了解。

7. 新闻链接

如果文章在知名新闻网站上获得转发或推荐，可能会形成"病毒式"传播，并带来大量流量。

（1）新闻链接十分重要的原因。

① 能带来网站流量和提高品牌知名度。

② 精选的帖子还可以从订阅者那里获得很多自然链接（相当于是一种成功的链接诱饵），甚至可以从他们那里得到询盘。

（2）如何获得新闻链接。

① 优质的内容和有效的内容推广策略是关键因素（内容可能受到有大量粉丝的博客站长青睐）。

② 查找拥有庞大电子邮件列表的博客，并将网站的内容植入到他们的推广邮件中（可以付费获得或者进行交换，也就是在自己的邮件推广中插入他们的内容）。

③ 培养企业自己的电子邮件列表，为网站吸引流量。

8. 定期投稿带来的经常性链接

知名网站的定期撰稿人或专栏作家可能成为业内知名的链接建设者。

（1）经常性链接的作用。

① 品牌推广。当用户经常在高流量的文章平台上看到品牌时，专业内容就能得到更好的展示。

② 如果在一些高权重的站点上定期发布内容，则可以向网站导入流量。

③ 经常性链接将高价值链接传递到站点，并提高了网站可信度，也有助于提高域名权重和流量转化率。

④ 在值得信赖的平台上成为靠谱的作者，发表优秀的作品，提高网站的知名度。

（2）如何操作经常性链接。

① 搜索查找行业中热门的线上新闻网站（访问量和域名权重较高），申请成为这些站点的长期撰稿人。

② 发布新闻稿并跟踪新闻稿效果，筛选出能为自身网站带来的高流量和良好转化的网站，在这些网站上发布更多新闻稿。

③ 要在新闻稿中标注作者身份（如果新闻网站没有此功能，可以建议增加）。

④ 定期在网站上发布有价值的内容并进行有效的推广，也可能获得其他大型网站

的邀请，成为它们的撰稿人。

9. .edu 和 .gov 链接

众所周知，.edu 和 .gov 后缀的网站域名具有较高的权重，不是因为这两种域名有什么特殊性，而是因为这两种域名后缀的网站通常对网站的内容要求较高，所以网站整体质量较高，因此这些域名通常会受到搜索引擎的高度信任。这些链接能传递权重和信任感，并给网站在搜索引擎上的排名带来积极的影响。

10. 网友在线讨论带来的自然链接

这与文本中的自发链接非常相似，唯一的区别就在于网友在线讨论带来的自然链接位于评论中。当产品或服务得到他人的认可时，品牌知名度就会提升，进而带来更好的转化。这些链接可以吸引用户点击，提升网站的可信度，在一定程度上提升网站的搜索引擎排名。

获得这种链接的方法如下：

① 积极参与内容营销互动，发布读者可以用作资料的实用内容，因为读者以及在线社区中的其他人在交谈时可能会使用到相关内容。

② 与读者建立关系，尤其是那种积极参与其他热门博客和行业论坛讨论的读者。

③ 专注于针对行业中的常见问题提供解决方案。当读者、同行遇到相关的问题时，他们就会把内容推荐给别人。

11. 公司主页链接

大多数情况下，在网上为公司创建公司主页时，可以植入一条指向网站的链接。这些在企业列表、社交网络以及行业特定目录中创建的链接可以作为一种信号，向搜索引擎表明网站已经建成，并且是高质量的。

在行业知名目录和评论网站上创建主页，如黄页（Yellow Pages），Yelp，Foursquare，Capterra 等，或者使用类似 Synup 和 Yext 提供的服务帮助创建和管理公司主页，都可以获得这种链接。

12. 免费工具链接

免费工具指的是在网站上提供免费工具，吸引外部链接。免费工具可以是基本工具，如机车贷款计算器；也可以是付费工具的简化版本，可供用户免费使用，如 Alexa 的网站受众群体分析工具。如果工具足够有价值，就能吸引他人的链接。

此外，付费工具的简化版本上，也可以添加号召性的用语引导用户注册完整版的产品或服务，这样不仅可以提高知名度，还可以促进转化。

6.3.2　不自然的外链类型

不是所有的链接都是好的，需要分辨哪些是不自然的链接，避免在外链建设过程中做无用功。接下来介绍一些不自然或不合适的外链类型。

1. 过多的交换链接

链接交换指的就是与别的网站互相交换链接的方法。例如，如果汽车销售经理在网站上添加所在地区附近的几个汽车服务中心和保险网站的链接，这些网站也链接回了汽车销售网站，这样可能不会引起任何怀疑。但是，如果该汽车销售网站有数百个这样的链接，不仅来自他所在的地区，而且来自世界各地的其他地方，那么这些交换链接就会引起谷歌的注意了。

谷歌并不是十分鼓励这种通过交换链接来获得链接的方法，可能会对这种行为做出处罚。虽然交换链接是一种比较老旧的做法，但是目前还有很多人在这么做。在谷歌上搜索就可以发现很多提供链接交换服务的网站。在这些网站上注册并交换链接并不会给网站带来任何有用的价值，也不会带来访问量，而且还可能会带来链接损失的风险。

2. 买卖链接

直接花钱换取链接是产生不自然链接的常见方式之一。例如，在捐款后获得指向网站的链接，虽然不是特别明显，数量很少的情况下还可以接受，但是如果过度操作，谷歌会认为这是不自然的行为，并可能给网站带来不利的影响。

买卖链接的做法最早出现在 2000 年，直到 2009 年这种趋势才渐渐消失。这种买卖链接通常会以 Dofollow 链接的形式植入页面中，这些链接很容易被谷歌检测到，并会引发谷歌对网站的惩罚。

3. 过多的客座博客链接

根据谷歌的说法，客座博客是用来提升网站流量和生成外部链接的一种方式。如果使用得当，客座博客作者会在博客中发布与博客主题相同的内容。但是如果使用不当，博文中包含大量的出站链接，或者博客站长要求返回 Dofollow 链接作为回报，就会变成一种不自然的外部链接。

因此，客座博客如果操作不当，很有可能变成一种有害的链接方式。为了不违反规则，需要谨慎地区分高质量客座博客（作者倾注了心血的高质量文章）和垃圾客座博客（作者可能把一篇文章发布给了多个博主），否则从客座博客获得链接也可能从机会变成危机。

4. 自动生成的链接

如果有人说可以在一夜之间就帮用户针对某些目标关键词生成大量链接，听起来好像是一笔划算的交易，但是他们很有可能是用了自动生成链接的程序，这种程序以评论、论坛帖子、百科帖子等形式发布链接，这是最有害的外链建设技术之一，被称为"互联网垃圾"，因为它实际上对用户没有任何价值，让浏览者看到就十分厌烦。

5. 插件链接

这是一种类似于 WordPress 插件的链接构建技术。创建插件的人可以在所有安装了插件的站点上植入链接。如果插件能为用户带来真正的价值，并且网站管理员可以选择是否链接回该网站，谷歌就可能会认为这些插件链接很自然，但如果不是的话，可能就会有麻烦。

6. 软广

软广指的是在数字营销中以广告形式发布的文章。如果指向用户网站的链接被标记为 Dofollow，谷歌就可能将其视为买卖链接行为。无论是新闻、文章、评论还是广告形式，本质上都是买卖链接行为。

7. 不当使用私人博客网络

当客座博客变得特别常见之后，擅长黑帽技术的链接建设者会自己创建博客网站，并在上面发布指向目标网站的链接（因为没人愿意为他们发布客座博客），这就是私人博客网络诞生的开始。

私人博客网络通常是指一个站长拥有不同 IP 的多个博客网站。站长控制这些网站并根据需求发布带有链接的文章。这是一种黑帽 SEO 方式，违反了谷歌的质量准则，如果被谷歌发现，会受到严厉的惩罚。

8. 过多商业锚文本外链

品牌锚文本是谷歌在决定是否应该信任一个网站时考虑的因素之一，而商业锚文本则是告诉谷歌该网站比较关注排名的关键词，商业锚文本的文字是跟钱挂钩的关键词。

人们在网站上推荐用户产品或服务并链接到网站是一件好事，只要是以自然的方式使用品牌关键词或者如"点击此处""访问此网站"这样的短语创建链接，就不会有任何问题。但是，如果锚文本的文字是具有商业价值的关键词，并且数量过大，那么就会受到搜索引擎的惩罚。过量的商业关键词锚文本会触发某些垃圾内容过滤器，是一种滥用策略，用于操纵搜索引擎算法获得较高的排名。

9. 底部链接

网站设计模板提供商常用的一种提高其在搜索引擎中知名度的策略就是在客户的网页底部导航中植入类似于"Designed by..."这样的字眼或者"Web Design Agency Melbourne"这样的商业关键词。如果他们有几种类似于这样的链接，并且不过度优化锚文本，那不会有任何问题。但是一旦出现滥用的情况，就会招来麻烦。

10. 植入整个网站页面的链接

当在整个网站范围创建链接时，Google Bot 将在网站的几乎每个页面上看到该链接。一两个网站不会引起任何怀疑，但是如果滥用这个功能，那么就可能会被谷歌列为不自然链接，不建议给新站点构建这种类型的链接。这可能被认为是一种快速提升排名的方法，但实际上并非如此。

11. 网志目录链接（Blogroll）

Blogroll 指的是网志摘要的集合，大多数博客作者（Blogger）在其个人网志上都提供 Blogroll，其中包括一组链接，这些链接重定向到相关的其他博客或者利基博客。这就允许读者链接到其他趣味和写作风格相投的人的网志上。Blogroll 也是一种被广泛使用甚至滥用的技术。如果只有一两个链接放在相关的博客上，那没有什么关系，但是如果占据的比例很大，谷歌就很容易知道这些链接是不自然的。

12. 论坛和博客评论

垃圾评论通常是用来创建免费外部链接的，通常这种类型的链接没有价值。很多网站的评论区都有垃圾内容过滤功能，如果没有获得批准，是不会实时显示在网页上的。

在论坛和博客上发表评论通常是被用作在网络社区中提升知名度的一种方式。一般用户要谈论的内容与他人的内容相关，可以开展对话；如果过度使用这些评论，植入一些商业锚文本，不管是手动发布还是借助程序自动发布，都会被谷歌认为是不自然链接。

13. 100% Dofollow 的链接

一个网站获得站外链接一般不会 100% 都是 Dofollow 链接。一个网站自然的外部链接既会有 Dofollow 链接，也会有 Nofollow 链接。如果全部都是 Dofollow 链接，这将是一个危险的信号。

14. 地理位置不相关的链接

假设一家在美国出售袜子的本地公司，但是却在意大利的一个本地目录网络中有一个链接，这就非常可疑。当谷歌遇到存在这种差异的链接时，就会认为它们是不自然的。不相关的链接通常是不自然的链接，所以不会提供价值，通常会欺骗搜索引擎。

15. 与网站主题完全无关的链接

如果要为主题是袜子的网站创建外链，那么这些外链网站的主题不应该是机械或者旅游相关的。这些类型不相关的链接会导致用户体验不足，增加跳出率。谷歌也在努力寻找此类链接并进行惩罚。因此，要确保网站的链接不会出现这种情况。

16. 文章目录

文章目录在互联网上存在的唯一目的就是植入 Dofollow 链接，由于这种链接构建策略可以用程序自动执行，所以很多人滥用了该技术。文章目录不会给用户带来任何价值，并产生大量链接和无关内容，因此也是没有价值的。

17. 重定向

有很多白帽 SEO 操作如今已转变为了黑帽技术，重定向就是其中之一。从理论上来说，当一个原始页面的 URL 被修改之后，会使用 301 重定向让这个原始的 URL 地址自动跳转到新的 URL 地址。但是，一些擅长操作黑帽技术的人会利用这项技术来获取链接。网站管理员利用过期的域名来制造链接，将旧站点重定向到他们的网站，如果这些过期的域名跟他们的网站内容无关，网站很容易陷入 SEO 的灰色地带。不过，所有使用这种方法的人迟早会受到谷歌的惩罚。

18. 过多的社交链接

如果在 100 个不同的社交网站上创建了账户，并植入了网站链接，那么外链就会表现的不是很自然。根据谷歌声明，这些链接将不会对提升网站搜索排名有积极作用，而仅仅只被谷歌用来抓取内容。

6.4 外链策略如何制定

6.4.1 针对不同行业的网站制定外链策略

1. B2B 网站

（1）社交链接。

如果要在谷歌上赢得品牌知名度，那么在搜索品牌关键词或者公司名称时，企业官网一定要排在第一位，同时企业的社交媒体主页也通常会被展示在搜索结果中。

将网站链接植入到 LinkedIn，Twitter，Facebook 等社交媒体主页中的相应位置。

社交分享也同样重要。在外贸网站中，高质量的内容会引起很多关注和分享，社交分享越多，网站的曝光量就越大，从而更容易获得高权重网站链接。

（2）维基百科链接。

维基百科是获得指向企业网站的高权重链接的好方法。用户可以通过谷歌梳理一下维基百科中是否有跟网站相关的词条，然后仔细阅读现有的内容，是否有缺失或者不全面，如果缺失的内容是已经在企业网站中提到的，那么就可以申请增加内容，并植入链接。并不是所有的链接都会被申请通过，但只要内容对维基百科的页面是有价值的，就有机会。虽然维基百科的链接是 Nofollow 链接，但是谷歌还是会认为这些链接是有价值的，能为用户传送流量，并帮助其产生更多的自发链接。

（3）链接收回。

这是另一种不需要付出太多精力的链接策略，只需要一些外链拓展和数据挖掘工作。链接收回就是挖掘网络上在网站文字或者图片中提到企业品牌的网站，并向这些网站要求链接。

通过谷歌指令进行快速搜索，如搜索"品牌词"ownsite.com，"品牌词"twitter.com，"品牌词"facebook.com，"品牌词"google.com，搜索结果中会包含所有提供该品牌的网页，然后可以手动浏览并查看这些网页是否有链接回到企业官网。另一个方法是设置谷歌快讯或其他类似的监控工具，当有新的网页提到公司名称或者品牌名称时，企业都会收到提醒邮件，这样就能随时了解所有未链接回企业网站的信息。

（4）联盟链接建设。

如何通过联盟链接建设让一篇高质量文章获得外链？可以先在 BuzzStream 这个工具中搜索该文章的核心关键词，找到相关文章。利用 BuzzStream 工具按照文章发布时间、网站权重、地点等信息对这些文章进行分类，筛选出适用的文章，然后向文章的作者发送邮件，请求获取链接。

（5）提供奖学金获取链接推广。

这种方法比较适合做本地推广的网站。这是帮助学生的一种很好的方式，也能帮助自己获得一些高质量的外部链接。前文说过.edu和.gov的域名是受到谷歌信赖的，并且具有很高的域名权重和权威性，但这种域名不是随便什么人都可以去买的，所以，提供奖学金是许多企业的普遍做法。企业要做的就是在网站上创建一个奖学金页面，并放上一个申请表单。接下来就是进行数据挖掘，找到与行业相关的项目，并获取联系方式，向学校联系人发送电子邮件。

（6）图标包。

如果公司有设计师，可以让他们为品牌设计一些自定义图标包。有很多网站都允许上传图标供用户下载，只要告诉下载的用户使用图标时返回链接即可。即使最后只有50%使用图标的人返回了链接，也是值得一试的。当然也要确保这些图标确实是原创并且是有所有权的。

（7）论坛发帖。

要确保在论坛中发表贴子的主要目的是解决论坛用户的问题或分享独到的见解。如果只是一味地想方设法在帖子中植入链接，那么就会面临两个问题：一是将在论坛中获得不好的声誉，很快答案会被淘汰；二是论坛站长将会开始删除帖子。论坛是增加外部链接的一个好地方，可以回答 Quora, Reddit, Growth Hackers 等网站中与企业行业相关的问题，不一定要在每个回答中插入链接，最主要的还是要在论坛中做一个提供有价值内容的贡献者。

（8）客座博客。

客座博客是一种对网站排名有积极影响的策略。与论坛一样，在发表客座博客时，也应该把内容放在第一位，而不是仅仅为了获得链接。

（9）HARO。

HARO 这种策略在前文中提到过，也比较适合 B2B 网站使用。

（10）断链建设。

断链建设前文也提到过，是一种链接建设策略，需要在特定网站上搜索损坏的链接，并联系网站站长，说明有可替换的高质量内容，网站站长就会考虑将对应的链接添加到他的网站上。

（11）专家访谈文章。

专家访谈文章指的是包含针对特定主题的权威专家观点或者包含特定问题的权威专家回答的文章。一般领域内的专业人士会愿意作为行业权威人物或有影响力的人物被报道、宣传等。对他们进行采访，他们不但不会拒绝，反而会感觉自己具有价值。而且可以在文章中加入链接，发布文章之后，这些权威人士一般都会将文章分享给读者。这样的专家访谈文章让网站不但可以获得流量，也可以获得来自高权重网站的外部链接。

2. B2C 网站

（1）视频营销。

视频可以通过产品展示、口头介绍和指导操作等方式帮助企业将品牌产品及其背后的故事带入用户的生活。此外，还可以为目标客户创造不同类型的视频内容，如操作方法教学、原创小故事、心得分享等。视频在吸引客户、提高点击率方面能发挥非常大的作用。视频内容在谷歌的排名往往很高，很有潜力出现在精选片段中。假设企业经营的是服装网上商店，吸引客户和链接的一种好方法就是创造一些有趣的、吸引人的视频内容，如"T恤的9种搭配方法"或"10种夏日清凉搭配"，等等。

将视频上传到YouTube上能扩大覆盖面。通过谷歌分析数据看到有谁嵌入了该视频，然后就可以联系嵌入了该视频的网站站长，并请对方放置返回到对应网站的链接。

（2）利用特殊产品来建立链接。

有一种吸引链接和提高品牌知名度的方式就是生产和推广特殊产品（如季节限定产品或创新产品）。wish.co.uk就曾利用许多极限体验的产品来建立品牌知名度并吸引了有效的链接，它最成功的案例之一就是推出了具有开创性的Zombie彩弹游戏，虽然现在在行业中已经非常普遍了，但是推出时确实是独一无二的。用这种方法可以给网站吸引大量的流量，同时也加强了与用户的互动。

（3）利用网红来创造内容。

研究表明，千禧一代是目前主要的消费人群，但是他们对大品牌和赞助广告越来越持有怀疑态度，这对电商建立链接来说愈发困难。假设经营化妆品的企业，就可以利用时尚网红拍摄化妆品测评视频和照片等。网红通过社交账号发布产品测评视频和照片相关的帖子，并给企业网站返回链接。虽然来自社交网站的链接不会直接影响谷歌自然排名，但是最后还是可能会获得时尚博主或者新闻网站的链接。

（4）让内容可分享。

Getty Image的嵌入功能就是非常有效的链接构建策略，这个功能大约开放了5000万张图片的使用权限，可以让用户在博客和社交媒体网站上免费使用。这个功能的关键就在于，让产品能够被分享给潜在客户，从而吸引流量和链接。

因此，可以将吸引链接的重点直接放在网站核心页面上，在页面中放置具有视觉冲击的图片，并且设置为可嵌入，这让网站有可能被分享给潜在客户，给网站带来更多的流量。

（5）给网红博主寄产品样品。

给企业行业相关的网红博主寄免费产品样品是扩大产品覆盖人群、提升流量和增加链接的绝佳方法。如果想知道竞争对手经常跟哪些网红博主在合作，可以使用Ahrefs或Majestic这两种工具去查询哪些博主给竞争对手发送了链接，或者直接使用谷歌指令"产品名称 review"进行搜索查询。这是测评产品的一个很好的方式，博主会反馈产品的优缺点，帮助感兴趣的潜在客户判断产品是否适合他们。

在选择博主的时候，应该用工具（Ahrefs，SEMrush，Similarweb等）查询每个博主的流量，然后判断他们的影响力；还可以查询他们网站的域名权重，因为域名权重越高，他们的链接就越有用。

(6) 开展内容营销，撰写吸引人的博客。

随着谷歌算法的不断完善和对自然链接的重视，各大品牌也更倾向于将内容营销作为营销策略的重要部分。但是内容营销不会直接把流量吸引到核心产品页面，所以需要优化好内部链接来确保内容营销效果。这会对网站用户体验和外链建设都产生积极影响，所以值得付出精力。

(7) 组建"品牌大使"社群。

如果一家企业是新兴的电子商务品牌公司，只能开展有限的市场营销活动，而且只有几款产品在销售，想通过外链建设来提高品牌知名度和品牌流量，那么应该采取什么策略呢？

该公司可以效仿 Black Milk Clothing 这个公司的做法，为每个地区的客户都创建了社交群，目前已经有 80 多个群了。该品牌也发展到拥有数百万美元资产。这些社群已经成为积极的"品牌大使"们的聚集地，他们积极地参与到新产品发布、老产品推广的内容推广中。这些包含链接的内容得到"品牌大使"们的分享之后，就会吸引流量。这种方法使客户成为品牌的宣传大使，是链接构建的一种有效方法。

6.4.2 针对不同规模企业的网站

1. 小型网站链接建设

对小型网站来说，链接建设可能很难，但是以下一些方法都是切实有效的。

(1) 支持当地社区。

如果企业想要获得本地化链接，支持当地社区是一个很好的方法。慈善组织和非营利组织永远需要赞助商的支持，所以他们的网站上至少有一个页面会包含赞助商的链接。这跟上文提到的奖学金赞助类似。在选择组织时，要选择与行业相关的。这个方法虽然会花费一些钱，但是与其他的链接构建策略相比，这个费用也不是很大。

(2) 与当地博主建立关系。

这是一种获得特定区域链接的方法。企业需要知道与自己行业有关联的当地博主有哪些。这些博主会为他们的粉丝不断创造有价值的内容，是受欢迎的内容创作者。企业可以在社交媒体上关注并订阅他们的博客，如果看到相关的有趣内容，可以进行点赞、评论和转发，与他们进行互动。长时间之后，他们或许就会提到自己。在阅读他们内容的同时，也可以关注一下有没有可以利用的计划，看看有没有可能这些当地博主能在内容中提到自己。关键要注意最终能为这些博主的粉丝分享一些有价值的内容。这些博主之所以具有影响力，就是因为他们的博客内容能够帮到粉丝，如果企业能帮博主做到这一点，那博主应该很乐意提供帮助。如果是一家小型企业，选择一些流量较小的博主关注会比较好。这些小网红的影响力可能没有大网红的影响力大，但是他们带来的外部链接与企业的网站主题是高度相关的。

（3）在行业相关的网站上发布客座博客。

要在行业相关的网站上发布客座博客，要找到接受客座博客的网站，获取网站站长的联系方式，为他们提供有价值的内容话题，根据话题撰写有价值的文章，客座博客可以帮助提升流量，增加外部链接，扩大品牌知名度。

对小型企业来说，在知名度大的网站上发布客座博客是比较困难的，与其想方设法在大网站上发布文章，不如把眼光放在规模较小但与企业行业紧密相关的站点上。例如，产品是会计软件，那么就不应该去找《华尔街日报》这样的大牛，而是去找那些有一定粉丝量的个人理财博主。除此之外，也可以去找企业上下游行业的博主，因为他们的产品与企业的产品是互补的，会推动一定的流量。这些博主一般已经习惯与和互补的客户合作了，所以不会太难。

（4）提供案例或推荐产品。

这是一种比较简单的链接建立策略，目前还没有被广泛使用。公司里使用了哪些软件，或与哪些供应商进行了合作，如果对他们的服务或产品挺满意的，就可以成为他们的案例，相当于给他们做了信用担保。

一般企业在推广的时候，都会有一种惯用的方法，就是列出自己的合作公司以及已收到的合作公司的好评，所以用这种方法的目的就是成为对方公司的案例客户。使用这种方法时，没必要说一定要得到一个链接，只要真的满意对方公司的产品或服务，联系他们，表达自己的想法，肯定他们的产品及服务，这样就可以作为案例展示。

（5）链接收回。

这种方法在前文中已经介绍过了，对小型公司也非常适合。

（6）广泛地推广内容。

网站上线之后，会在网站上发布一些文章，除了在社交媒体上分享这些文章外，还可以在更多的平台上进行分享。在网络上，有很多热门的在线博客（如 Medium），这些网站的体量非常大，把文章发布到这些平台上，能帮助关键词更快地获得排名。将文章的开头和结尾部分重写一下，或者重写整篇文章，然后发布到这些网站上，这种策略被称为内容聚合。

在 Quora 和 Slideshare 这种不适合发布文章的网站上，企业也可以在在线留言板上留下指向网站的链接。定期进行这种操作，慢慢地就会在行业中建立企业权威，这些网站上的用户也会慢慢关注企业，并转化为企业网站的流量。

2. 大型网站链接建设

除了前面介绍过的一些外链策略之外，有一些外链策略是大品牌容易忽略的。因为大品牌的广告渠道太多，所以往往无法与所有广告渠道保持联系，并从对方获得链接。因此，这个链接机会常常会被浪费掉。有效的、战略性的外链建设不是独立的，而是融合在整个营销体系中，所以不能在营销活动结束之后才想起来要去做链接建设，而应该提前规划。

为了有效地建设链接，企业的 SEO 专家应该做到：

① 知道公司所有的营销活动；

② 了解公司营销活动的流程安排；

③ 与各个市场部的营销经理进行沟通，了解他们的营销目标、项目计划和营销渠道。经过这些步骤后再开展外链建设，就能最大限度地利用公司的营销活动。

下面是一些大型品牌公司通常忽略但是值得一试的外链建设机会。

（1）线下活动。

列出公司今年参加的每个展会、会议和节日活动。线下活动通常也有线上渠道来给参与活动者、赞助商提供信息。因此，可以尝试通过参与过的活动的品牌、公司赞助的活动，以及参与过的展会等建立链接，确保挖掘过一切可以利用的线上机会，可以将线下营销活动的利益最大化。

（2）联名营销。

一般较大的品牌都会有联名营销的机会，一些常见的联名营销类型包括社论和产品合作。当开展社论营销时，公司与合作的组织都会"讲故事"，并且他们讲的故事是共生的，组织要传播的理念和公司的产品对各自的受众而言是互补的，营销渠道有网络研讨会、电子书、博客文章、影片等其他形式。在宣传时，双方的标志都会出现在宣传媒介上，双方网站也会给彼此链接。当进行产品合作时，就更多地涉及技术和产品价值的融合，两家的客户都可以从产品中获得想要的价值。

（3）技术和集成合作。

产品或服务是否与某些平台集成在一起，从而为终端用户提供价值。对这种行业来说，最常见的链接建设机会就在这个集成页面中。适合这种策略的行业有卫生保健、市场销售、通用办公软件技术等。每个合作商的合作要求各不相同，有些只有付费才能合作，有些只有用户量达到一定数额才能合作。企业在这些应用市场列出自己之后，不要忘了获取链接。

（4）产品发布。

大品牌在决定产品定价、产品策划、包装、营销方式等时要考虑多重因素，通常链接建设是他们最后会考虑的事情。如果网站 SEO 是代理商做的，他们可能不太了解产品发布的细节。所以，为了更好地利用链接机会，应该与公司的公关、产品部门以及社交部门合作，了解产品从发布开始会覆盖哪些媒体。确保站外的产品发布和网红推广时用的产品链接是最新的，即使当活动结束之后，也要把活动的页面 URL 地址做 301 跳转重定向到最相关的页面，而不是直接删除页面，以免用户点击网页之后显示"404"，这是大品牌容易忽略的。

（5）新闻提及品牌。

大品牌公司通常不会去向提到他们品牌的新闻报道或者博主索要链接。这也在前文介绍过，企业可以利用工具监控网上，特别是社交媒体上是否有网页提及自己的品牌，然后进行联系，设法获取链接。与对方联系之后，就可以借助一些 SEO 工具，如 SEMrush，来监控是否从这些网站获得了链接，或者是不是这些链接还在等待处理。

（6）加盟合作伙伴网站。

一些技术和服务供应商会以加盟和分销作为主要客户来源。例如，在保险行业，大品牌会要求他们的代理商在他们自己的网站上放总公司网站的链接。如果企业也有类似的情况，也可以这么做。

6.5　外链效果评估

与其他的数字营销方式相比，外链构建不会在短时间内产生回报。大多数企业在 SEO 方面的预算是有限的，所以他们想看到的一定是可以追踪到结果的 ROI（投资回报率）。建议可以从两个角度来计算投资回报率：短期和长期。不管是从哪个角度进行分析，都应该提前设置 GA（Google Analytics）和 GSC（Google Search Console）进行效果监控，同时也可以用一些其他的 SEO 工具进行效果追踪。

1. 短期

要更好地理解外链建设的投资回报率，需要关注一段时期的数据。这段时期可能是几个月，也可能是一年或者几年，但不能仅仅是几个星期。公司的营销部门绩效考核不会有这么长的时间跨度，以下列出了一些短期的投资回报率考核指标。

对一个页面进行测试。比较简单的方法就是创建一个新的页面，然后开始对这个页面进行外部链接建设。这样做当然不会立即产生流量。比如，某个项目开始链接建设大约 7 个月之后，外链建设才开始发挥效果。

虽然一开始是有了一些点击量的增长，但要在经过长时间之后，才能看到比较大的投资回报率。

使用 SEMrush 和 Ahrefs 两个工具，可以直观地看到自然排名和搜索流量的变化。然后比较页面上线前后的自然排名和流量，通常在 90 天左右的时间范围内，就可以了解外链建设的回报。在刚刚开展链接建设的时候，投资回报率可能很少，甚至是负数。只有考虑长期效果时，外链构建的真正价值才会开始显现。

2. 长期

从 6 个月甚至更长的时间来看，即使链接的数量急剧增加，要计算特定金额的投资回报率也十分困难。同时，这时候效果已经有了一定积累，如果要有更好的提升效果，就要付出比之前更多倍的努力。此时，评估 ROI 的最佳方法是域名权重（DA）之类的指标。

MOZ 的域名权重是一项 "MOZ 开发的用于预测网站在搜索引擎中排名能力的指标"。它的分数范围是 0~100 分，100 分是最高分。DA 是一个对数，这就说明从 10 增加到 20，要比从 80 增加到 90 容易得多。因此，要保持 DA 的持续上升，就要付出越来越多的努力。而且 DA 是一个相对数值，不是绝对数值，也就是说企业的目标并不是把 DA 提升到 100。类似 Facebook，YouTube 和 Wikipedia 这样的网站都有非常高的 DA，因为它们有数百万个输入链接和输出链接。企业需要研究竞争对手的流量和排名，并将自己网站的 DA 与竞争对手网站 DA 进行对比。企业在增加外链的同时，竞争对手网站也在增加。从长远来看，企业可以通过很多渠道建设高质量的外链，高质量外链需要付出很多时间和精力，但是这些都是值得的。网站的 DA 上升之后，会让网站的每个新页面的表现都比 DA 更低的网站好，也就是说，先前付出的工作能让之后的工作效果倍增。

还有一种计算 ROI 的方法是查看 GSC（Google Search Console）的展示次数。有些营销人员只会把注意力集中在点击次数、浏览量和会话次数上，这是不正确的，网站的长期发展应该从整体上来考虑，网站的曝光量不应该被忽视，它是网站出现在搜索结果中的一个重要因素。

6.6 外链建设工具

1. Google Analytics（GA）

GA 可以查看外链流量来源。

2. Google Search Console（GSC）

GSC 可以用来查看外链收录的情况。

3. Ahrefs

Ahrefs 是最大的外链抓取网站之一，是付费的，不过使用免费版也能抓取一定数量的外链，付费版可查看全部。只需在搜索框中输入网站主域或某个具体网页 URL 就可以找到其对应的外链。

第二个功能：提醒功能。

当有新页面提到自己的品牌，或者竞争对手获得新的外链时，会收到提醒。

4. Majestic

Majestic 可以说是 Ahrefs 最大的竞争对手，也是非常实用的一个外链抓取工具。

5. MOZ

MOZ 也是抓取竞争对手外链的工具之一，在 Link Explorer 中可以查看竞争对手的外链情况。

6. SEMrush

SEMrush 可以用来抓取竞争对手外链。先找到合适的竞争对手，比如想找德国外链资源，先找一家德国竞争对手（可以在谷歌中输入关键词选取排名靠前的企业网站），在 SEMrush 中输入域名查询对应的外链，下载外链域表格进行测试。

SEMrush 中还有一个 Link Building 功能。在 SEMrush 的 Project 功能中创建项目，创建项目后开启 Link Building 功能，按照提示填写网站的核心关键词和主要竞争对手，SEMrush 会进行综合分析，给出外链建议，排名在越前面等级（Rating）越高，表示越优质。

7. Buzzsumo

Buzzsumo 是一个很好的内容抓取工具，有利于找到合适的网红。

8. Mention

Mention 有利于监控提到企业的品牌关键词的网页。

9. Google Alerts

Google Alerts 是一个免费工具，当抓取到提到关键词的新网页时，会用邮件提醒您。

10. Buzzstream

Buzzstream 是一个可以帮助开展外链拓展活动的软件，能够建立活动列表、创建邮箱列表、跟踪后续情况等。

11. Ninja Outreach

Ninja Outreach 是一个比较新的软件，能够查找外链拓展机会、管理外链拓展活动、跟踪执行链接建设活动等。

12. Yesware

Yesware 是 Outlook 和 Gmail 的附加组件，能帮助企业追踪用户是否打开邮件，是否点击邮件链接。这个工具可以有效地跟踪电子邮件外展活动，快速测试其效果。

13. OutreachPlus

OutreachPlus 也是一个比较新的工具，有多个 SEO 专家推荐，值得一试。

14. Ubersuggest

借助 Ubersuggest，可以获得竞争对手的反向链接数据，从而可以更好地了解竞争对手的外链整体情况。

15. Check My Links

Check My Links 是 Google Chrome 的扩展程序。查询其他网站上的损坏链接是创建高质量导入链接的最佳方法之一，找到损坏链接，然后与有关方联系，并建议将该损坏链接替换为企业的网站链接。

16. Broken Link Builder

Broken Link Builder 是一个反向链接检查工具，可以一次检测整个网站的损坏链接，而不必每次只检测一个页面，它能在几秒钟内发现网站中的所有损坏链接，并将结果生成报告。

17. Linkbird

Linkbird 是一个比较全能的 SEO 工具。虽然它的许多功能都倾向于构建链接策略，但也可以用它来分析反向链接热门度和整体情况，跟踪排名，进行关键词研究以开展搜索引擎优化。

18. Pitchbox

Pitchbox 最突出的是具有自动跟踪功能，能密切跟踪导入链接的状态。

19. Whitespark

如果有兴趣提高本地搜索关键词的排名，那么使用 SEO 工具 Whitespark 将对企业提高本地搜索排名非常有利。

20. MonitorBacklinks

MonitorBacklinks 工具的功能很多，例如提供每个新的反向链接的信息；提供有关关键词排名和网站速度的信息；当竞争对手获得新链接时发送警报。

21. Linkstant

Linkstant 是基于帮助用户了解网站的每个新反向链接而搭建的。使用其中任何一个反向链接工具，都能快速发现网站的每个导入链接。

22. Linkody

Linkody 与 Linkstant 大致相同，它提供了各种反向链接检查工具，以便更好地了解网站的反向链接。它还可以清楚地展示竞争对手在构建链接策略上正在做什么。

Linkody 的主要功能之一是在竞争对手获得新的反向链接时及时反馈。企业可以根据反馈努力创建相同的链接，以赶上竞争对手。

6.7 外链建设常见问题

1. 如何处理网站的垃圾外链

通常情况，不建议主动处理。对于任何一个健康的网站而言，垃圾外链的存在是避免不了的，只要做好自身的工作，保持站内的更新，提升权重，垃圾外链的影响就可以忽略不计。如果一定要进行处理，可采取以下方式：一种是直接举报这些不健康的外链，通过 https://www.google.com/webmasters/tools/spamreport 这个工具；另一种是通过 Google Search Console 中的 Disavow Links 举报，具体网址是 https://search.google.com/search-console/disavow-links。

2. GSC 的 External Links 和 GA 中的 Referral 的区别

GSC 的 External Links（最常引荐的网站）指的是外链收录量（被谷歌抓取到，不管是否有点击），而 GA 中的 Referral（引荐）指的是通过点击站外链接进入网站的流量，没有点击量的就不会进入统计。

3. 在 SEMrush，Ahrefs 上看到的外链收录量偏少的原因

SEMrush 和 Ahrefs 都属于第三方外链抓取网站，抓取到的外链数量是有一定限制的，相对来说 Ahrefs 的功能会比较强大些，但还是不能抓到所有外链。

4. 相关度不高的外链,是否有发的必要

一个网站的所有外链不可能都是跟行业相关度很高的,如前文提到的博客网站、社交媒体等,这些都是综合型的平台,也有很高的价值,但是不一定与行业紧密相关。

5. 不依靠外链是否可以获得关键词排名

在某些条件下是可以的。

(1) 非英语网站即使没有很多外链甚至没有外链,也容易获得排名和自然流量。

(2) 域名评级中等的网页,如果主题有商业价值,但是竞争程度较低,那么在没有外链的情况下获得排名也是相对比较容易的。这些页面通常利用有搜索量的长尾关键词来获得流量,如图 6-4 所示。

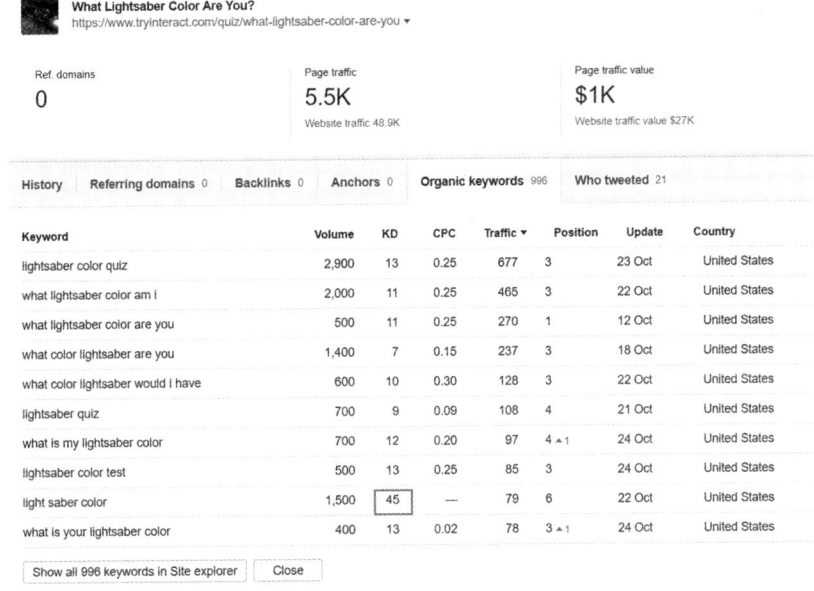

图 6-4 Ahrefs 平台截图

(3) 如果网站权重很高,即使不做外链建设,在获得一些竞争程度较高的关键词排名上也具有潜力。

6. 刚上线的网站应该做哪些外链

在给一个新网站建设外链时,可以通过一些方法快速获得链接,但是真正好的链接通常需要一些时间的沉淀。此外,在请求或者吸引链接之前,还有一些事情要做。一方面,网站本身应当具有吸引链接的价值;另一方面,链接同样可以通过线下渠道获得。以下是一些新网站建设链接的策略。

（1）确保优质的网站内容。

企业可以查阅网络上已有的内容，想办法做得更好，或者换一种方式去做。或者了解哪些内容是还没有人在做的，可以抓住机会，创造一些新内容。

常青内容（Evergreen Content）可以说是一种很好的吸引链接的方式。因为企业可以给任何内容购买链接，但是不可能持续地去购买链接，既费力又费钱，但是常青内容不一样，一旦完成之后，可以持续免费地吸引链接。

如果网站内容不能引起用户兴趣，网站一开始就会处于落后的位置。

（2）站内站外没有死链。

如果没有做到站内外没有死链这两点，都会影响网站正常使用。网上有多种工具可以检查，如 Google Search Console。

（3）确保页面是可以抓取的。

确保网站页面是可以被抓取的，否则不管建设多少外链都是无用功。

（4）确保网站社交设置正确。

在网站上放置社交主页网址，声明官方社交账号。为一个新网站吸引粉丝需要花费大量的时间，所以要在一开始就做好准备。如果想将网站的文章社交化，请在网站上设置社交分享按钮。

（5）设置 Google 和 Talkwalker 警报。

时刻监视关于品牌、竞争对手和关键词的最新消息。

设置 Google 和 Talkwalker 警报是完全免费的，设置好之后，当发现有提及自己品牌、竞争对手或者相关关键词的最新消息时，就会收到列有最新内容的邮件。用户可以从中寻找链接机会并与有关方取得联系。或许还能获得一些关于竞争对手的最新消息，并产生一些灵感；又或许会发现很好的行业资源，可以尝试联系并获取链接。

（6）利用 HARO 获取链接。

HARO 的网址是 helpareporter.com，全称是 Help A Reporter Out，它是完全免费的。正在寻找新闻素材的记者会在 helpareporter.com 上寻找帮助，如果企业与记者建立联系并向其提供感兴趣的内容，就可以获得一些不错的链接。

（7）在 Quora 上回答问题。

Quora 是一个建立权威的好地方，也是获得新灵感的好地方。如果在此处获得链接，这些链接会是 Nofollow 链接，但是在上文已经提到，Nofollow 链接仍然能带来不错的流量。

（8）竞争对手外链测试，用工具抓取竞争对手的链接，整理成列表并依次测试这些网站。这种方式可以模仿竞争对手的外链建设方法，但不建议完全复制，因为竞争对手的链接中也会有一些质量比较差的。

（9）监控竞争对手外链，每周查看竞争对手新获得的链接，或许企业不想完全复制竞争对手的链接,但是监控竞争对手获得的链接,有时也能发现难得的机会。

(10) 利用不同类型的内容资源。

在内容中添加独特的视觉元素,包含视频、PDF下载文件等,而不是简单的文本,有助于内容脱颖而出。有时视觉效果就是卖点,并且能带来更多的链接。

(11) 做一些线下品牌推广。

这种方法比较适合做特定地域推广的网站。任何推广品牌的营销活动都是获得链接的机会。很多线下营销和口口相传都能促进线上的转化。

假设通过线下推广获得了一个新客户,或者在线下推广时遇到一个潜在客户,他正在帮他的朋友找供应商,正好需要服务,又或者获得了一个当地博主的文章链接,这都是提高品牌当地知名度、获得链接的机会。

(12) 赞助当地活动、团体或团队。

这也适合特定地域推广的网站,赞助参加当地活动的团体或团队之后,通常会获得一个链接,但有时也不会,却能建立起品牌知名度。例如在谷歌搜索"intext:sponsors Greensboro"或"inURL:sponsors Virginia"等能搜索到赞助的机会。

(13) 成为网络研讨会或播客的嘉宾。

对于定期举办网络研讨会或播客的主持人,找嘉宾并不是一件很容易的事。因此,企业可以去联系跟业务相关的播客或网络研讨会,告诉主持人很乐意成为嘉宾。

(14) 加入当地商会或其他相关实体组织。

这种方法也比较适合在特定区域推广品牌的企业,涉及一些目前仍然具有价值的在线目录链接。例如,许多地方都有女性商业领袖团体,这是很好的交流机会,或许能带来商机或者链接。

(15) 寻找链接资源页面。

与过去相比,现在要找到链接资源页面相对比较困难,但还是值得一试。

(16) 尝试写作一两篇客座博客,但是不要太多。

客座博客能带来相对较高的流量,吸引客户。因此,这也是一种有效地建立链接的方法,但也不要把它作为唯一建设链接的方法。

(17) 社交推广。

通过社交推广优质内容,尝试在利基市场树立权威,虽然这种方式听起来很老旧,但是确实能发挥不错的作用。

(18) 寻找断链机会。

这是一件比较费时间的工作,但还是值得每个月花一点儿时间和精力,看看是否可以找到一些机会。

第三篇 付费广告（PPC）

- 第7章 谷歌广告
- 第8章 附　录

第 7 章 谷歌广告

本章会进入一个与 SEO 完全不同的世界——谷歌广告,谷歌广告作为一种独立的、常见的线上推广方式,在外贸人的世界里并不陌生。本章内容主要结合实战经验,分享一些谷歌广告的基础知识。

7.1 谷歌的地位和市场分析

谷歌主导了搜索引擎市场,在谷歌投放广告相当于覆盖了全球大部分的互联网用户。随着企业互联网整合营销思维越来越普及,广告市场竞争越来越激烈,企业应该尽快参与到谷歌广告中抢占先机。

7.2 谷歌竞价推广的优势

(1)可以排在自然搜索结果前面。
(2)引流快,对于自然流量差的网站是很好的快速引流方式。
(3)竞价类广告带来的引流比较精准,转化效果好。
(4)点击才付费,展示不用钱,可以免费获得很多曝光的机会。
(5)谷歌搜索类广告通常是有强烈需求的用户才会去搜索与点击,能有效规避掉无效客户。
(6)没有最低限额,并且广告预算可自行控制。
(7)账户搭建流程短,账户生效快,立即可投放,实时显示。
(8)目标客户精准锁定。

7.3 谷歌广告的基本类型

谷歌广告（Google Ads）是一种通过使用谷歌关键词广告或者谷歌遍布全球的内容联盟网络来推广网站的付费网络推广方式，可以选择包括文字、图片及视频广告在内的多种广告形式。

主要有以下几种类型：

1. 搜索广告

在谷歌上任意搜索一个关键词，在搜索结果页带有广告（Ads）字样的就是搜索广告。

2. 展示广告

谷歌展示广告以图文结合的形式留给客户更深的印象。展示广告的定位选项让企业能够在恰当的位置和时机向潜在客户展示广告信息。可以将展示广告理解为信息流广告。平时看视频、逛博客及网站的时候都会看到一些图片广告，那是因为浏览者被广告主定为感兴趣的受众群体。

3. 购物广告

购物广告出现在谷歌搜索结果中，与文本广告不同，它包括图像、价格和其他描述。这种广告用于商城，需要关联 Google Merchant Center。

4. 视频广告

YouTube 已经成为继谷歌之后的第二大搜索引擎，YouTube 视频广告流量优质，覆盖面广。用户可以使用各种视频广告格式制作富有吸引力的视频广告系列，然后在 YouTube 和众多视频合作伙伴网站上投放，从而以不同的方式吸引客户。

5. APP 广告

APP 广告主要是针对 APP 的应用推广，刺激下载。企业只需添加几行文字，设置出价，提供一些图片视频素材资源，系统会自动优化其余部分，从而帮助用户找到自己的应用。

6. 发现广告

发现广告也属于展示广告，是特别针对移动端的。展示的位置主要是谷歌 Discovery

Feed、Gmail 邮箱、YouTube 首页等谷歌自身产品。对于着重在移动端投放的用户可以尝试。

7.4 搜索广告

搜索广告是最常见的一种谷歌广告形式。搜索广告通常出现在谷歌搜索结果的页面上方或下方。搜索广告类型几乎适用于所有的企业形式，其中对 B2B 企业或服务企业最为有效。

7.4.1 什么是搜索广告

搜索广告是通过关键词查询出现在搜索结果页面中的文字广告。当用户搜索一个关键词，一个搜索结果页面中最多有 7 个广告位，自然结果上方有 4 个，下方有 3 个（上 4 下 3），加以 Ad 广告标识展示的结果，即为搜索广告。搜索广告包含标题、描述、网址路径和一些附加信息。只有当用户搜索相关感兴趣的关键词时，广告才会展示，是精准性相对较高的一种广告类型。

7.4.2 搜索广告的竞价原理

搜索广告最基本的原理就是关键词竞价。而竞价的结果是广告的展示次序，也就是所谓的 Ad Rank。

排名计算的基本公式：排名 = 出价 × 质量分 + 附加信息。

广告排名要素见表 7-1，从表中可以看到，并不是出价高就一定排在前面，还要看关键词的质量分情况。所以，如果想提高广告的排名，可以调整出价，改善关键词质量分，且用上一切能用的附加信息选项。

表 7-1 广告排名要素一览

广告（Advertiser）	出价（Mix Bid）	质量分（Quality Score）	附加信息（Extensions）	排名（Position）
Advertiser 1	$2	10	20	1
Advertiser 2	$4	4	16	2
Advertiser 3	$6	2	12	3
Advertiser 4	$8	1	8	4

7.4.3 账户结构

搭建一个完整的账户需要有广告系列、广告组、关键词和广告语和一些基本的定位设置，如投放哪个国家、时间、设备、预算等。一个账户可以包含多个广告系列，一个广告系列下可以建多个广告组（如图 7-1 所示），一个广告组里可以设置多个关键词和广告语。

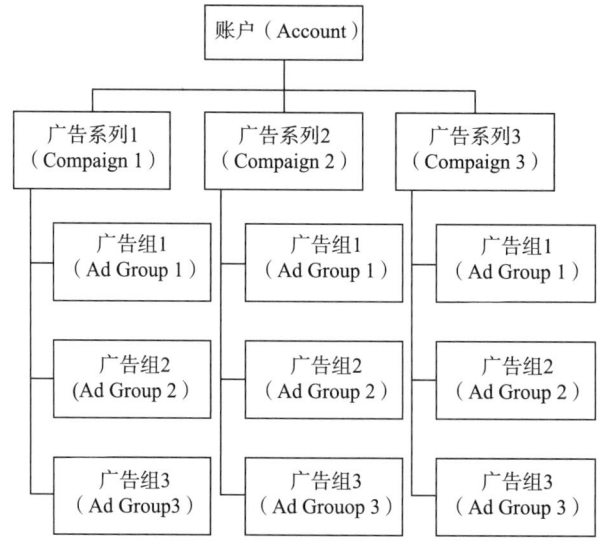

图 7-1 Google Adwords 账户结构示例

1. 广告系列

广告系列用于推广网站要宣传的产品或服务。同一广告系列中的所有广告均使用相同的每日预算、语言和位置定位、开始结束日期、投放设备。

（1）广告系列划分的一些基本维度。

① 按照产品大类，每一个大类制作一个广告系列，每个小类作为一个广告组。

② 针对不同产品按照产品的应用不同，设置不同的广告系列。

③ 当投放的语言或者区域不同，并且有不同的预算时，要建立新的系列分开投放。

④ 当广告时间段需要特殊处理时，可以按时间段划分。

⑤ 不同的渠道进行投放。视客户需求，搜索广告和展示广告分开投放，手机端和 PC 端分开投放。

（2）广告系列的设置内容。

广告系列里，可以调节广告预算、广告投放的具体国家/地区、语言以及截止日期等信息，广告类型和投放网络、出价策略等内容。

① 语言：这里的语言通常是根据浏览器语言（谷歌界面语）或者对应 IP 来判定的，建议各种客户可能用到的语言都选上。

② 国家/地区：选择投放国家和排除的国家要结合企业的发展情况，要搞清楚企业想在哪个国家发展市场，或者根据过往的业绩来定投某些国家，如果初步不太清楚目

标市场，可以利用谷歌关键词规划师和 Google Trends 来选择目标国家。

③ 广告类型选择：通常先做搜索网络广告，所以类型选择最好选择仅限搜索网络。

④ 出价策略：先设置这个广告系列的日预算，出价方式刚开始可以选择人工出价，累计一定转化后可以采用智能出价策略。

（3）技巧分享：当原来的广告系列中的某一个关键词或者广告组用了 50% 以上的广告系列预算时，最好为其单独开设新的广告系列。这是为了避免因某个关键词或广告组一枝独大，而吃掉别的广告组的预算，让别的广告组难以获得展示的机会。

一般对于投放多个国家多个产品的账户，建议广告系列按照区域来划分，这样比较好控制不同区域的预算，投放时间按照当地工作时间设置也比较方便。

有些国家存在恶意点击的行为，一般建议，如果要投放不同的国家最好单独设置一个广告系列，控制好预算，避免吞掉同一系列其他国家的预算，导致其他国家没有足够的展示机会。

2. 广告组

在每个广告系列中，可以制作一个或多个广告组。一个广告系列可能代表一大类产品，但其中的各个广告组可以侧重于要宣传的特定产品。广告系列间没有任何效果的相互影响，但是同一个广告系列下不同的广告组之间则有着相互影响的关系，因此，广告组的结构好坏就会影响到整个广告系列的效果。

广告组的设置最好结合企业网站的产品或者服务系列，如企业有 A、B、C、D 四个系列的产品，广告组就设四个广告组——A、B、C、D，关键词一定要选择跟这四个产品系列高度相关的关键词。在初期阶段，如果想了解客户搜索字词的习惯，预算也比较充足，那就可以每一个广告组建立高度相关的 1~5 个关键词；如果预算不充足，那就要建立自己的关键词词库，用完全匹配方式。如果卖的都是同一个产品，可以按照关键词的类型或者产品的某个属性来分。

技巧分享：对于投放多国家的账户，广告组可以按照产品类型来分，同一个产品可以根据投放的关键词词性细分成多个广告组，这样方便查看哪种类型的关键词效果较好。

3. 关键词

（1）每个广告组关键词选择 5~20 个行业高转化关键词。

（2）保持广告组关键词之间的相关性，保证同一个广告组中关键词的搜索意图是一致的，按照词性尽可能细分，见表 7-2。

（3）每个关键词设置最匹配的着陆页。

（4）关键词的匹配模式有广泛匹配、词组匹配、完全匹配。

（5）增加否定关键词，排除不相关的流量（如卖的是付费的软件，就可以排除"免费"字样，这样别人搜索免费的软件就不会出现我们的广告）。

（6）关键词不一定搜索量高就好，主要看这个词是不是自己行业的转化词，以及词的精准性以及与自己的定位是否匹配。

表 7-2 广告关键词分类

关键词类型	关键词
核心词	Ball Valve
	Water Ball Valve
尺寸类词	12 inch Ball Valve
	3 inch Ball Valve
	4 inch Ball Valve
	6 inch Ball Valve
	8 inch Ball Valve
材料类词	Cryogenic Ball Valve
	Forged Ball Valve
	SS Ball Valve
	Stainless Ball Valve
	Stainless Steel Ball Valve
	Carbon Steel Ball Valve
	WCB Ball Valve
企业定位词	Ball Valve Factory
	China Ball Valve Manufacturer
	China Ball Valve Supplier
	China Ball Valve
	Ball Valve Manufacturer
	Ball Valve Supplier

4. 广告语

广告语的组成元素主要有标题、内容描述和路径。

广告语撰写基本上看个人的创意水平，如果初期不太熟练，可以用如下两种方法：一种是直接搜索相关的关键词，看看同行是怎么写广告的，可以适当地借鉴；另一种是熟悉企业的产品或者服务的时候，可以从产品优势卖点着手。运行了一段时间的数据之后，再撰写有创意、独特，又区别于竞争对手的广告语。

广告语非常重要，涉及关键词质量得分的广告相关度和前端是否足够吸引客户来点击广告。还要特别注意，广告词的撰写，可以适当夸张，但是一定要实事求是，广告词上面承诺的东西，或者标明自己获得什么认证，一定要在网站很显眼的位置证明自己的确获得了这些资质，不可以欺骗用户。针对投放的市场不同，广告语重点也可以有所不同。例如，非洲等不发达地区可以突出体现价格优势，欧美地区着重体现质量、服务。

关键词词性不同，客户的搜索意图也不相同，可以根据不同关键词组设置不同偏向的广告语，尽可能让广告语能符合客户的搜索意图。

7.4.4 关键词

关键词是搜索广告最重要的部分，直接关系到广告效果的好坏。

1. 关键词类型

按照客户的搜索意图和关键词的侧重点，可以大致将关键词分为以下几种类型，这里以某家居企业（OPPEIN）为例说明。

① 品牌词：可以是公司名、公司品牌、品牌+产品、品牌+行业，如 OPPEIN Home，OPPEIN Home Group Inc，OPPEIN Furniture，OPPEIN Cabinets。

② 产品词：公司经营的产品关键词，如 Wooden Door，Leather Sofa。

③ 人群词：Bed for Kids，Women Wardrobe。

④ 应用词：Kitchen Cabinets，Living Room Wardrobe，Bathroom Cabinet。

⑤ 行业词：行业词比产品词的范围更广，如 Home Furniture，Whole House Design。

⑥ 竞品词：指竞争对手的品牌词。

2. 关键词筛选与拓展

关键词筛选、拓展主要可以用到以下几种方法。

（1）直接在谷歌上搜索核心关键词，看相关的推荐字词。

（2）通过 Google Trends 看相关热门查询。

（3）通过 Google Ads 推荐相关的字词。

（4）通过 Google Ads 查看自然排名高的竞争对手网站的自然关键词。可以选择整站或者单独某个页面关键词。

（5）通过谷歌图片查看相关的搜索推荐和别人是怎么命名的。

（6）通过第三方工具查看，如 SEMrush，Ahrefs，SpyFu 等付费工具查看相关竞争对手的自然关键词和竞价词推荐。

3. 关键词匹配类型

关键词匹配主要有以下几种匹配类型。

(1) 完全匹配：具体格式是［Keyword］，只有当搜索字词和关键词完全一致或者谷歌认为是紧密变体时才会展示。

(2) 词组匹配：具体格式是"Keyword"，当关键词的前后增加一些修饰词时广告也可以展示。

(3) 广泛匹配：具体格式是 Keyword，不带有任何的符号，只要和关键词相关的搜索字词都可能展示。

具体以"Women Dress"这个关键词为例，简要说明，见表7-3。

表7-3 关键词匹配类型示例

匹配类型	关键词格式	可能匹配的搜索字词
完全匹配	［women dress］	women dress, women dresses, women dressing
词组匹配	"women dress"	women dress, women dress sales, cheap women dress
广泛匹配	women dress	girls dress, women skirt, women clothes

4. 否定关键词

否定关键词主要是为了屏蔽一些不相关的搜索字词，避免不相关的查询触发广告，造成不必要的浪费。账户投放前期可以先搜集一些通用的否定词，对于B2B行业来说，如 Alibab, eBay, What, Which, Image 等否词可以在账户开始投放前就添加上去，其他一些和关键词相关的否定词可以在关键词拓展的时候收集。例如，加工金属的 Slitter Machine，通过 Google Ads 的相关词分组推荐，如图7-2所示，可以把一些其他材质的 Paper, Fabric, Tape 等作为否定关键词排除；如果只买新机器，Used, Second Hand 等词可以提前排除。

通过 Google Image 查询 Slitter Machine，查看搜索结果上方分类可以排除一些搜索热度比较高的否定关键词，比如 Rubber, Paper 等关键词。当账户投放一段时间后，可以查看后台搜索字词报告，把不相关的词尽快排除。这样账户投放才会越来越精准。

5. 关键词质量分

关键词的排名是根据广告评级与质量得分来计算的。"广告评级"是一个数值，系统使用它来确定广告排名（广告在页面上的什么位置展示）以及广告究竟能否展示。在计算广告评级时，要考虑到出价金额、"质量得分"的组成要素：预期点击率、着陆页体验和广告相关性，以及广告附加信息与其他广告格式的预计影响。

其中，关键词质量分是核心优化的要素。主要从以下三个方面来优化。

(1) 预期点击率：预期点击率衡量的是广告在展示后被用户点击的可能性。此得分基于广告的过往点击效果。

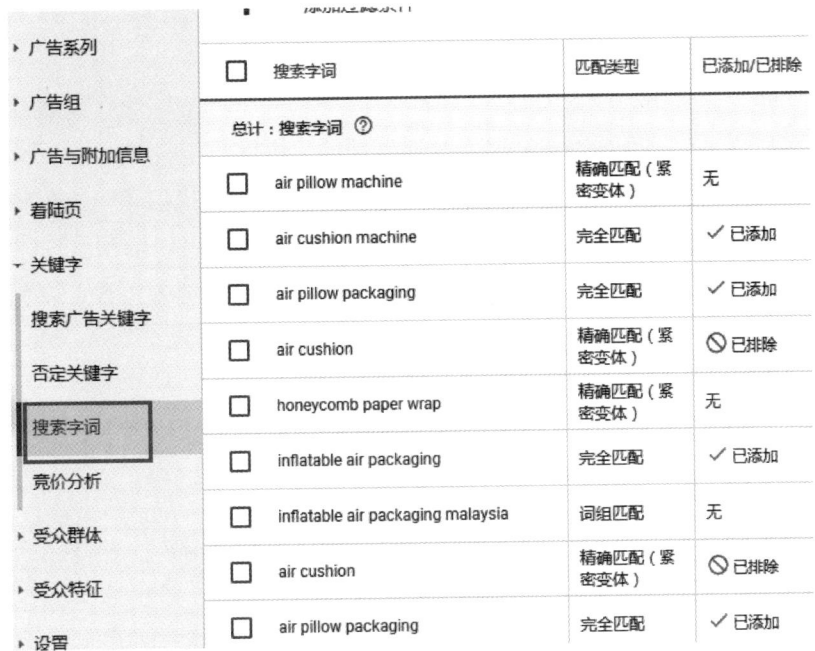

图 7-2 Google Adwords 搜索字词示例

① 创作更加引人注目的广告文字。
② 突出产品或服务的独到之处。
③ 尝试使用不同的号召性用语。
④ 创作更具体的广告文字。
⑤ 更多详细信息通常能使广告更加引人注目。广告素材应根据用户搜索定制,也就是说关键词应与广告密切相关。让用户相信着陆页非常实用且与其查询相关,他们就会更有可能购买。
⑥ 还可以强调自己提供的优惠(包邮)或制造立即行动的紧迫感("今天购买,立省 30%")。

(2) 广告相关性:广告相关性衡量的是关键词与广告内容的相关程度。
① 1 个广告组至少 3 条广告语。
② 广告语应该直接地回应用户查询的潜在意图。
③ 利用关键词插入功能提高相关性。
④ 广告相关性低于平均水平的广告语,利用广告语中的关键词去单独新建一个广告组,以便更好触发用户的搜索查询。
⑤ 添加否定关键词。
⑥ 利用搜索字词改善关键词与广告内容的相关性。

(3) 着陆页体验:着陆页体验是对于点击广告的用户来说的,估算的是着陆页的相关性及实用性如何。

① 将着陆页设置为与用户查询关联更密切的网页。

② 提供相关、实用的原创内容。

③ 尝试使用转化率作为衡量着陆页体验好坏的代用指标。

④ 让用户能够使用移动设备和计算机轻松浏览网页，查找信息并进行转化，注重网页移动端体验。

⑤ 请勿在网站上放置弹出式窗口或者其他会干扰用户浏览的元素，以免用户感到厌烦。

⑥ 缩短着陆页加载时间（最好在 3 秒内）。

⑦ 提供足够的信息以使网站值得信赖。这里最大的因素是"关于我们"部分，包括公司地址、电话号码和社交媒体资料链接。

⑧ 允许 Google Bot 抓取文本。

7.4.5 推广地域选择

如果之前做过外贸，可以结合出口的情况，选择出口多或者利润高的国家作为前期的投放区域。

如果刚开始做外贸或者想拓展一些新的区域，可以参考这些工具查看热度市场。

（1）Google Trends。

通过核心关键词查看搜索热度国家。

（2）https://oec.world/。

通过筛选相关的行业可以查看该行业的全球进出口情况。

（3）Google Ads。

通过核心关键词，查看搜索次数最高的几个国家情况。

（4）https://marketfinder.thinkwithgoogle.com/。

通过谷歌商机查看，输入企业的网址，选择相关的行业，会推荐一些潜在的市场国家。

（5）竞争对手分析。

通过第三方工具，如 SEMrush，可以查看竞争对手投放哪些区域。

（6）Google Analytics，Google Search Console 数据分析工具。

如果网站安装有 GA 或者 GSC，可以查看网站的国家流量情况，看哪些国家是搜索最多的。

7.4.6 广告语

广告语是指客户搜索某关键词后或浏览某谷歌合作伙伴网站后看到企业所制作的

宣传语或广告素材，一条优秀的广告语不仅可以提升广告点击率还能提升关键词质量分。

搜索广告系列根据投放网络的不同设定通常有三种广告语类型。第一种，加大型文字广告；第二种，自适应搜索广告；第三种，自适应型展示广告。

1. 加大型文字广告

关于加大型文字广告，接下来将详细阐述其由来、结构组成、特点、优势、注意事项等。另外，关于加大型文字广告，谷歌最新规则将于2022年6月30日暂停新建（如图7-3所示），而原来已建好并在使用的加大型文字广告还可以继续使用，但是不能编辑。

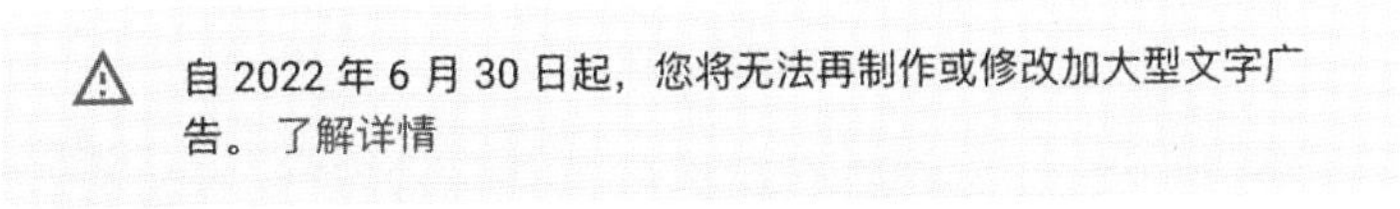

⚠ 自2022年6月30日起，您将无法再制作或修改加大型文字广告。了解详情

图7-3 谷歌官方声明

（1）加大型文字广告的由来。

自2017年1月31日开始，加大型文字广告正式运用到谷歌Adwords广告语系统中，同步的标准文字广告逐渐开始退出使用，因为加大型文字广告相比较于标准文字广告而言，更适合当前搜索用户的设备环境及浏览体验，主要表现在以下三点（包括但不限于）。

① 加大型文字广告可以填写三个标题，而标准文字广告只可以填写两个。

② 加大型文字广告的每个标题可以输入30个字符，而标准文字广告的标题最多只能输入25个字符。

③ 加大型文字广告的每个描述可以输入90个字符，而标准文字广告的描述最多只能输入35个字符。

（2）加大型文字广告的结构组成。

加大型文字广告的结构组成是由四个部分组成：最终到达网址、标题、显示路径、广告内容描述（如图7-4所示）。

① 最终到达网址。当用户点击该广告语后会跳转到这个网址；如果电脑端跟移动端的网址不是同一个网址时，可以在广告网址选项中给移动端添加对应的网址。

② 标题。可以填写3个标题，建议把这3个标题都填满，当搜索用户使用不同设备搜索关键词时，谷歌会根据用户的设备屏幕大小来匹配标题数，当搜索用户的屏幕比较小时可能会显示1~2个标题，屏幕大时则显示3个标题；另外，每个标题的字符数不得超过30个。

```
最终到达网址                              ?

标题 1                                   ?
                                       0/30
标题 2                                   ?
                                       0/30
标题 3                                   ?
                                       0/30
显示路径 ?
www.example.com / 路径 1    / 路径 2
                  0/15         0/15

广告内容描述第 1 行                       ?

                                       0/90
广告内容描述第 2 行                       ?

                                       0/90

∨ 广告网址选项
```

图 7-4 加大型文字广告结构

③ 显示路径。这里所说的路径仅仅只是谷歌广告的显示路径，并不是着陆页网址的路径；路径可以填写 2 个，每个路径的字符数不超过 15 个，可以只填写 1 个路径也可以填写 2 个，没有什么区别。而对于路径的填写内容，一般建议把关键词填写到路径中提升广告相关性。

④ 广告内容描述。可以填写 2 行描述，建议 2 行都要填写，每行的字符数不得超过 90 个；在填写广告内容描述时，主要围绕着陆页的一些内容进行填写；谷歌会根据搜索用户的设备屏幕大小进行选取描述行数，屏幕小时显示 1 行，屏幕大时显示 2 行。

（3）加大型文字广告的特点。

一个广告组可以编写多个加大型文字广告，广告语在展示时是固定的，不会像自适应搜索广告那样标题随机组合进行展示（下面的内容会详细阐述），由于加大型文字广告的标题是固定 3 个，因此，可以用加大型文字广告来做 A/B 测试，测试哪个标题更具吸引力，从而提升点击率。

（4）加大型文字广告的优势。

相比较于自适应搜索广告以及自适应型展示广告来说，加大型文字广告的优势主要体现在以下三点。

① 由于标题数少且固定，可以很明显地知道哪些标题的撰写效果不好。

② 一个广告组可以撰写上百个加大型文字广告，从而批量测试效果最优的加大型文字广告。

③ 可以针对单个关键词撰写广告语且不存在广告效力评分，从而更好体现出某一关键词的投放效果。

（5）加大型文字广告的注意事项。

在撰写加大型文字广告时，需要注意在标题 1 或标题 2 中加入关键词且广告组中的每个关键词都应该有至少一条对应的加大型文字广告。务必要将产品或服务独有的卖点或优势写进标题及描述中，从而吸引用户的点击及转化。着陆页的内容要与广告语中插入的关键词是非常相关的，如果不相关很容易导致跳出率上升且着陆页体验下降。此外，广告语的内容不得包含他人品牌词及违反谷歌规则的字词。

2. 自适应搜索广告

关于自适应搜索广告，主要从以下几个方面展开阐述：工作原理、结构组成、特点、优势、注意事项。

（1）自适应搜索广告的工作原理。

在标准文字广告退出使用后，单纯只靠加大型文字广告已不能满足当前需求，为了更好地提升搜索用户的点击欲望及减少广告竞价师的工作量，谷歌推出了比加大型文字广告更加智能的自适应搜索广告，其工作原理如下：

当撰写的标题和广告内容描述越多时，Google Ads 就越有机会投放与潜在客户的搜索查询更为贴近的广告，进而提升广告效果。在输入标题和广告内容描述后，Google Ads 会以一种可避免重复的方式将这些文字组合成多个广告。与加大型文字广告不同，广告主可以为一个自适应搜索广告提供最多 15 个标题和 4 个广告内容描述。接下来，在任意广告中，系统会选择最多 3 个标题和 2 个广告内容描述，然后以不同的组合和顺序进行显示。随着时间的推移，Google Ads 会测试出最具潜力的广告组合，并摸索出对于各个不同的搜索查询，哪些组合最为相关。

（2）自适应搜索广告的结构组成。

自适应搜索广告的结构组成是由四个部分组成：最终到达网址、标题、显示路径、广告内容描述（如图 7-5 所示）。

① 最终到达网址。当用户点击该广告语后会跳转到这个网址；如果电脑端跟移动端的网址不是同一个网址时，可以在广告网址选项中给移动端添加对应的网址。

② 标题。最多可以填写 15 个标题，最少需要填写 3 个标题，建议至少填写 8~12 个标题。当搜索用户使用不同设备搜索关键词时，谷歌会根据用户的设备屏幕大小来匹配我们的标题数，当搜索用户的屏幕比较小时可能会显示 1~2 个标题，屏幕大时则显示 3 个标题。但是与加大型文字广告不同的是自适应搜索广告呈现的广告语是填写

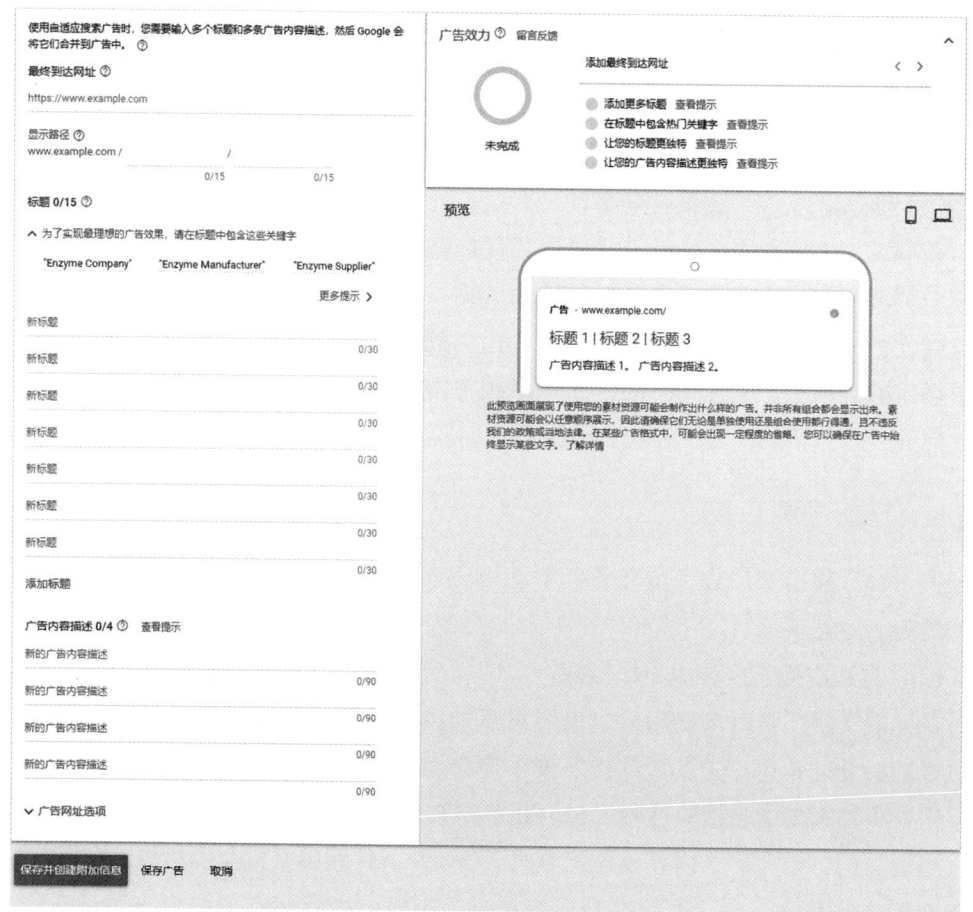

图 7-5　自适应搜索广告结构

的 8~12 个标题进行随机组合而成的，并不是像加大型文字广告那样固定不变的；另外，每个标题的字符数不得超过 30 个。

③ 显示路径。与加大型文字广告一样，这里所说的路径仅仅只是谷歌广告的显示路径，并不是着陆页网址的路径；路径可以填写 2 个，每个路径的字符数不超过 15 个，可以只填写 1 个路径也可以填写 2 个，没有什么区别。而对于自适应搜索广告的路径填写内容与加大型文字广告不同，加大型文字广告针对的是某一个关键词进行编写广告语，而自适应搜索广告一般是针对多个关键词编写广告语，因此它对应的是多个关键词，这里的路径就不能再填写某一个或两个关键词了，应该填写产品和服务的竞争优势或特色等有吸引力的卖点。

④ 广告内容描述。最多可以填写 4 行描述，最少需要填写 2 行，建议 4 行都填写。每行的字符数不得超过 90 个；在填写广告内容描述时，主要围绕着陆页的一些内容进行填写；谷歌会根据搜索用户的设备屏幕大小进行选取描述行数，屏幕小时显示 1 行，

屏幕大时显示 2 行。但是与加大型文字广告不同的是自适应搜索广告呈现的广告内容描述是由所填写的 4 行描述进行随机组合而成的，并不是像加大型文字广告那样固定不变的。

（3）自适应搜索广告的特点。

由于自适应搜索广告可以一次性填写 15 个标题及 4 行描述，而广告语呈现在搜索用户面前时最多可以显示 3 个标题和 2 行描述，此时自适应搜索广告就可以从这 15 个标题中随机抽取 3 个标题以及 4 行描述随机抽取 2 行组合成一个广告语显示给用户浏览及点击。自适应搜索广告相较于加大型文字广告更加灵活多变、更加智能，且在有足够多的点击数据后，系统会自动选择一组最优的组合展示给类似的搜索用户。

（4）自适应搜索广告的优势。

对于自适应搜索广告的优势，可以从以下五个方面来阐述：

① 制作可灵活，适应不同设备宽度的广告，有更多空间向潜在客户展示广告内容。

② 提供多个备选标题和广告内容描述，让 Google Ads 能够向客户展示最相关的组合，谷歌会自动从所有组合中择优展示，从而节省时间。

③ 可以根据客户身处的地理位置、平常所在的位置或感兴趣的地理位置定制标题和广告内容描述。

④ 利用多个备选标题和广告内容描述，广告有机会参与更多竞价，与更多搜索查询匹配，进而覆盖更多潜在客户。

⑤ 参与更多竞价，从而吸引到现有文字广告未能吸引到的点击和转化，提升广告组的效果。

（5）自适应搜索广告的注意事项。

在撰写自适应搜索广告时，需要注意以下四点注意事项：

① 给广告组中的每个关键词都撰写一个标题，从而增加广告相关性及广告效力，因此，单个广告组中的关键词不宜过多（不宜超过 10 个）。

② 尽可能多地将广告组中的关键词写入 4 行描述中，从而增加广告相关性。

③ 务必要将独有的卖点或优势写进标题及描述中，从而吸引用户的点击及转化。

④ 着陆页的内容务必要与关键词是非常相关的，因此单个广告组中推广的所有关键词的描述产品或内容应该都是一样的或类似的。如果广告组中各个关键词所对应的产品或内容相差很大，着陆页就不好填写到底是针对哪个关键词的着陆页，当搜索用户搜到对应的关键词，看到最优的广告组合而点击广告进来时，看到的着陆页却是与关键词不相关的产品或内容时就很容易导致跳出率上升且着陆页体验大幅度下降。

⑤ 当自适应搜索广告所有内容填写完后，务必查看广告效力是否是极佳的，如果是极佳就可以保存了，如果不是极佳就继续修改直到广告效力变成极佳为止再保存。

⑥ 广告语的内容不得包含他人品牌词及违反谷歌规则的字词。

3. 自适应型展示广告

关于自适应型展示广告,与加大型文字广告及自适应搜索广告不同的是,自适应型展示广告针对的是展示广告网络,而加大型文字广告及自适应搜索广告针对的是所有投放网络。如果搜索广告系列的投放网络没有打开谷歌展示广告网络,那么就不会有制作自适应型展示广告的入口,所以自适应型展示广告的制作需要在开启谷歌展示广告网络的前提下进行。接下来,从简介、结构组成、特点、优势、注意事项5个部分来阐述自适应型展示广告。

(1) 自适应型展示广告的简介。

自适应型展示广告将取代自适应广告,成为展示广告网络中的默认广告类型。此类广告既可用于标准展示广告系列,又可用于智能型展示广告系列。要制作自适应型展示广告,只需上传素材资源(图片、标题、徽标、视频和广告内容描述),谷歌就会自动生成要在谷歌展示广告网络中展示的广告。

(2) 自适应型展示广告的结构组成。

自适应型展示广告由7个部分组成:最终到达网址、图片和徽标、视频、标题、长标题、广告内容描述、商家名称(如图7-6所示)。

① 最终到达网址:当用户点击该广告素材后会跳转到这个网址;如果电脑端跟移动端的网址不是同一个网址时,可以在广告网址选项中给移动端添加对应的网址。

② 图片和徽标:自适应型展示广告会组合素材资源并进行测试,从而向客户展示最相关的广告。最多可以添加15个图片、5个徽标;最少需要提供1张横向营销图片和1张方形营销图片以及1个徽标。通常,建议提供3张1:1的方形营销图片、3张1.91:1的横向营销图片、3张4:1的长形徽标营销图片,且这些图务必是高清的,同时图片的长和宽最小不低于900像素。

③ 视频:自适应型展示广告可以允许加一个视频,视频相较于文字及图片来说更加具有吸引力,在条件具备的情况下,尽量把视频加进去。加视频的方式:先把视频上传至YouTube频道,然后复制该视频网址添加进来即可。

④ 标题:自适应型展示广告最多可以添加5个标题,最少需要添加1个标题,建议5个标题都填写。标题的撰写主要围绕图片素材产品的卖点及优势来描述,同时插入一些产品的关键词进去,每个标题的字符数不得超过30个。

⑤ 长标题:自适应型展示广告最多可以添加1个长标题,字符数不得超过90个。撰写长标题时,应围绕图片产品进行描述,尽量写一些吸引客户点击的文案。

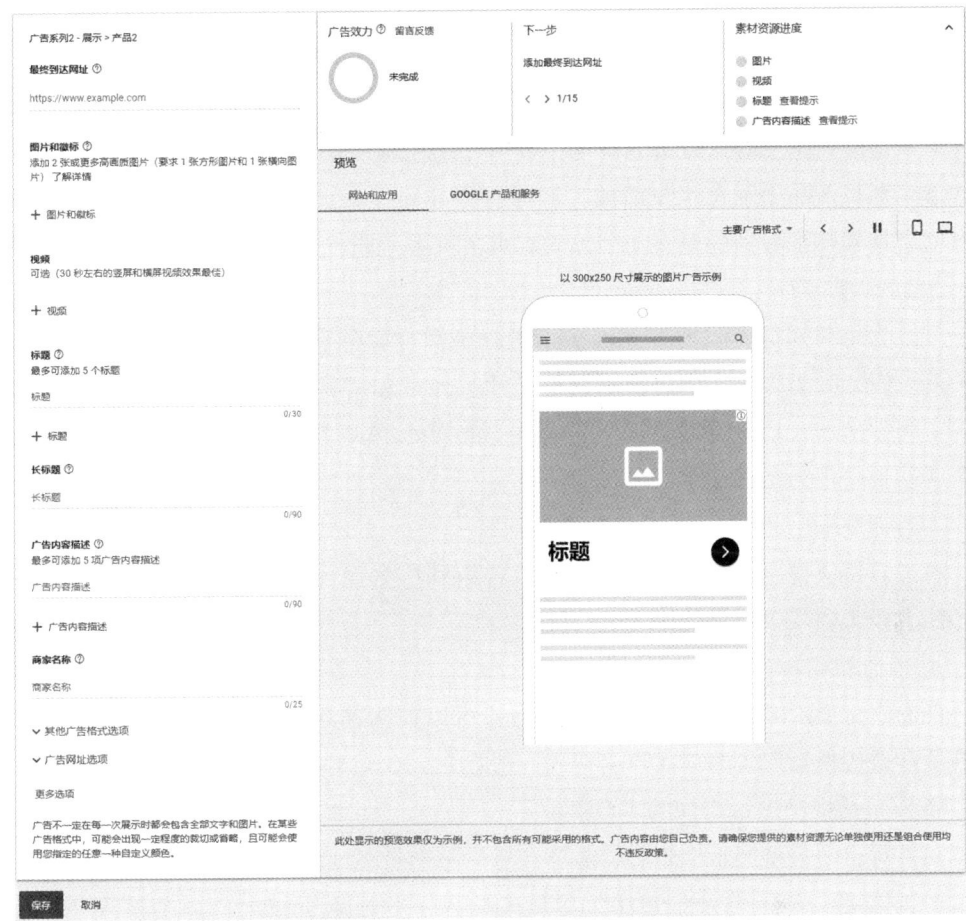

图 7-6 自适应型展示广告示例

⑥ 广告内容描述：自适应型展示广告最多可以添加 5 项广告内容描述，最少需要添加 1 项广告内容描述，建议 5 项都填写，每项广告内容描述不得超过 90 个字符数。在填写广告内容描述时，主要围绕广告图的产品进行填写，同时尽量多加入一些产品关键词。

⑦ 商家名称：自适应型展示广告可以添加 1 个商家名称，一般建议直接填写着陆页的一级域名，如 yinqingli.com。

(3) 自适应型展示广告的特点。

与加大型文字广告及自适应搜索广告完全不同的是自适应型展示广告不仅可以添加文字素材，还可以添加产品图片素材，更可以添加产品视频素材进行推广，这样就可以非常直观地将产品呈现在客户面前。在将不同素材资源上传到 Google Ads 制作自适应型展示广告时，Google 会使用机器学习模型，根据从效果历史记录得出的预测数据确定适合每个广告位的最佳素材资源组合。

（4）自适应型展示广告的优势。

对于自适应型展示广告的优势，可以从以下四个方面来阐述：

① 优化广告效果

自适应型展示广告可以节省费用，具体表现在客户点击广告之前是可以非常直观、非常清晰地将产品展示在客户面前，客户有兴趣才会去点击，而不像加大型文字广告及自适应搜索广告看到的只有文字，只有点击进去才能看到产品是否是客户所需要的。

② 扩大覆盖面

可以为每种素材资源类型上传多个素材资源，如分别上传多个标题、徽标、视频和图片。Google 组合的广告可自动调整尺寸、外观和格式，几乎可以适应任何可用的广告空间。例如，自适应型展示广告可能会在某个网站上呈现为原生横幅广告，在另一个网站上呈现为动态文字广告。

③ 节省时间

通过自适应型展示广告，可以降低广告组和广告系列中广告组合的管理开支，将更多精力投入到广告效果的提升上。

④ 节省费用

自适应型展示广告的单次点击费用一般可以控制在 0.01~0.2 元，而加大型文字广告及自适应搜索广告的单次点击费用一般在 2~30 元不等。

（5）自适应型展示广告的注意事项。

在撰写自适应型展示广告时，需要注意以下七点事项：

① 在标题、长标题及描述中，尽量多插入一些搜索量较大产品关键词及产品行业词。

② 在标题及长标题及描述中撰写产品卖点、优势以及客户关注的点，不要浪费资源写一些无关痛痒的文案。

③ 着陆页必须是对应的广告产品图片及视频产品的链接地址，不要填写与产品图及视频产品无关的着陆页。

④ 当自适应型展示广告所有内容填写完以后，务必查看广告效力是否是极佳的，如果是极佳就可以保存了，如果不是极佳就继续修改直到广告效力变成极佳为止，再去保存。

⑤ 图片和徽标中的产品图务必要高清的图片且产品应占据整个图片篇幅的 70% 左右。

⑥ 在选择视频时，尽量把视频时间控制在 30 秒左右，视频时间不宜太长，也不宜太短。

⑦ 广告语的内容不得包含他人品牌词及违反谷歌规则的字词。

其他有效的广告语技巧：

- 如果标题里的品牌词放置在首位，可以在品牌后面加冒号或竖杠
- 每个广告组至少应该有 3 个不同的广告。系统会自动投表现最好的
- "Cheap"改成"Affordable"，"Free"改成"Complementary"，意思很模糊的词语像"High-quality"改成具体点的独特卖点，如 Strict Quality Controls 或者"International RoHS Certification"
- 不要把太多资料放在说明里。每一个广告组应该有多个广告，每个广告的说明都应该谈到一些独特卖点。

4. 广告语与搜索广告的投放网络类型

搜索广告的投放网络有 4 种投放方式，具体如下：

第 1 种：Google 搜索网络。

第 2 种：Google 搜索网络以及包括 Google 搜索网络合作伙伴。

第 3 种：Google 搜索网络以及包括 Google 展示广告网络。

第 4 种：Google 搜索网络，包括 Google 搜索网络合作伙伴，以及包括 Google 展示广告网络。

（1）当搜索广告系列的投放网络为第 1 种：Google 搜索网络（如图 7-7 所示）；可以制作的广告语类型第一种是加大型文字广告，第二种是自适应搜索广告。

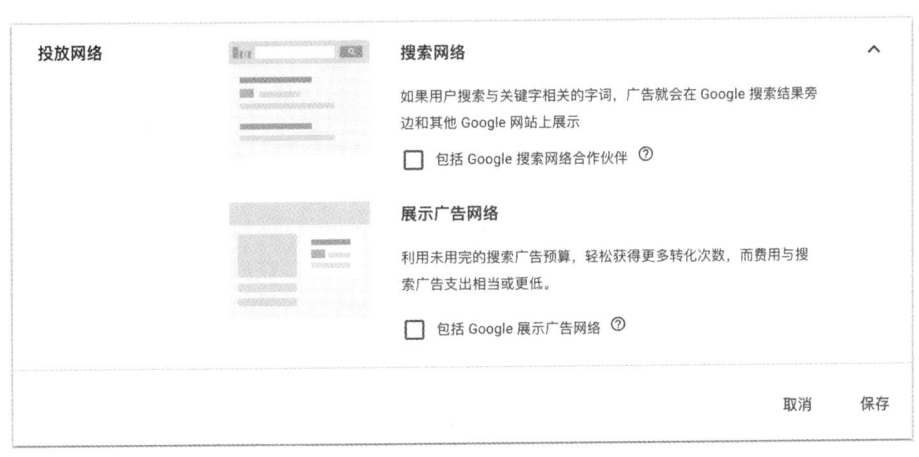

图 7-7　Google 搜索网络

（2）当搜索广告系列的投放网络为第 2 种：Google 搜索网络以及包括 Google 搜索网络合作伙伴（如图 7-8 所示）；可以制作的广告语类型第一种是加大型文字广告，第二种是自适应搜索广告。

（3）当搜索广告系列的投放网络为第 3 种：Google 搜索网络以及包括 Google 展示广告网络（如图 7-9 所示）；可以制作的广告语类型第一种是加大型文字广告，第二种是自适应搜索广告，第三种是自适应型展示广告。

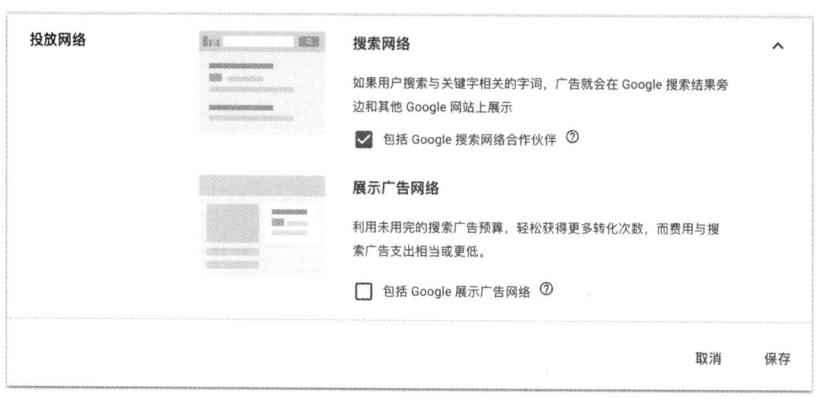

图 7-8　Google 搜索网络以及包括 Google 搜索网络合作伙伴

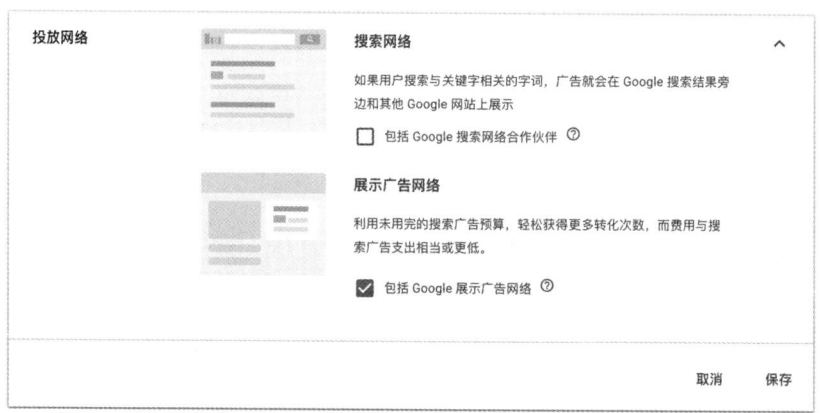

图 7-9　Google 搜索网络及包括 Google 展示广告网络

（4）当搜索广告系列的投放网络为第 4 种：谷歌搜索网络、谷歌搜索网络合作伙伴、谷歌展示广告网络（如图 7-10 所示）；可以制作的广告语类型第一种是加大型文字广告，第二种是自适应搜索广告，第三种是自适应型展示广告。

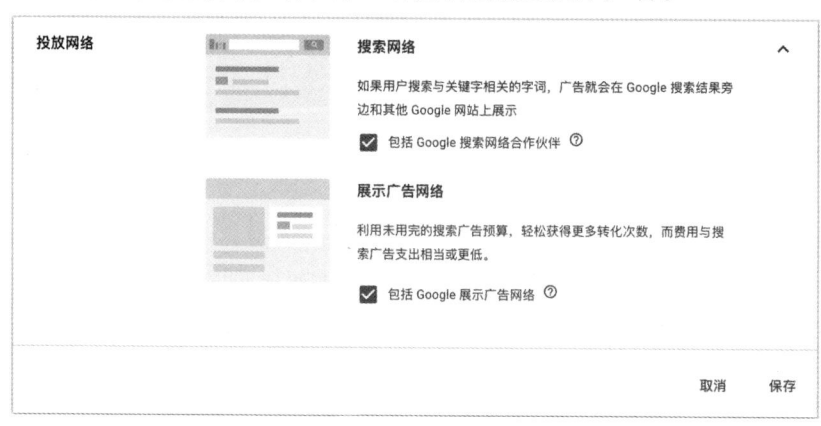

图 7-10　Google 搜索网络、Google 搜索网络合作伙伴、Google 展示广告网络

在设定好了搜索广告系列的投放网络后，就可以针对不同的投放网络方式进行制作不同类型的广告语。

7.4.7 附加信息

1. 附加宣传信息：小短语，体现公司优势，每条不超过 25 个字符。

2. 附加链接：用于展示网站比较重要或客户比较关心的链接。附加链接的内容包括：链接文字、描述 1、描述 2、最终到达网址。如果用户点击附加链接，谷歌也会收取对应费用。

3. 附加结构化摘要信息：总共有 13 种类型，具体为 Amenities，Brands，Courses，Degree Programs，Destinations，Featured Hotels，Insurance Coverage，Models，Neighborhoods，Service Catalog，Shows，Styles，Types。选择最合适的类型添加数值，每个不超过 25 个字符。

4. 附加促销信息：附加促销信息可以向正在搜索商家所提供超值优惠的用户突出显示促销和推广活动，让搜索网络上投放的文字广告更具价值。

5. 附加价格信息：附加价格信息提供了更多空间来展示服务和产品系列，并可让用户通过链接直接访问网站上他们感兴趣的内容，从而为投放在搜索网络上的文字广告带来更多价值。在桌面设备和移动设备上，附加价格信息会显示在文字广告下方，提供更多空间来向用户详细介绍商家提供的产品或服务。

附加信息除了上述内容以外还包含附加潜在客户表单、附加地址信息、附加关联商户地址信息、附加应用信息等。账户尽量各种可能的附加信息都增加，对提高广告排名有一定的帮助，同时也可以随机展示更多信息，让广告更醒目。

7.4.8 动态搜索广告

不同于常规的关键词广告，动态搜索广告的关键词是由系统根据网站内容决定的。非常适合拥有完善网站或产品数量众多的广告主。根据网站内容来定位广告，填补了采用关键词定位的广告系列所未能覆盖的缺口。

Google 本质上是对网站进行爬取，然后匹配与网站内容紧密相关的搜索字词，动态生成标题和着陆页以匹配搜索词。

1. 展示方式

如果有人在 Google 上使用的搜索字词与网站上的标题和常用词组密切相关，那么 Google Ads 将使用这些标题和词组从网站中为广告选择着陆页，并生成明确且具有相关性的标题。

2. 动态搜索广告的好处

（1）省时间。

不再需要将关键词、出价和广告文字映射到网站上的每个产品。此外，动态搜索广告可以比其他选择更快地向新市场做广告。在广告中显示动态生成的相关标题。当客户的搜索与投放的产品或服务相关时，Google Ads 会动态生成带有清晰标题的广告。

（2）控制广告。

可以根据整个网站或特定类别或页面来展示广告，也可以排除哪些页面不展示，从而系统就不会给预算到那些被排除的页面。

（3）捕获更多流量。

动态搜索广告可以帮助广告主获得额外的流量和销售量，从而确定尚未使用关键词定位的新服务机会。

关键词覆盖率与手动管理的搜索广告系列一起部署时，动态搜索广告系列可以确保覆盖手动设置中可能遗漏的关键词。同时动态搜索广告还可以推广一些被 Google 竞价标记为"搜索量较低"的关键词。

经常分析动态搜索广告中的搜索字词可以筛选出一些之前没有想到的高转化关键词，然后将这些词部署至标准搜索广告系列中，从而提升 Ads 账户的整体效果。

3. 动态搜索广告的制作

需要选择想要投放的页面网址，也就是广告定位条件。主要有以下 3 种方式：

（1）为您的网站推荐的类别：输入网站主域，谷歌自动识别并推荐分，如图 7-11 所示。

图 7-11 谷歌竞价后台截图

（2）特定网页：根据网页类别、网页内容、网页标题或网址决定将网站中的哪些特定网页纳入定位范围。可以为网站中的不同版块选择不同的出价，也可以排除网站上不希望用于生成广告的网页。选择 1 个或多个特定网页进行推广，有两种形式如图 7-12 所示。

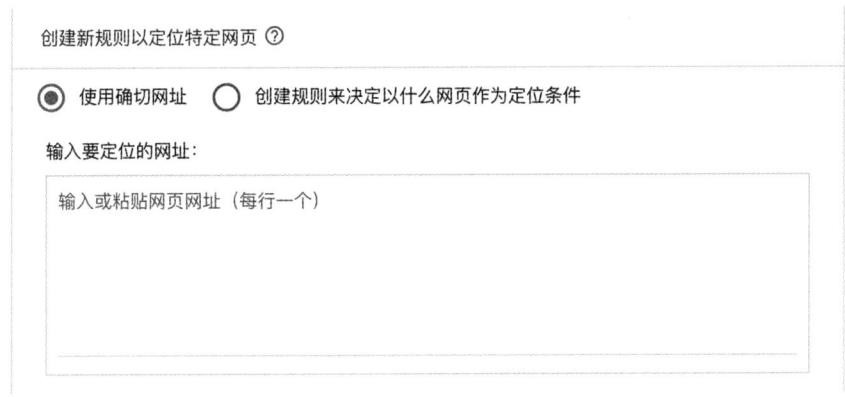

图 7-12　谷歌竞价后台截图

① 使用确切网址定位：比如直接利用标准广告组中已推广的着陆页来进行定位。

② 创建规则来决定以什么网页作为定位条件：通过创建类别、网页内容、网页标题、网址来作为定位条件，如图 7-13 所示。

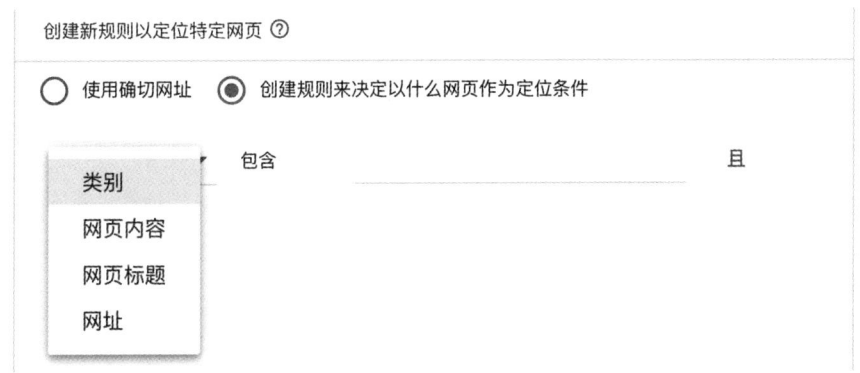

图 7-13　谷歌竞价后台截图

第一类规则，类别包含：可以定位与指定的关键词相关的类别。

第二类规则，页面内容包含：可以定位包含指定单词的页面。

第三类规则，页面标题包含：可以使用标题包含特定单词的页面作为目标。

第四类规则，网址包含：可以使用包含某些字符串的 URL 来定位页面。例如，定位网站中的所有产品相关页面，如果所有这些网址都遵循类似的格式（例如产品网址是 example.com/products/*），应该定位包含"products"的每个网址。

（3）所有网页：包含网站内的所有网页。

使用自定义 Feed 定位：可以使用页面 Feed 创建要定位的网址列表，然后在这些网址中附加自定义标签，以便进行整理；可以使用"自定义标签"定位条件来定位或排除网页 Feed 的这些子集。

7.4.9 出价策略介绍

1. 人工出价策略

手动设置广告系列、广告组、关键词、设备、时间段、国家的出价费用和比例，相对来说比较烦琐，但可以手动控制每个部分的出价。为了更好地提升转化效果，可以借助智能点击付费（ECPC）。智能点击付费可以帮助人工出价获得更多转化。ECPC会针对点击在网站上促成销售或其他转化的可能性大小，自动调整人工出价。

2. "尽可能争取更多点击次数"出价策略

使用该策略，系统会自动设置适当的出价，在不超出预算的前提下争取尽可能多的点击。缺点是仅关注流量（点击），不考虑该流量的质量。尽可能争取更多点击次数是一种增加网站流量和产生潜在客户的好策略。但是，必须密切注意广告系列，以确保广告可获利。这是因为有时这种出价策略可能会导致点击质量下降。这将进一步导致转换质量降低。在大多数情况下，获得更多点击并不会意味着会自动获得更多转化。通常，还应考虑确定流量质量的因素。

3. "目标展示次数份额"出价策略

目标展示次数份额对于使用品牌字词的广告系列非常有用。例如，假设希望的广告在用户每次搜索企业的品牌时都能够展示，那么，可以将目标展示次数份额设置为100%，然后系统便会尝试针对该广告系列的所有竞价机会展示广告。

可以提供三种选择，具体取决于希望展示广告的位置：位于绝对页首、页首还是Google搜索结果页的任何位置。Google Ads会根据展示位置自动设置出价，以展示广告。始终设置最高每次点击费用出价，以确保不会为每次点击支付过多。尽管Google对此有所警告，但不要担心将出价设置得太低而无法开始。尝试将其设置为比当前出价高出20%~50%。如果效果良好，则保留该上限；如果没有看到想要的份额，可以增加最高每次点击费用。

4. "尽可能提高转化次数"出价策略

尽可能提高转化次数出价策略会评估竞价时存在的各种情境信号，再结合广告系列的历史信息，自动为广告确定一个最理想的出价。Google Ads会设置此类出价，在不超出预算的前提下，为广告系列争取尽可能多的转化。B2B行业比较推荐此策略，但前提是账户做好转化设置。

5. "尽可能提高转化价值"出价策略

使用此策略需要先为当前跟踪的转化设置价值，系统会自动设置出价，以便在预算范围内，帮助广告系列争取尽可能高的转化价值。

此策略适用于零售或交易账户，通过广告宣传希望增加销售价值。不适用于B2B行业，潜在客户产生或其他无法通过Google Ads跟踪销售或收入的账户。

7.4.10 搜索再营销

再营销广告是只针对那些访问过网站，或者与网站有过某种互动的群体投放的广告，通过再营销再次吸引这些群体回访或转化。大部分客户访问了网站但是没有转化，这部分群体相对来说购买意图比较强烈，可以利用再营销把广告再次推送给他们，提高曝光频率加深客户印象，再营销广告获客成本低。

设置再营销广告的技巧如下：

（1）再营销最好单独设置广告系列，受众群体的定位方式设置为"定位"。然后需要从现有的旧广告系列中排除此受众群体列表，这样广告系列就不会有任何受众群体重叠。首次进行此更改时，建议先在一个小型的低转化率的广告系列中进行尝试，以便在决定将其推广到整个账户之前，先了解一下它的效果。

（2）定制专门的广告语和着陆页。

（3）创建品牌广告系列和广告组，吸引新的访问者。务必在受众群体中排除所有已访问过网站的用户。

（4）从广告系列中排除已转化的用户，对于已经提交表单的客户，暂时不用再向他们展示广告。需要从列表中排除那些转化的客户。

（5）针对已经访问过网站的客户投放竞品词。

（6）提高对有用的用户列表的出价（比如加入购物车没有结账的客户）。

（7）降低没用客户的出价。

（8）提高现有关键词的出价，因为再营销的转化率通常要高很多。

（9）竞标之前没有竞标过的关键词。

定位更广泛的关键词。这只会定位到再营销列表上正在搜索关键词的群体，而不是所有在搜索广泛关键词的人群。只需要为之前有过互动的、已经合格的搜索者支付点击费用，从而在搜索结果中获得品牌知名度的优势，并增加转化的机会。

（10）细分受众群体。根据其特定的渠道位置，如以降序排列细分为"所有网站访问者""产品页面访问者""购物车放弃者""过去的转化者"。不同的受众群体根据购买意向强弱设置不同的出价比例。

7.5 展示广告

7.5.1 什么是展示广告

展示广告,有时也被称为横幅广告,是一种基于视觉的存在,广告以图像、标识、动画、按钮、富媒体、视频或其他图形来传递商业信息。与基于文本的广告不同,展示广告出现在网站、应用程序和社交媒体平台,而不是搜索引擎结果页面上。

虽然展示广告的点击率(CTR)通常很低,只有约 0.35%(数据来自 HubSpot),但展示广告的有效性不能仅通过 CTR 来衡量,还可以考虑到其他指标,例如展示广告可以提高品牌知名度和购买意愿。

展示广告作用如下:

(1)展示广告作为视觉展示形式,很容易博人眼球。展示广告用图形内容创建,可以按照业务或品牌的风格设计。对于展示广告,可以用明亮的颜色、大的文本,甚至视频、音频或富媒体来发挥创意。其他方法包括使用动画将观众引到想让他们看到的内容。展示广告,像付费搜索广告一样,也包括标题、文本和 URL。然而,展示广告也包含一些图形、视频或音频元素,这使它们脱颖而出。

(2)展示广告帮助目标用户熟悉品牌。搜索广告影响有购买意向的受众,而展示广告则有助于创造最初的兴趣。最近的一项研究发现,在使用数字展示广告的活动中,品牌认知度提高了 21%(数据来自 MarketingTech)。展示广告覆盖面广,通常出现在潜在客户经常光顾的网站上。例如,使用谷歌展示网络(GDN)进行宣传活动,将广告整合到精心挑选的网站中,把广告呈现在全球的目标受众面前。

(3)展示广告增加再营销的机会。再营销可以让企业在之前访问过网站的特定受众面前定位定向展示广告。一旦潜在客户知道了产品或服务,一个合适的展示广告可以提醒他们购买。

再营销是一种与潜在客户建立联系的好方法,这些潜在客户可能没有初次购买或询问。可以通过展示广告网络设置广告展示在特定的网站上或排除特定的网站,同时还可以展示品牌信息,以便让潜在客户在这些特定网站上看到特定产品的展示广告。

(4)展示广告有助于跟踪和监控广告参与度和广告活动的成功。谷歌展示网络(Google Display Network,GDN)和 Facebook 广告提供详细的报告,包括哪些展示广告拥有最多的点击量,以及这些点击的价值。此外,GDN 有一个所谓的"透视窗口",可以监视在特定时间内看到广告的任何人,以及他们是否转化为客户或潜在客户。

(5)展示广告是一种较便宜的广告形式。不像其他广告渠道,如电视或广播,需要大量的投资,展示广告的定价不高,通常是根据"印象次数"来计算的,一个印象相当于一个互联网用户的单一页面浏览。对于具有高度针对性的广告，每千次印象（CPM）的费用可能低至 50 美分。这意味着只要 50 美分，广告就能被看到 1000 次。

展示广告营销策略是提高品牌知名度、推动流量来到网站，并最终提高转化率的好方法。

7.5.2 展示广告原理

Google 展示广告网络是一个由网站、视频和应用程序组成的复杂网络（超过 200 万，并且还在不断增加），旨在帮助用户找到合适的受众群体。它的定位选项能够有的放矢，在恰当的位置和时机向潜在客户展示我们的广告信息。

Google 展示广告网络是 Google 的合作网站和合作应用程序组成的投放网络。Google 与数百万个网站和应用程序达成协议，这些网站因允许 Google 在此做广告而获得收益。Google 展示广告网络是展示广告在整个互联网上向用户展示的地方，每天有 90% 的用户访问。通过灵活自定义的受众定位方式，可以选择将广告展示给哪些人群，或者将广告展示在哪些网站上。

7.5.3 展示广告类型

1. 展示广告系列的类别

（1）根据系列划分，展示广告可以分成如下两种类型。

① 标准展示广告系列：可以自行选择一些设置和定位条件，同时还采用一些自动化选项。

② 智能型展示广告：根据广告系列的效果以及客户对我们的产品和服务的兴趣，优化出价、定位和广告。

（2）根据广告类型划分，可以分成如下两种类型。

① 自适应型展示广告：是标准展示广告系列和智能型展示广告系列的默认广告类型。

② 上传展示广告：不需要填写标题、长标题、描述。但是如果需要使用 HTML5 和 AMPHTML 广告的话，Ads 账户需要具备更高的条件。

2. 自适应型展示广告

此类广告是基于素材资源的广告，可自动调整尺寸、外观和格式，以适应可用的广告空间。

Google 会在广告空间可用时使用广告主提供的素材资源（包括徽标、标题、图片、视频和广告内容描述）自动生成广告，并能利用不同的素材资源对广告进行优化，以获得最佳效果。自适应型展示广告几乎能够以任何尺寸的文字、图片或原生广告格式进行展示。

自适应型展示广告投放初期推荐人工出价，可以先设置成最高每次点击费用0.5元。

(1) 制作建议。

最多可以上传15张营销图片和5个徽标。可以将单张图片分别剪裁为横向格式和方形格式，也可以针对每种宽高比使用不同的图片。请务必只选用能突出业务、产品或品牌的高质量图片。

① 横向：横向图片的宽高比应为1.91∶1，尺寸不小于600×314像素，文件大小上限为5120kB。

② 方形：方形（1∶1）图片的尺寸应不小于300×300像素，文件大小上限为5120kB。

③ 徽标（可选）：最多可以上传5个不同的徽标，宽高比为1∶1或4∶1，最好用Logo，建议同时上传这两种尺寸的徽标。对于所有徽标，最好使用透明背景，但前提是徽标必须处于居中位置，文件大小上限为5120kB。

④ 避免添加文字。文字在图片中所占空间不得超过20%。

⑤ 自适应型展示广告还可以添加视频素材，请注意视频的首选时长应为30秒或更短（推荐的宽高比：16∶9，1∶1，4∶3，9∶16）。

⑥ 短标题注意事项：标题末尾无须使用标点符号，避免与广告内容描述中的文字重复，请勿在标题中包含商家名称。

(2) 优化建议。

① 提供尽可能多的独特标题、广告内容描述和图片。

至少添加5张图片、5个短标题和5条广告内容描述。因为平均而言，在自适应型展示广告中使用多个标题、广告内容描述和图片时，在每次转化费用大致相当的情况下，转化次数会比只使用一组素材资源增加10%。

② 广告内容描述文字不能与加长型标题相同。

③ 上传具有强烈视觉效果和最少文字叠加层的图片。

④ 使用特写图像（考虑缩小后的图像效果）。

当考虑到移动端选择图像时，请考虑图像的全尺寸外观，以及缩小后的外观。如果缩小时图像太模糊，可能会失去潜在客户的青睐。

⑤ 每隔几周上传新的展示广告。如果使用的是自适应型展示广告，请将效果不佳的广告素材资源替换为新的。因为即使是再出色的广告，效果也会随着时间的推移而降低。新的广告素材可以防止用户产生审美疲劳。

⑥ 将再营销受众群体与新用户分开。

已访问过网站的用户熟悉品牌，建议企业更改广告描述，展示给已经熟悉品牌的用户和新用户不同的信息,针对再营销受众群体与新用户,企业需要展示不同的信息,此时需要用到受众群体排除功能。

使用受众群体排除功能将再营销广告系列与常规的广告系列分开。这将有助于尽可能避免两个受众之间的任何重叠。而且广告主将能够更改预算、出价、广告以及着陆页,以便在营销渠道的更深处更好地与用户交流。

⑦ 监控频率。

在一定数量的浏览量之后,目标转化率或参与度都会下降,所以要监控频率。

在 Google Ads 中,可以添加特定的覆盖率列以监视用户看到广告的频率以及唯一身份用户看到展示广告的数量。随着这些数字的变化,观察点击率、转化率或其它指标如何随着唯一用户数和频率数字的变化而变化。然后,可以使用此数据更新展示广告网络广告系列中的频次上限设置。

⑧ CTA 按钮颜色:没有最佳的颜色,根据网站和广告颜色来决定,选择对比色。

⑨ 与在搜索中添加否定关键词的方式类似,可通过展示广告排除某些展示位置,排除特定展示位置。

⑩ 不要过度分层。

由于网络规模庞大且受众众多,因此,正确定位目标是必要且至关重要的。一些广告主会将方法互相叠加(如展示位置、关键词、主题、兴趣等),因为他们相信这样做会减少不合格的展示和点击。

实际上,过度分层会导致很多问题,因为广告主通常不了解这种定位在层层叠加时如何工作。如果想执行所有这些选择,请在不同的广告系列中进行测试。分层会大大减少覆盖面,对结果产生负面影响,并导致无法跟踪哪些定位是有效的。

⑪ 监控资源效果。

查看广告效果报告,及时替换显示效果不佳的广告素材。

3. 智能型展示广告

智能型展示广告系列以 Google 机器学习技术为依托,只需几分钟即可制作完成。只需输入广告的组成要素(如标题、图片和徽标),谷歌就会在掌控的每次转化费用出价和预算范围内,找到尽可能多的客户。

(1)自动出价:智能型展示广告系列以目标每次转化费用为基础进行优化,以便根据每次广告竞价中的转化可能性设置出价,争取最理想的效果。

(2)自动制作广告:系统会自动利用广告组成要素(如标题、广告内容描述、徽标和图片)生成广告。这些广告采用自适应设计,能适应展示广告网络上的几乎全部广告空间。

(3)自动定位:使用网站访问者数据、着陆页数据分析以及搜索广告系列的最佳效果关键词，来自动定位网络上的客户。定位会随着广告系列的投放而优化，这意味着，能带来最多转化的广告系列会被更频繁地展示。在适用情况下，智能型展示广告系列会使用"动态潜客争取广告"，它会结合运用用户信息和产品信息，在恰当的时机向最感兴趣的用户展示最好的产品，同时可以结合 Feed 匹配最有可能发生转化的用户。

（4）准备工作：确保已设置转化跟踪，并符合基于转化的资格要求。要设置智能型展示广告系列，则在过去 30 天内，投放到展示广告网络的标准展示广告系列需要带来至少 50 次转化，或搜索广告系列需要带来至少 100 次转化。确保每日预算充足，能担负至少两倍于目标每次转化费用出价的金额。

（5）让系统针对转化进行优化：就智能型展示广告系列而言，可能需要一段时间才能扩大投放规模并稳定下来，具体取决于获得的转化次数，因为较高的转化量通常会带来较快的优化。请允许系统了解哪些素材资源和策略的效果最佳。如果广告系列每天都能吸引几次转化，这个过程可能需要大约 2 个星期；一般而言，应等待累积到 40～50 次转化，除非并未吸引任何转化。如果出现这种情况，可考虑提高目标每次转化费用出价，直至转化开始出现为止。

（6）使用素材资源报告查看效果。素材资源评级是根据素材资源促成转化的效果，以彼此为参照的相对评级，分为"最佳""良好""不理想"。若状态为"等待审批"，表示素材资源尚未通过审核和批准；若为"正在学习"，则表示系统仍在收集数据。

① 根据素材资源报告进行小幅、循序渐进的调整。在查看新广告系列的素材资源报告后，可以选择移除评级为"不理想"的素材资源，改为使用与效果"最佳"的素材资源更相似的素材资源。待这些素材资源累积了进行评级所需的足够数据之后（最长可能需要 2 个星期），可以选择再次移除效果评级为"不理想"的素材资源。

② 素材资源评级是以彼此为参照的相对评级。在进行小幅调整后，曾经表现"良好"的素材资源也可能会变为"不理想"，即使其实际效果并未发生变化。为避免效果波动并强化优化措施，请不要对广告系列做大范围的重大调整。

③ 效果数据工作原理：随着广告系列步入正轨，可能会想要查看成效并管理素材资源。智能型展示广告系列素材资源报告包含示例广告和效果数据。

④ 查看广告在多种尺寸下投放的示例。在表格中查看每项素材资源的效果数据，包括谷歌如何根据相关素材资源促成转化的能力，并评定其效果。

7.5.4 展示广告定位方式

展示广告具体有两大定位方式，一种是"跟人"的定位，即想向哪些人展示广告；另外一种是"跟内容"的定位，即想广告展示在怎样的网站上。

1. "跟人"的受众群体定位方式（见表7-4）

表7-4 "跟人"的受众群体定位方式

漏斗	定位方式	信号源	例子
曝光与发现	Demo 受众特征定位	年龄、性别、生育情况或家庭收入	"女性""25~34岁""育有子女"
	Affinity 兴趣相似的受众群体	生活方式、爱好和习惯	"运动爱好者""摄影爱好者"
	Custom Affinity 自定义的兴趣相似受众群体	理想客户可能逗留的各类场所	输入马拉松爱好者可能会感兴趣的场所，如健身房
考虑与购买意图	Life Events 人生大事	大学毕业、迁居或结婚	"婚礼"
	In-market 有具体兴趣的受众群体	客户正在研究并主动考虑的服务或产品	"手机""服装"
采取行动	Custom Intent 自定义的意向受众群体	确定您理想客户在各个网站和应用中考察的产品，输入相关关键词网址即可	搜索"Electrical Equipment"的人
	Similar Audience 类似受众群体	寻找和定位与您的网站访问者类似的用户	与您的网站访问者类似的用户
复购	Remarketing 再营销	吸引已与您的产品或服务有互动的用户	频道订阅者，网站/页面访问者

根据营销漏斗，漏斗越上端覆盖的群体越大，购买的意向度也相应越不明确。一般建议先从漏斗下端的群体进行投放。

相似群体和再营销都推荐使用，因为获客成本低，每次点击费用相较于拉新的展示广告系列来说，基本是80%左右。

以下是对自定义受众群体定位方式的详细介绍：

（1）输入与产品或服务相关的关键词、网址以定义自己的受众群体。然后，Google Ads会向可能对这些网站关键词感兴趣的用户展示广告。筛选30~50个成效最好的关键词，广告会展示给对这些关键词感兴趣的群体。

（2）输入竞争对手网站或者行业门户网站。建议10~20个，不建议写首页，因为首页流量非常杂乱，可能会有求职或者想要了解公司的人，他们的意图不是非常明确。推荐产品或品类页面，确保到达这个页面的人就是我们想要投放的群体。

不要长时间使用相同的定位选项，而没有进行任何其他测试。即使在Google Ads中找到了可以始终实现目标的基本定位选项，仍然可以尝试并做得更好。自定义目标受众一直是视频和展示广告系列中最受欢迎的定位选项。Google为创建这些受众群体的广告客户显示了推荐的关键词列表，可以选择将其添加到受众群体中。

2. "跟内容"的定位方式

"跟内容"的定位主要有以下三种选择（见表7-5）：

（1）内容关键词：定位与产品或服务相关的网站。
（2）主题：定位和产品相关的主题网站。
（3）展示位置：具体指定的行业网站、相关 YouTube 视频、应用等。

表7-5 "跟内容"的定位方式

定位方式	信号源
内容关键词	会在和关键词相关的网站里展示广告
主题	将广告定位到 Google 展示广告网络的特定主题（从系统已有的主题内挑选）
展示位置	定位广告主希望在其中展示广告的具体网站、视频或应用。展示位置包括： YouTube 频道 YouTube 视频 Google 展示广告网络上的网站 Google 展示广告网络上的应用

7.5.5 展示广告定位设置

展示广告的定位可以设置两种条件：定位和观察。"定位"和"观察"设置决定了广告的覆盖面。

① 定位：将广告限制为只能根据所选定位方式进行展示，如关键词。
② 观察：不会将广告限制为只能根据所选定位方式进行展示。

如果目标是销售商品并覆盖特定类型的受众群体，建议向广告组添加几种定位方式并将它们设置为"定位"。

如果目标是吸引尽可能多的客户群，应避免为广告组添加过多的定位方式；但是仍可以选择为广告组添加几个定位方式，然后把其中一个设置为"观察"，这样就不会过多限制广告的覆盖面。

对于中小型商家而言，最好不要将一个广告系列中的多个广告组的受众群体设置为"定位"；否则，可能会缩小广告的覆盖面，导致广告展示率极低。

7.5.6 展示再营销

展示再营销和搜索再营销工作原理相同，是针对那些访问过或与网站有过互动的群体投放的定制化广告。建议对受众群体尽可能细分，按照访问的页面、时间、地理位置，有针对性地展示广告素材。对于发生过转化的用户也可以设置再营销，向他们宣传新产品或者相关产品。

7.6 视频广告

数字视频广告为广告主提供了数据收集、品牌曝光、增强目标定位和个性化的大好机会,这些是传统电视广告无法与之媲美的。数字视频广告俨然已成为未来的趋势。

以前,品牌多在广播和有线电视上做广告,但现在越来越多地转向数字广告。因此,品牌不仅增加了视频广告预算,而且充分利用了现代渠道。

视频广告已经从整个数字广告计划的一部分发展到在吸引潜在客户方面扮演关键角色。事实上,HubSpot 的研究表明,超过 50% 的消费者希望看到品牌的视频。此外,亚马逊(Amazon)和易趣(eBay)报告称,在产品描述中添加视频广告会使购物者购买该商品的概率增加达 35%。

视频广告的形式,给广告主提供了独特的机会,使其比标准图像广告能更好地吸引和转化潜在客户,这使它们成为数字广告的未来。

7.6.1 视频广告的重要性

1. 视频广告具有更高的粘性

视频广告融合了吸引用户注意力的两件事:动作和声音。这两者都在有效传达信息方面发挥着重要作用,从而导致更好地参与。

MediaMind 通过对全球超过 30 亿的广告印象进行为期 6 个月的分析发现:在线视频广告的点击率是标准横幅广告的 27.4 倍,几乎是富媒体广告的 12 倍。

图像或文字广告依靠文案、标点和视觉线索来传达相关信息,而视频广告则利用动作和声音来吸引访问者的注意力。视频广告的形式可以更有效地将故事传达给目标受众,并通过定制的信息让他们更容易消费。激发用户兴趣的视频广告,通过有说服力的行动呼吁,更有可能刺激用户转化。

研究表明,用户在观看信息时平均能记住 95%(数据来自 Sheffieldav)的信息,而阅读信息时只能记住 10%。这意味着潜在客户更有可能通过视频广告而不是图像或文字广告记住广告的信息。此外,用户对视频广告的积极体验会使他们的购买意向增加 97%,品牌联想增加 139%(数据来自 Advanced Web Ranking)。

2. 视频广告具有可分享性

用户自然更倾向于分享视频,例如 Twitter 用户每分钟分享 700 多个视频(数据来自 Whiteboard Animation)。

视频广告简洁、有关联性、有故事可讲,这些都让它们具有可分享性。视频广告为品牌提供了一个很好的表达方式，也解释了为什么很多人认为视频广告值得推广。

3. 视频广告的点击率更高

事实上，视频广告比典型的横幅广告更能讲述故事，这使得前者不仅能更好地吸引观众，还能获得更多的点击量。根据 Smaato 的一项研究，视频广告的平均点击率在移动应用程序是显示广告点击率的 7.5 倍。

虽然制作视频广告更耗费时间和成本，但视频能够有效地讲述故事，吸引更多潜在客户，获得更多广告点击量。

视频广告推广的渠道主要包含 LinkedIn 视频广告、Facebook 视频广告、YouTube 视频广告和 Vimeo 视频广告。

YouTube 是继 Google 之后的第二大搜索引擎，每天拥有超 3000 万的使用者。视频广告通过 Google Ads，可以在 YouTube 和整个网络上投放。YouTube 拥有逾 10 亿用户，面向 80 多个国家/地区开放，提供 76 种语言，展示来自世界各地的精彩内容。Google 展示广告网络囊括超过 200 万个网站和应用，覆盖全世界 90% 以上的互联网用户。

虽然视频广告内容必须托管在 YouTube 上，但视频广告可以展示在 YouTube 以及整个 Google 展示广告网络中的视频合作伙伴网站和应用上，包括平板电脑和移动设备上。

7.6.2 视频广告的形式

现有的视频广告形式包括插播广告、视频发现广告、不可跳过的插播广告、外播广告、导视广告和 YouTube 标头广告。

插播广告（In-stream Ads）：在其他 YouTube 视频播放前、播放中或播放后投放，也可以在整个展示广告网络的网站、游戏或应用中投放。此类广告也可以在嵌入到其他网站的 YouTube 视频中投放。视频播放 5 秒钟之后，观看者可以选择跳过广告。

视频发现广告（Video Discovery Ads）：只会在用户寻找特定内容时在 YouTube 上展示，从而吸引用户与广告互动。视频发现广告的外观会有不同，具体取决于内容发布商所支持的广告尺寸和广告格式。观看者点击广告的缩略图时，会在 YouTube 观看页面或频道页上播放此视频。

不可跳过的插播广告（Non-skippable In-stream Ads）：是一种不可跳过的广告格式，旨在通过展示完整信息来吸引客户。不可跳过的插播广告的时长不超过 15 秒，且观看者无法跳过该广告。

外播广告（Outstream Ads）：在合作伙伴网站上展示。这些广告专为移动设备和平板电脑而设计，用户只需轻松点按即可播放视频。外播广告可将广告覆盖面拓展到 YouTube 之外，有助于提升品牌认知度。

导视广告（Bumper Ads）：是一种短视频广告格式，可利用这种令人难忘的短信息吸引更多客户并提升品牌认知度。导视广告时长需为 6 秒或更短，且观看者无法选择跳过广告。

YouTube 标头广告：标头广告仅可通过 Google 销售代表进行预订。

7.6.3 Tureview 视频广告

Google 的 TureView 建立在只有在有人选择观看视频广告时才付款的承诺之上。对于刚开始投放视频广告的账户可以从这种类型开始尝试。具体有 TureView 覆盖面广告、TureView 视频发现广告、TureView 插播广告、TureView 行动号召广告、TureView 购物广告。

1. TureView 视频发现广告

TureView 视频发现广告相对来说是 ROI 比较高的一种广告类型，因为只有观众对视频感兴趣点击后才需付费。具体展示的位置有如下几种类型：

（1）YouTube 搜索结果。

（2）YouTube 视频观看页面。可以作为一个广告单元展示在相关视频部分，或者作为重叠式广告展示在视频中。

（3）YouTube 移动应用首页。

在没有售出移动视频标头广告的情况下，TrueView 视频发现广告可展示在 Android 和 iOS 版 YouTube 应用的首页上。

具体后台编辑和预览的样式，如图 7-14 所示：

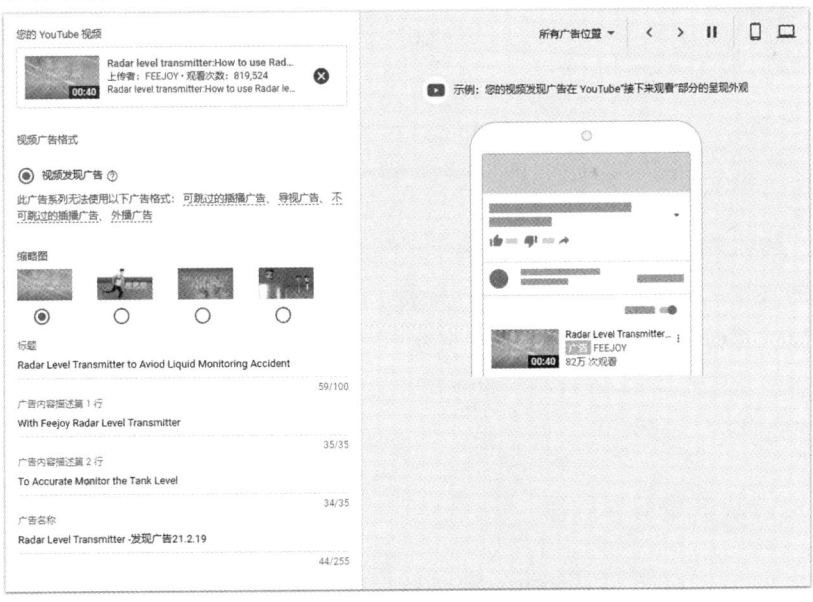

图 7-14　Google Adwords 后台截图

2. TureView 插播广告

TureView 插播广告虽然是主动向受众群体展示的，但观众可以在 5 秒后选择略过视频广告。如果观众不略过视频广告，而与之互动即计为一次收费。如果没有互动，但是观看完整段视频（视频时长少于 30 秒）或观看视频时长超过 30 秒，也计做一次收费。也就是只需为真正对视频感兴趣的观看次数付费。对于品牌曝光是比较好的广告形式。

后台的编辑和预览样式，如图 7 – 15 所示：

图 7 – 15　Google Adwords 后台截图

插播广告效果的好坏，首先，取决于视频素材，在跳过按钮出现之前的前 5 秒激起观看者的兴趣。中间通过参与感或"高潮"时刻来保持兴趣。结尾以一个绝妙的结局作为结尾，并指明下一步该做什么。其次，是受众群体的选择。配合不同的受众设置定位目标消费者，如图 7 – 16 所示，顺序从"准"到"广"扩量转化，建议先从最具意图的受众群体开始，然后慢慢向外扩张。

3. TureView 行动号召广告

TureView 行动号召广告和 TureView 插播广告表现形式都是一样的，主要在于竞价方式的区别。行动号召广告使用智能出价，尽可能提高转化次数或目标每次转化费用。

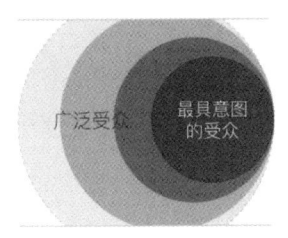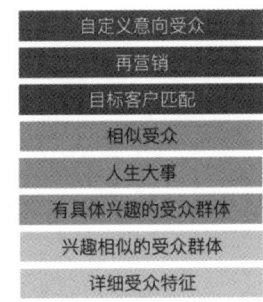

图 7-16 定位方式与受众关系图示例

TureView 插播广告主要是考虑客户的观看，只要把视频展现给客户，不会太多考虑是否转化，采用每次观看费用出价。行动号召广告更多地是考虑客户是否会点击 CTA 按钮，发生转化，使用智能出价，可以监测转化数据，智能学习优化。

TureView 行动号召广告要想有比较好的效果，对账户有一定的要求：
（1）最好确保每周至少有 35 次转化。
（2）预算最好为每次转化费用的 20 倍。
（3）刚开始投放最好选择漏斗下端的受众群体。
（4）每个广告系列至少有 5 个广告变体。

行动号召广告建议只定位在 YouTube 上，不要定位其他的。

7.6.4 视频再营销

视频再营销是根据观看者以往与视频或 YouTube 频道的互动情况，向 YouTube 和视频合作伙伴网站上的数百万观看者展示个性化广告的形式。让观看过以往视频或频道的用户再次观看广告，以此加深印象，就更有可能成功地提升投资回报率。

1. 视频再营销的工作原理

要创建再营销列表，需要将 YouTube 频道关联至 Google Ads 账号。关联账号之后，即可创建所需的再营销列表，用于覆盖完成了以下 YouTube 相关操作的用户：如，观看了某个视频、订阅了某个频道、顶了某个频道中的任何视频等。

创建好后，可以在新的或现有广告系列的定位设置中使用这些列表，并可以随时管理和调整列表。

在使用多种定位类型时，一定要谨慎。如果同时使用多种定位方法，Google Ads 就会全部加以应用。例如，如果定位了特定的关键词、年龄和频道，那么只有在同时符合上述所有定位方法时，广告才会展示。这样会极大地限制广告的展示。因此，不建议将再营销列表与多种定位类型（如受众特征或兴趣特征）结合使用。最好选择宽泛的定位目标，并选择添加所有视频广告格式。

2. 视频再营销列表的功能与特性

（1）多种广告格式。可以采用视频广告和其他多种广告格式（文字、图片和富媒体广告）来制作和定位再营销广告系列。

（2）吸引移动客户。可以使用方形视频和纵向视频吸引 YouTube 应用上的移动客户。

（3）详细报告。可以根据效果指标来优化再营销广告系列。例如，可以针对广告反响最好的某些主题或频道提高出价。

（4）易于使用。轻松创建、管理和定位再营销列表。

（5）自定义受众群体。可通过合并再营销列表来自行指定定位范围。例如，可以覆盖观看过电影预告片但还没看推广电影的视频广告的用户。

7.6.5 视频广告指标

1. 核心效果指标

观看次数：表示用户观看视频广告或与之互动的次数。

观看率：表示视频广告的观看或互动次数除以其展示次数（视频和缩略图展示次数）所得的比例。

平均每次观看费用：是指用户观看视频达 30 秒或与视频互动时需要支付的平均费用。两个条件不重复计费，只要先满足其中任何一个条件就开始收取对应费用。如果视频时长不足 30 秒，看完视频也需收取费用。

观看时长：衡量的是用户观看视频广告的总时长（以秒为单位显示）。观看时长报告仅适用于插播广告、不可跳过的插播广告和导视广告，不适应于视频发现广告。

每次展示的平均观看时长：衡量的是在每次广告展示中，用户观看视频广告的平均秒数。

对于不可跳过的视频广告，系统不会填充从广告浏览获得的观看次数和指标。对于在 YouTube 上投放的 TureView 发现广告，当用户点击广告且广告开始播放时，系统就会将付费广告浏览次数计为视频的公开观看次数。

2. 互动效果指标

互动次数：显示的是互动元素（可以在视频上展开卡片的宣传语或图标）获得的点击次数，这些点击不会将用户带至某个网站或其他外部目标页面。

互动率：指广告获得的互动次数除以展示次数所得的比值。

3. 频次指标

向每位用户平均展示的频次：是指在一段时间内，广告向一位唯一身份用户展示的平均次数。

唯一身份用户数：显示的是在一段时间内看到广告的用户总数。

每个 Cookie 的平均展示频次：是指在一段时间内，视频广告针对一个唯一身份 Cookie 展示的平均次数。

唯一身份 Cookie 数：是指与用户计算机上的浏览器关联的 Cookie（用来存储偏好设置和用户所访问网页用到的其他信息）数量。

每个 Cookie 的平均观看频次：是指在一段时间内，唯一身份 Cookie 的关联用户观看视频广告的平均次数。

唯一身份观看者人数：是指按 Cookie 计算的，在一段时间内，唯一身份 Cookie 的关联用户观看视频广告的次数。

4. YouTube 互动指标

观看者观看了某个视频广告之后在 YouTube 上进行相关操作时，产生"额外带来的操作次数"，即互动指标。以下列出了不同类型的"额外带来的操作次数"。

额外带来的观看次数：表示 YouTube 观看者在 YouTube 频道或观看页面上观看后续视频的次数。不管观看者是选择再次观看同一视频还是观看频道中的其他视频，都会增加这种"额外带来的操作次数"。

额外带来的订阅人数：表示订阅频道的观看者数。这种"额外带来的操作次数"能提供独特的价值，因为被订阅的 YouTube 频道的内容和频道头像本身可能会出现在 YouTube 首页上。

根据隐私权要求，当"额外带来的订阅人数"指标值低于 100 时，将以范围形式显示，而不会显示实际值。例如，当"额外带来的订阅人数"指标值为 14 时，将显示 11~20 的范围，而不显示实际值；如果指标大于等于 100，将显示实际值。

额外带来的加入播放列表次数：表示观看者将该视频添加到播放列表的次数。

额外带来的"顶"次数：表示观看者"顶"该视频的次数。

额外带来的分享次数：表示观看者分享该视频的次数。

5. 观看进度指标

不属于频次指标，需要作为更高一级的内容展示，并列于频次指标和 YouTube 互动指标。

视频播放至 25% 显示的是视频播放到其 25% 时长的频率。

视频播放至 50% 显示的是视频播放到其 50% 时长的频率。

视频播放至 75% 显示的是视频播放到其 75% 时长的频率。

视频播放至 100% 显示的是视频完整播放的频率。

7.6.6 视频广告技巧分享

企业需要有一个完善的 YouTube 账号，要有完善的企业信息，如添加公司介绍、Banner 图、社交账号、公司网址等。

1. 视频素材

（1）为视频配音，哑剧一样的视频会让人感到无聊，如果没有声音的话请配上一些音乐加字幕，通过文字的形式传达理念和意图。

（2）在关键前 5 秒迅速展示 Logo 和重要信息，观看者的耐心是有限的，如果没有看到想要的内容就会毫不犹豫地离开，所以请在最开始就抓住观看者的眼球，体现核心价值。

（3）制作视频时，尽量将图片、文字放大，置于屏幕中央。特别是用手机观看的用户，要求小屏幕也能看清内容。

（4）上传吸引人的缩略图。

（5）最佳长度为 30～60 秒。太长的视频反而让客户记不住重点。

2. 视频内容

（1）问题、需求陈述。重点讲述产品可以解决用户的什么痛点，为什么人们需要。

（2）品牌的影响力及知名度。重点阐述品牌的质量保障、售后服务以及品牌的竞争优势。

（3）描述特点和优势。陈述产品的特征和卖点、具体的功能介绍。

（4）采取行动，提供折扣。告诉观众有什么活动优惠，以及如何购买，通过明确的行动号召促使客户采取行动。

3. 具体账户投放

同一个广告组最好测试同一个视频素材，可以通过改变标题、描述、号召用语等方式测试不同的广告创意。

每个广告组都对应一种特定的视频广告格式，并且只能包含该格式的视频广告。但是，可以在视频广告系列中投放多个广告组，其中部分包含插播广告，部分包含视频发现广告。也就是说，一个广告组可以包含插播广告或视频发现广告中的一种，但不能同时包含这两种广告格式。每个广告组最好测试一种受众人群，这样有利于清晰地判别各个受众人群的效果。如果每个广告组都测试多个受众人群,就容易相互重叠,很容易导致各个广告组相互自我竞争,从而无法判别哪个受众人群的效果是最好的。

7.7 购物广告

购物广告以一种不同的、更直观的广告格式进行展示。与仅显示文字的文字广告不同,购物广告会向用户展示产品的照片,包括名称、价格和商店名称等信息。这些广告让用户在点击广告前就可以充分了解销售的产品,因而可带来更优质的潜在客户。

消费购物行为随时随地借助不同设备时刻发生着,零售商需要一个途径能随时保持和消费者的沟通,当今时代消费购物行为的路径也非常复杂,任何一个碎片化时间都有可能产生消费需求。购物广告的解决方案把零售商和消费者更好地连接起来。

7.7.1 什么是购物广告

购物广告是专门针对 B2C 商城站开放的广告类型,需要关联 GMC(谷歌商家中心)才能投放。

1. 购物广告的原理

商家需要在 Merchant Center 上传数据 Feed,提交产品资讯。然后当用户搜索时,Google 会扫描数据 Feed 内容,结合商家在 Adwords 的出价及其产品与搜索内容的相关度,进行产品排列。排名高的产品出现在 www.google.com 及 shopping.google.com 中展示。当用户点击对应广告后会被引到商家网站上相关的产品页面,此时商家才需要支付对应的广告费用。

2. 购物广告的优点

(1)易于实现大量产品的竞价投放。比搜索广告更吸引人,因为购物广告会显示产品图片。

(2)高下单率的流量:通过直接在广告中展示产品信息来提高潜在客户的质量。消费者在点击广告之前可以先看到一些重要的产品信息,如价格、图片和零售商的名字。

(3)可见度很高。对于给定的搜索,购物广告可能会出现多个,购物广告和文字广告还可能会同时显示,从而使覆盖率翻倍。

(4)即使用户没有搜索关键词时,也可以在 shopping.google.com 页面中浏览产品,因此相对于搜索广告系列来说会有更多展示机会。

(5)与搜索相比,每次点击费用相对便宜。

（6）谷歌把最好的位置和最好的表现样式给了 Google Shopping。

（7）强化品牌信息和形象。

7.7.2 购物广告展示位置

在整个网络中的以下位置能看到购物广告：

Google 搜索上的"购物"标签（部分国家/地区），如图 7-17 所示。

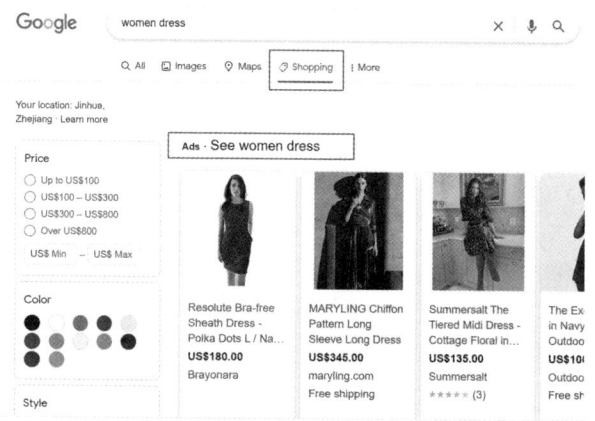

图 7-17　Google Shopping 搜索结果示例

Google 结果中，并区别于文字广告，如图 7-18 所示。

Google 图片搜索结果中，如图 7-19 所示。

Google 搜索网络合作伙伴网站（如果广告系列设置为包含搜索网络合作伙伴）。

Google 展示广告网络（包括 YouTube，Gmail 和 Google 探索）。

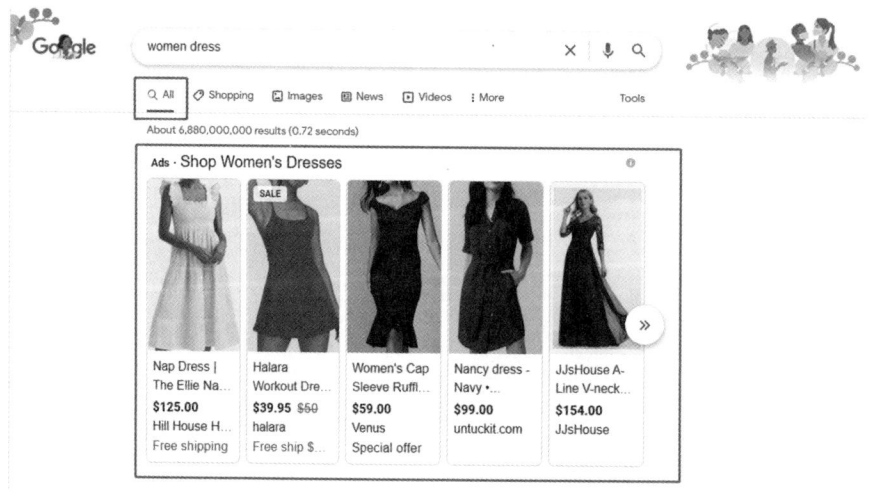

图 7-18　Google 搜索结果示例

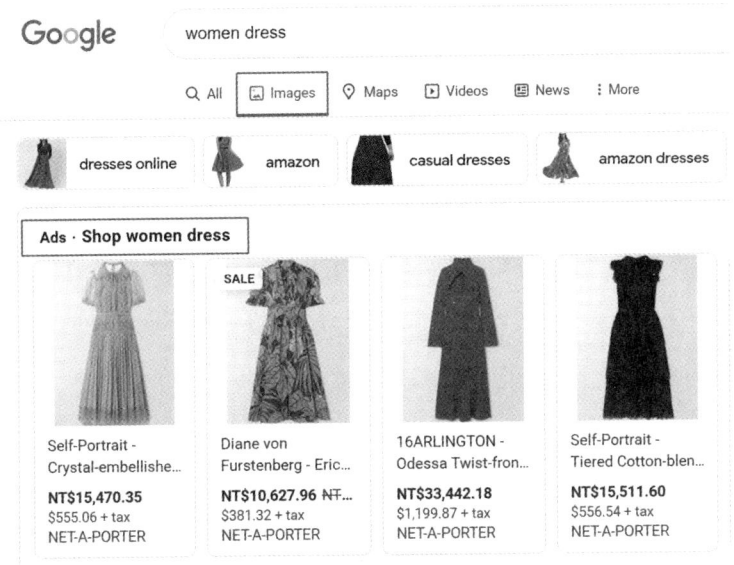

图 7-19　Google 图片搜索结果示例

7.7.3　购物广告类型

1. 广告系列子类型

谷歌购物广告可分为智能购物广告系列和标准购物广告系列。以下主要介绍智能购物广告系列。

借助智能购物广告系列，可以简化广告系列的管理工作，尽可能提高转化价值并扩大覆盖范围。这一广告系列子类型结合了标准购物广告系列和展示广告网络再营销广告系列，可以自动确定出价和广告展示位置，在各个广告网络中宣传商品和业务。

智能购物广告系列会利用 Google 的机器学习技术，将现有的商品 Feed 和素材资源结合起来，在各种广告网络中展示多种多样的广告。系统会从商品 Feed 中提取信息，并将图片和文本组合成多个广告版本加以测试，然后通过 Google 广告网络（包括 Google 搜索网络、Google 展示广告网络、YouTube 和 Gmail）展示与访问者相关性最高的广告。为了让每个广告都能带来最大价值，Google 还会自动确定广告展示位置和出价，在指定预算的范围内尽可能提高转化价值。

（1）智能购物广告系列不同于标准购物广告系列的地方及优势。

① 自动出价。

② 自动选取展示位置，包含搜索网络和展示广告网络（如 YouTube，Gmail）。

优势：操作简单，覆盖范围更广。

劣势：人工可操作性低，根据目前数据来看，智能购物广告存在难起量的问题。

（2）使用智能购物广告的时间。

新账户投放标准购物广告，积累了足够的转化数据后，再使用智能购物广告。至少过去 30 天已有 30 次转化后，才能启用智能购物广告系列。

另外，在出价相同的情况下，智能购物广告的优先级高于标准购物广告，如果账户内同时存在智能和标准购物广告，标准购物流量会慢慢降低。

2. 广告类型

宣传店铺和商品，可以选择以下两种购物广告：

（1）产品购物广告（如果是首次购物，推荐使用）。

广告内容直接根据在 Merchant Center 中提交的产品资料制作而成，每个产品会有一个界面，包含产品图、产品名称、价格、网站名称。使用者点击广告后，会直接被带到该产品的页面。这种广告较容易被长尾型的搜索字词触发，适合品牌较响亮的商家使用。

（2）本地店内产品展广告。

此类广告使用本地产品目录广告提供的 Feed 数据来吸引 Google 展示广告网络上的用户，从而帮助提高本地实体店的客流量。

7.7.4 产品购物广告

产品购物广告每次只会展示一个具体产品，包含产品的图片、标题、价格和店铺链接等资料。对于产品类型比较单一的，有具体主推产品的网站比较适合。

投放购物广告的四个步骤：

（1）设置 Google Merchant Center 账号。

购物广告使用 Merchant Center 商品数据（而非关键词）来决定广告的展示方式和展示位置。

Google Merchant Center 可让数以百万计的用户发现、浏览和购买商品，并提供不同方式将合适的商品展示给目标客户。

要想投放购物广告需要先注册 Merchant Center（https://merchants.google.com/）。

（2）上传 Product Feed。

产品 Data Feed：这是一种类似于电子表格的结构化数据资料，其中，包含产品/服务信息，并提供谷歌用于投放购物广告的一切信息。

Merchant Center 一共提供四种上传 Product Feed 的方式：

① Google Sheet：在谷歌表格中创建和管理产品数据（有模板供参考），然后谷歌会自动将其保存和提交到 Google Merchant Center。这是最简单的也是谷歌官方最为推荐的一种方式。

② 按计划提取：在网站上托管一个包含产品数据的文件，并让谷歌将定期提取更新的内容，应用到 Google Merchant Center。

③ Upload：创建一个包含产品数据的文件，然后通过 SFTP，FTP，Google Cloud Storage 或人工方式等将其上传到 Google Merchant Center。

④ Content API：使用 Content API for Shopping 来自动上传产品详情。

（3）关联 Merchant Center 账号和 Google Ads 账号。

① 在 Merchant Center 中请求关联到 Google Ads。

关联请求总是从 Merchant Center 发起。可以将多个 Google Ads 账号与同一个 Merchant Center 账号相关联，也可以将同一个 Google Ads 账号与多个 Merchant Center 账号相关联。

在 Merchant Center 账号中，点击工具图标，然后点击"设置"下的关联账号，选择 Google Ads。在"Google Ads 账号"下，找到要关联账号的 Google Ads 账号 ID，点击"操作"下的"关联"，如图 7-20 所示。

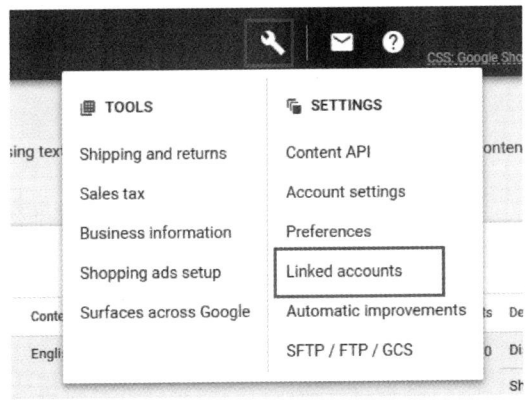

图 7-20　Merchant Center 后台截图示例

② 在 Google Ads 中批准关联请求。

当 Merchant Center 账号发出关联请求后，这些邀请将在 Google Ads 中针对 Merchant Center "已关联的账号"页面的表格中显示。

登录 Google Ads 账号，点击账号右上角的工具图标，在"设置"下，点击已关联的账号。在"Google Merchant Center"下，点击详细信息。找到要关联的账号。"状态"列将显示"待处理"。点击"操作"列中的"查看详细信息"。要批准关联请求，请点击"批准"。要拒绝关联请求，请点击"拒绝"。如果以后想要关联这些账号，则需要从 Merchant Center 发送新的关联请求。

（4）在 Google Ads 中制作购物广告系列。

具体搭建步骤如下：

① 登录 Google Ads 账号，点击菜单中的广告系列进行广告制作，目标选择"销售"，广告类型选择"购物"。

② 选择 Merchant Center 账号和要销售的国家，选择广告系列类型。

③ 设置出价和每日预算。

④ 设置投放网络和地理位置。

⑤ 选择广告组类型和出价。

⑥ 保存后进入产品组页面，从中可以看到一个"所有产品"的产品组，该产品组包含广告系列中的所有产品。使用子类创建更多产品组，让出价更有针对性。

不同的产品具有不同的利润率以及竞争水平，需要根据这些因素来设置出价。要创建这些产品组，请使用在产品 Feed 中设置的属性来细分产品。每次细分产品组时，总会得到一个"其他所有产品"组。谷歌会自动执行此操作。

如果数据 Feed 较小（例如 200 种产品以下），则最好获取商品 ID，以便可以按产品级别为商品设置出价。建议先按品牌或类别进行细分，然后再按产品 ID 进行细分。

购物广告系列中的每个广告组最多可以包含 20000 个产品组，广告组中的产品组仅用于设置出价，无须考虑产品与搜索查询是否相关。产品组的结构方式如下：

结构 1：包含多个产品组的一个广告系列。

谷歌购物允许根据类别、品牌、商品 ID、条件、产品类型、渠道、渠道专有性或 5 个自定义标签来细分产品组，还可以创建多个级别。例如，首先根据产品类型对所有产品进行细分，然后按品牌对产品进行分类，并在第三级对产品 ID 进行划分，这是最常见的分类结构。

结构 2：使用不同产品的多个广告系列。

企业可以根据品牌、产品类型或类别设置单独的购物广告系列。多个广告系列的最大优点是可以为每个广告系列设置特定的预算。这意味着可以将预算的 80% 分配给畅销产品，将 20% 分配给次要产品。如果将产品全部混合到一个广告系列中，则很难控制此预算。

结构 3：具有相同产品的多个广告系列。

多个具有相同产品的广告系列可以针对每个特定的一组进行单独出价。此设置的最大优点是，可以根据搜索查询的价值来设置不同的每次最高点击费用。最常见的例子是将品牌搜索查询与常规搜索查询分开，可以针对品牌搜索查询进行积极出价，同时大幅降低常规购物广告系列中的每次最高点击费用。

如果使用此广告系列结构，请确保广告系列优先级设置正确。在多个购物广告系列中使用同一产品，则可以使用广告系列优先级设置确定哪个广告系列应参与该产品的拍卖。例如，假设有两个广告系列共享同一产品。一个广告系列具有高优先级，而另一个则具有中优先级。即使将"中优先级"广告系列中的出价设置为较大的金额，谷歌也会优先使用"高优先级"广告系列中的出价。

7.7.5 购物广告出价策略

1. 自动出价策略类型

(1) 尽可能争取更多点击次数。

谷歌会自动设置适当的出价,在不超出所选目标支出金额的前提下争取尽可能多的点击。增加网站访问次数,提高低流量产品的点击次数,同时将支出控制在一定范围内。仅适用于标准购物广告系列。

(2) 智能点击付费。

"智能点击付费"出价策略会根据每次点击产生转化的可能性,自动上下调整人工出价。谷歌建议在启用此出价策略之前在广告系列的每个产品组中至少获得200次点击,可以在人工出价带来足够的流量后,使用此功能。仅适用于标准购物广告系列。

(3) 目标广告支出回报率。

会自动设置出价以最大限度地提高转化价值,同时努力达到设定的平均广告支出回报率。目标广告支出回报率的含义:对于向 Google Ads 投入的每一元钱,希望获得多少钱的收入。在启用此策略之前,Google Ads 建议在过去 30 天内至少进行 50 次转化。仅适用于标准购物广告系列。

(4) 尽可能提高转化价值。

会自动设置适当的出价,以尝试在设置的预算范围内带来尽可能高的转化价值。企业可以视需要设置最低目标广告支出回报率,在最大限度地提高广告系列收入的同时,确保回报率绝不会低于特定值。仅适用于智能购物广告系列。

2. 对于出价策略的建议

(1) 在设置第一个广告系列时,建议把出价设置得比"谷歌关键词规划师"中的"高位出价"稍低一些,然后随着覆盖和 CTR 的数据慢慢积累起来,再调整出价。一开始将预算设置的低一些,给日后的增长留下空间。

(2) 不要一味地提高出价,较低的出价通常会促进长尾关键词和竞争性较低的关键词的展示机会。而较长的关键词通常会转换得更好。此外,如果出价较低,则预算会更多。因此,有时更低的出价可能会带来更多的流量和更多的转化。

(3) 从手机端开始投放,然后再投 PC 端,测试出最合适的版位。

(4) 根据表现出价:一个产品有转化,稍微提高出价,看看是否可以获得更多的曝光和转化提升。一个产品得到了很多点击但是没有转化,可以降低出价,因为产品信息中植入的关键词不够精准。同时检查网站页面内容,也许着陆页需要一些优化,也许产品价格太高,或者竞争对手正在进行促销。

(5)季节性调整出价:CPC(每次点击费用)主要由竞争驱动,意味着更多的竞争对手投标将增加 CPC。对于季节性的产品,如植物、节日装饰、运动器材、返校用品、雪地装备、沙滩服装等,需要制订一个季节性的投放计划。

(6)将"其他所有商品"产品组中的出价设置为低于指定的特定名称组,这将有助于确保 Feed 中产品的所有流量和数据都发送到该特定产品,而不是所有产品。

(7)如果发现一开始出价太低,需要逐步提高出价,那么每隔几天做些改变就可以了。对于超过 50 个产品的 Feed,每天检查数据,然后每周修改几次出价,而不是每周只修改一次。对于 50 个以下的产品 Feed,每周检查一次,每月调整 1~3 次出价。

7.7.6 产品 Feed 优化

1. Feed 数据规范

(1)ID:商品的唯一标识符,为每件商品使用不重复的专用值,尽可能使用商品的库存量单位(SKU)。

(2)Title:最多 150 个字符,购物广告不是根据关键词触发,影响购物广告是否展示最关键的因素是 Title。产品标题必须准确且具有描述性,否则谷歌将很难知道何时展示产品广告。

① 包括热门关键词:建议把所有重要的关键词和信息都包含到 Title 里面。

② 在前台展示时只展示前 22 个字符,前 22 个字符是客户能看到,并判断要不要点击的关键因素。所以前 22 个字符要写好,写最能抓住客户的点。预先加载重要信息,尝试将最重要的信息放在标题标签中。

③ 不能包含促销文字,如免运费,也不能全部大写。

④ 使用颜色、品牌、性别、大小来区分,较长的搜索通常表明购买者的意图。因为,搜索"Blue Adidas Climalite Polo"的人比只输入"Polo"的人更容易转化。为产品创建一个详细的标题,以显示更详细的搜索。

⑤ 在字数限制内通常越详细越好。

⑥ 请注意产品标题的截断问题。保持产品标题简洁,并覆盖最有价值的关键词。

(3)Description:最多 5000 个字符,不能包含促销文字,如免运费,也不能全部大写。

① 简洁准确地描述商品,无须在这里长篇大论,只是准确而透彻地描述项目,考虑一下购买者需要知道什么。

② 考虑关键词,除了标题以外,产品说明是 Feed 中最重要的部分,可以确定要显示的关键词。

③ 重要信息放在前面，描述最前面的信息具有最大的权重，将重点放在产品说明的开头。

Feed 的 Title 或 Description 多采用谷歌下拉框常用语，更容易触发广告，避免使用促销文字。

（4）Price 价格：必须保持和着陆页价格一致。如果商品打折，原价 200 元，促销价 100 元，就写 Price 是 200 元，Sale Price 是 100 元。

（5）Google_product_category：谷歌商品类别属性会告知谷歌商品属于哪个类别。如果没有选择类别，谷歌会自动选择最合适的类别。即使商家有自己的分类，还是建议用谷歌商品类别属性，否则谷歌会自动分类甚至拒登。

（6）Product_type：产品类型是另一个类别指标。这不是必需的，但如果很难找到合适的谷歌产品类别，那么产品类型就变得尤为重要，这个主要用于组织购物广告系列。

（7）Image_link：图片是吸引用户点击广告的最重要因素之一。

① 在缩略图中显示，如果购物者不能清楚地看到自己所售的商品，则不会吸引很多点击。

② 谷歌要求在图片后面添加白色背景。

③ 确保图片质量高，禁止使用文字、水印或徽标，除非文字、水印或徽标出现在产品本身上，否则禁止使用，图片应仅展示所销售的产品。

④ 所有图像都应该是可用的最高分辨率（高度和宽度至少为 800 像素，文件大小最大为 10MB）。

（8）自定义标签：最多添加 5 个，可以使用自定义标签来根据所选的值对购物广告系列中的产品进行细分。例如，可以使用自定义标签表明产品是季节性商品、清仓甩卖还是畅销商品等。每个自定义标签（共 5 个），编号分别为 0～4，针对每种产品只能有一个值。

2. 产品 Feed 三大注意事项

（1）GTIN：商品的全球贸易项目代码。

UPC 适用于北美，EAN 适用于欧洲，JAN 适用于日本，ISBN 适用于图书。

如果商品没有 GTIN 或者 MPN，将 identifier_exists（是否有 ID）设置为 No［否］（FALSE）。

（2）MPN：商品的制造商部件号。

在没有 GTIN 的时候用。如果没有 GTIN，也没有 MPN，可以自己编一个号填在MPN，最多 70 个字母、数字字符，并且尽可能编得不重复。

Shipping 和 Tax 这两个项目既可以在 Feed 里设置，也可以在 Merchant Center 账号里设置。如果两个地方都设置了，就会以 Feed 里的为准。这里建议在账号里设置，因为更简单，不易出错。

如果在 Feed 里设置，名称里要提交国家/地区、邮政编码和价格，以美国、包邮为例，最简单的写法是：

名称为 shipping；值为 US:::0 USD，注意 US 后面有 3 个冒号。

（3）Feed 上传频率及时机。

建议只要商品有变动就做更新，一天一次；自动化产出和上传；若变动小，30 天内至少更新一次；建议在网站低流量时做更新。

7.7.7 增强购物广告的效果

通过增加一些额外的附加信息可以增强购物广告的效果。

1. 商户促销

（1）商户促销活动可在以下国家/地区使用：澳大利亚、法国、德国、印度、英国、加拿大和美国。

（2）如果有兴趣参加，需要填写商家促销兴趣表。[①] 要填写兴趣表，必须拥有有效产品 Feed 的 Google Merchant Center 账户。提交兴趣表之后，谷歌将在 48 小时内回复一封电子邮件。

（3）允许促销的类型。

免费送货：设置折扣码。如果网站上不需要折扣码就能免运费，就必须在 Feed 里面提交。

提供赠品：就是商家提供的赠品。需要注意的是，网站的着陆页、购物车和结算页面赠品都要显示出来，否则促销会审核不通过。

折扣百分比：就是按比例打折，可以设置折扣码和打折条件，如订单金额最低是多少才可以享受折扣。

金额折扣：例如，订单满 $50 可获得 5% 的折扣，订单满 $100 可获得 10% 的折扣。

（4）促销活动最多可以运行 6 个月（183 天）。如果之后仍要运行促销，则需要重新创建促销以继续运行优惠。

① 如果一次只创建一个促销，则可以使用 Merchant Center 中内置的促销工具。

Promotion ID：一个很好的技巧是也将当前日期添加为促销 ID，以避免重复性错误。

[①] 可通过网址 https://support.google.com/merchants/contact/promos_contact 登录填写。

如果选择"特定产品"选项，则还必须执行其他步骤，必须在产品 Feed 中添加 promotion_id 列，如图 7 - 21 所示。

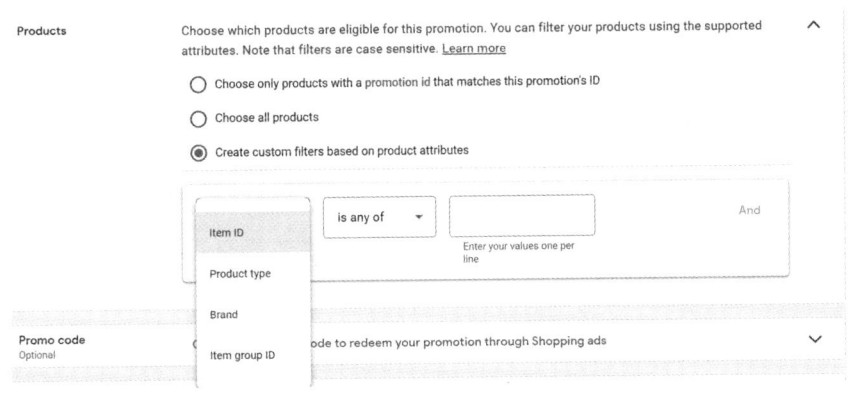

图 7 - 21　Merchant Center 后台截图示例

如果选择将促销应用于产品 Feed 中的特定产品，请使用自定义过滤器选项。此选项可以从产品 Feed 中选择特定的属性，以排除或包括在促销中。

谷歌将执行的两项审核如下。

政策审核：执行得相当快，通常在促销创建的同一天。政策审核主要检查在促销级别上是否满足所有政策和编辑要求。

SKU 审核：在促销创建过程中 SKU 必须是启动且上架状态。

SKU 审查会检查促销是否确实存在于网站上，并执行商家促销标题中提到的确切方式。

② 如果要提交大量促销，请使用促销 Feed。

2. 卖家星级

首先，在账户中开启卖家评价功能；其次，按照提示部署问卷集成代码。

问卷集成代码部署成功后，用户付款成功后会有一个弹窗，问客户是否愿意填写调查问卷。用户点击"可以"后，谷歌预计用户已经收到商品的时候，就会给用户发一个调查问卷，用户就可以填写问卷调查了。

当在某个国家收集到至少 100 条评价，并且星级不低于三星半时，在谷歌搜索结果中，产品就会展示星级了。

3. 商品评分

Merchant Center 计划中还有一个和卖家星级类似的功能——商品评分。

商品评分采用包含 1 ~ 5 星的评分体系，并且提供总评价数。这些以星级表示的评分反映了经过汇总的商品评分和评价数据，这些数据取自商家、第三方产品销售平台、评测网站以及消费者等多种来源。产品必须获得至少 3 条评价，才符合在谷歌上显示产品评分的条件。在购物广告中添加 5 星评分和评价体系。在广告中显示商品评分不仅有助于增强买家购物信心，也有助于提高广告点击率。

系统会依据一系列因素将商品评分 Feed 的评价数据与商品对应起来，其中最重要的依据是全球唯一的商品标识码，如 GTIN。如果没有 GTIN 数据，谷歌将会尝试通过其他元数据信息（如库存量单位 SKU、"品牌＋MPN"组合，以及商品网址）匹配评价，但是此类标识码通常无法提供良好的匹配效果。简而言之，如果没有 GTIN，就可能发生匹配问题。这意味着，商家提供的商品旁边可能不会显示星级评分。

4. 商品评分和顾客评价的区别

两者的展示形式是相同的。区别在于顾客评价是谷歌给客户发调查问卷来收集数据，商品评分是我们自己上传客户评价。商品评分和顾客评价可以配合使用。如果两个都开通，谷歌会综合考虑用户问卷调查结果、商品评分，以及一些独立来源的评价。

如果只想开通一个，建议开通顾客评价。因为调查问卷是谷歌自己收集的数据，商品评分是商家上传的数据，对比而言，谷歌对调查问卷获取到的数据采信度更高。

7.7.8 购物广告优化建议

1. 优化 Feed

谷歌购物没有关键词，因此优化商品 Feed 是至关重要的，以便谷歌知道何时在搜索结果中展示商品。企业对数据进行的优化越多，内容就越有可能出现在相关查询中。

2. 保持价格竞争力

在谷歌购物网络上成功的第二个关键因素是产品的价格。谷歌的信息很明确：如果产品价格比竞争对手高，则广告将不会频繁展示。

3. 测试出价

在谷歌搜索网络上的出价非常简单：将出价提高少量，就会看到展示次数和转化次数略有增加。但是，谷歌购物平台的波动性更大。将出价小幅提高可以导致收入和利润的大幅增长。要充分利用这一点，关键是要不断测试出价以找到最佳平衡。

4. 有策略地放置关键词

产品标题要包含最重要的关键词，如果希望当购物者搜索"派对礼服"时展示投放的谷歌购物广告，那么应该将该关键词放在产品标题中。

5. 细分产品组

不同的产品具有不同的利润率以及竞争水平,需要根据这些因素来设置出价。

6. 添加否定关键词

选择添加否定关键词,以确保某些搜索查询不会出现。

7. 对广告使用再营销

为了获得最佳效果,请根据客户在网站上访问过的页面来细分再营销受众。例如,如果客户访问了类别页面,则可以将出价提高10%。如果客户访问了产品页面,他们的购买周期可能会更短,并知道他们要购买哪些产品,因此可以将出价提高20%。放弃购物车的人是购买可能性非常高的人,可以将出价提高更多。

从购物广告没展示的原因中寻找优化方向。

(1) 产品 Feed 未通过审核。

(2) Feed 里提交的产品数过少。如果产品数较少,覆盖到的产品词少,起效会更慢一些。这时候在 Feed 的 Title 和 Description 里尽量多增加一下关键词,可以增加展示的概率。

(3) 价格。如果出价太低也可能导致展示次数少。第一次投放购物广告,建议出一个中等偏上的价格,并且起效之前不要频繁改动价格。

(4) 检查一下 Merchant Center 里是否停用了成人内容。

这个是最容易被忽略的问题,且一旦不小心勾选了成人内容,广告就很难投放出去。

检查位置:Merchant Center 右上角——购物广告设置。

购物广告起效较慢,第一周没有数据或者数据很少是正常的,第二周开始数据就会多起来。如果确保以上几点设置没有问题,第一周没有数据不用着急,大约5天后数据就开始多起来了。

7.7.9 免费的购物广告

现在购物广告推出了免费版本,不付费也能展示商品。此功能可以让用户在谷歌图片、"谷歌购物"标签页、谷歌搜索等多个谷歌平台的搜索结果中看到来自商店的商品。参与该计划的商家可以在非付费商品详情中展示其商品,如图7-22所示。

如果用户在谷歌上搜索产品关键词,付费产品列表仍然会出现在谷歌搜索结果的顶部,以及"Shopping"的顶部。

对于零售商来说,这一变化意味着每天都有数百万人免费访问谷歌,以满足他们

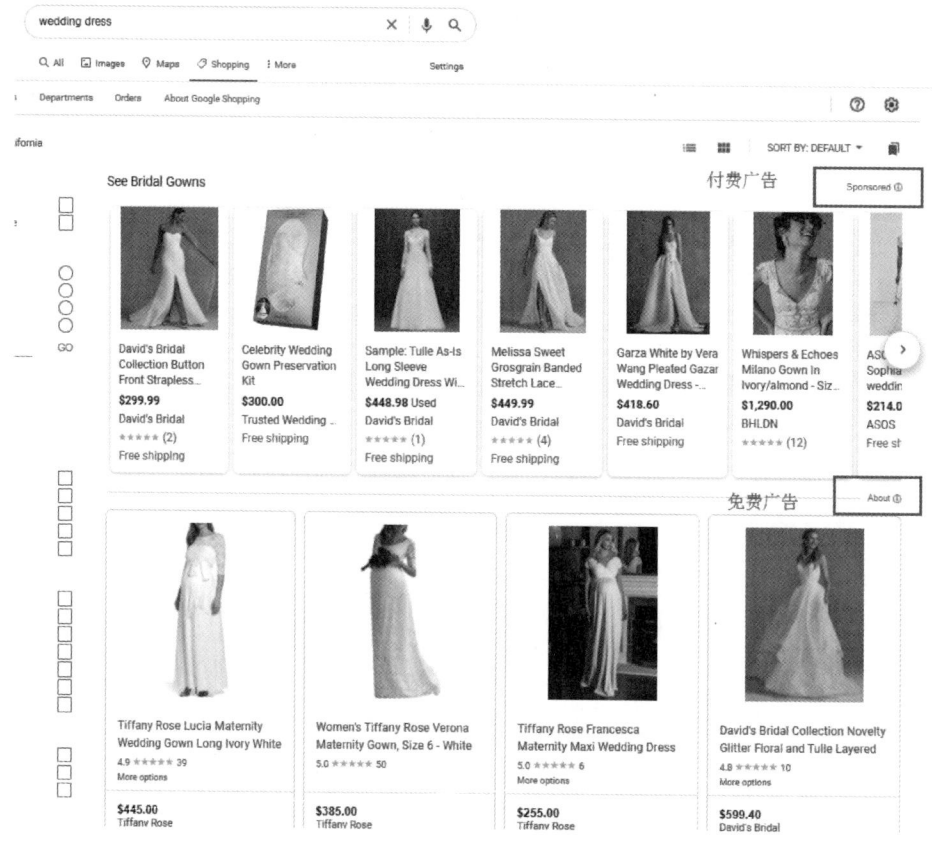

图 7-22　Google Shopping 搜索结果示例

的购物需求。对于购物者来说，这意味着可以通过谷歌购物标签找到来自更多商店的更多产品。对于广告主而言，这意味着现在可以使用免费列表来扩大付费广告系列。

Google Merchant Center 的现有商家可以通过在导航菜单中选择"Growth"——"Manage Programs"——"Surfaces Across Google"来实现这个功能。

如果尚未在 Google Ads 中投放广告，则需要完成以下步骤才能使产品符合免费购物清单的条件。

第一，创建 Merchant Center 账户（如果尚未创建）。第二，在 Merchant Center 中设置账户时，需要选择使用 Surfaces Across Google。当然，还需要使用产品 Feed 将产品添加到 Merchant Center 账户。

所有零售商向 Google Merchant Center 提交产品 Feed 后，都可以选择在谷歌上免费展示其产品。另外，谷歌限制了非法、管制或敏感产品的列表。

谷歌会从 Google Merchant Center 的购物 Feed 中提取有关产品的所有信息，因此，要充分利用这些免费物品，请务必优先优化 Google Shopping Feed。优化 Google Shopping Feed 中的属性更有可能将产品展示在免费谷歌购物列表和谷歌购物广告。

7.7.10 如何避免被封号

现在谷歌对账户的审核越来越严格，在投放前最好做好自身的检查，避免因为账户被封带来一些不必要的麻烦。因为账户被封后的解锁过程相对比较漫长，有些甚至不能解封。

1. 商城站常见的政策违规问题

（1）不受支持的购物广告业务与成人内容。

金融、旅游、服务、汽车、不动产或宠物行业，无法送货上门或零售商只通过应用提供服务的。

宣传武器等危险商品、烟草、仿冒商品等。成人用品和药品可以投放，但会受到限制。

（2）仿冒产品。

谷歌对仿冒产品零容忍度，一经发现网站中包含有仿冒产品，会立刻暂停账户，严重时可暂停与 GMC 账户相关联的 Ads 账户。

常见错误：

① 仿冒产品在品牌服装和电子消费类产品中最为常见。

② 未提供产品及保修的所有信息。

③ 仿冒大牌的 Logo 或经典产品款式。

④ 销售大牌商品，但未提供作为授权经销商的证明文件。

（3）用户安全。

① 网站要包含实体地址、联系电话和邮箱。

② 要有退换货政策（包括退货时间、退货地址、邮寄方式、退回的收费方式等）。

③ 要有明确的条款和条件（Terms and Conditions，如写明安全合规地搜集用户信息，避免在付款等流程中获取用户支付信息）。

④ 要有结算方式总结。

（4）虚假陈述自身或商品。

① 虚假促销：促销活动在实际付款时并没有按约定减免费用（要确保网站上的促销活动和 GMC 里设置的促销活动是一致的）。

② 评价造假：如存在虚假的用户评价，或是用户评价和产品评分不相符，销量和用户评价数量严重不相符等。谷歌广告允许商户网站中导入第三方平台的针对同一 SKU 的评论，但需要有注脚及出处。

③ 销量造假：例如，加入建站平台后台提供的虚假插件等，暗示根本不存在的购买或者夸大销售数据、销售结果，透露过多买家信息。

④ 地址造假：谷歌的审核机制会分辨网站上的 Contact Us 或者 About Us 的地址是否为真实的属于广告主的地址，检测方式包括但不限于 Google Map 以及搜索引擎上的信息查证。请在网站上显示正确地址，切勿写一个不真实的、可疑的地址。

⑤ 信息自相矛盾：譬如网站上的 About Us 描述和公司地址信息不匹配，如果是中国卖家，不要在网站上体现外国属性。譬如关于物流的运输时间与公司地址不符，若公司包装成境外公司，则物流方面应该达到海外仓运输的水平。

⑥ 盗图：产品图片为盗用，非原创或得到官方授权。素材侵权很严重，图片不要用其他人的。

⑦ 倒数插件：原则上可以使用倒计时插件，但是注意，需要真实地进行倒数，要避免类似"每天点开都是最后一天"的虚假情况。

2. GMC 和网站本身需要注意的问题

（1）GMC 要求。

① 仅宣传可以直接购买的商品（必须）。

② 使用官方语言（必须）。

③ 面向特定国家/地区宣传商品时，请使用该国家/地区的官方语言。

④ 定期登录 Merchant Center 账号（必须）。

每 14 个月至少要登录一次 Merchant Center 账号，以保证账号处于有效状态。

（2）网站要求。

① 建议快速打开网页，网站速度必须快。

② 网站排版建议。

重要信息放首屏，避免无关信息占据位置。信息必须明确，避免多种不同类型产品混杂一起；同时，分类导航可放在首屏，用户进网站后第一眼可看到，并根据自己需求进行明确选择。

图片从不同角度拍摄，多维度展示产品，同时最好是左右滑动选项卡，避免每次点击图片都要进行下载，尤其移动端，速度较慢，有可能出现图片下载不成功的情况。图片和产品信息最好在同一屏，避免图片占一屏位置，下拉再出现信息。

③ 加购及购买版块。

加购选项可固定在网站的某一个位置，如底端，用户可随时点击加购，避免下拉过程中加购消失。

④ 购买流程。

输入框尽可能靠近页面上端，同时空间偏大些，方便手机用户输入填写信息，避免手机键盘遮挡。

显示购买流程条：方便用户知道自己进行到哪一步了。

提供更多选项：例如，客户填写信息后，提供一个是否记住信息与密码的选项，方便用户下次购买。

信息备注：例如，几天内发货，或是预计多长时间能收到货，让用户心里有明确预期。

使用必要的支付方式：结合当地人的支付习惯来决定。

⑤ 联系信息必须准确。

网站必须显示完整和准确的联系方式，其中包括地址、电话号码和电子邮箱地址。

⑥ 结算系统。

结算方式安全。付款和交易处理以及向用户收集任何敏感个人信息和个人财务信息的行为，必须在安全处理服务器（经 SSL 加密，具有有效的 SSL 证书）上进行。

结算条款和条件规范。网站必须提供清晰明确的结算条款和条件。

结算过程顺利。网站需要确保用户能够将商品成功添加到购物车中，并顺利完成整个结算过程。

⑦ 每个页面底部必须有明确说明退货和退款政策的链接。

应在政策中明确说明如何处理退货和退款，包括：用户需要采取的措施，退货和退款的适用情形，接受退货的时间期限，用户多久会收到退款。

⑧ 清楚地展示产品。

清楚地展示标题、描述、图像、价格、货币、可用性和购买按钮。避免布局隐藏页面的关键元素。例如，弹出或下载标语不应覆盖客户的重要信息，并且是可关闭的。确保目标网页处于活动状态，不能出现"404"错误。

⑨ 妥善而负责地收集用户信息。

必须安装 SSL 证书，不得出售用户的联系信息，不得在未经用户同意的情况下，将用户的个人信息或图片用于广告，网站不得以收集用户的个人信息为主要目的，必须增加 Privacy Policy 页面。

⑩ 必须验证网站网址并声明所有权。

在 Search Console 中验证您的网域并声明所有权。

3. 被封后如何自查解封

GMC 被封后切记千万不要申请开通新的 GMC，被封账户重复开户属于严重违规，影响申诉。

先对照自查清单，检查网站是否合规，确保没有问题后再投放广告。同样地，如果账户已经被封了，也是先对照清单，查找哪里有违规，自查清单见表 7-6。

表7-6 自查清单

不当内容
哄抬物价或人为提价，阻止/限制用户获取重要物资
在敏感事件期间销售不足以满足用户需求的产品或服务（如个人防护装备）
试图使用与敏感事件相关的关键词来争取更多流量
虚假陈述自身或商品
全站促销（所有商品打折销售）；虚假宣传折扣信息
隐藏或伪造关键业务属性，如经营模式、商家地址等
产品图片为盗取非原创，货不对版
创建多个GMC账户以规避政策审核
网络滥用
宣传恶意软件或垃圾软件
同一商家仅为扩大流量、在没有提供独特价值的情况下，推广多个网站
单纯地从其他来源复制内容，而未添加原创内容或额外功能
联系信息
电话/邮箱/地址至少要体现两个
电话要加上国家编码
地址需要是真实可查的办公室地址，不要写海外仓库地址
提供的信息是文本形式
购物政策
配送政策需要包含发货时间（标明工作日还是自然日）
针对不同地区及市场，标明不同的预估邮寄时间以及对应的邮费
涉及不同市场的海关税，也需要标明承担方
支付方式
主页右下角的支付方式Logo，要与网站可接受的支付方式对应
支付方式介绍中，需要与网站可接受的支付方式对应（如若同时接受Paypal和信用卡支付，需要同时写明具体的支付流程及方式）
支付方式最好有安全保证标志
其他事项
禁止全场促销，打折的数量不要超过全网的50%
打折的力度不要超过价格的50%
不要用抽象的词，如Fasted Delivery
不要用产品夸大的词，如Best
图片不要带Logo或者促销语，不要带水印
广告价格和目标页面及最终付款价格需要一致（如果价格有频繁改动，每次改动后都应更新一次Feed）
广告同目标页面货币显示要一致
广告同目标页面语言显示要一致，从着陆页到付款完成的所有页面的语言，都需要和定位国家的语言一致

(1) 检查点一：自我陈述或产品的虚假陈述（不可信的促销）。

① 仿冒大牌的 Logo、商标或产品款式。

② 销售大牌商品，但未提供作为授权经销商的证明文件。

③ 隐藏或伪造关键业务属性，如经营模式、商家地址。

④ 产品为盗取非原创。

⑤ 虚假宣传折扣信息。

对于以上问题，可从 About Us/Contact Us、自我陈述和产品陈述三点入手，进行自查和修改，如图 7-23 所示。

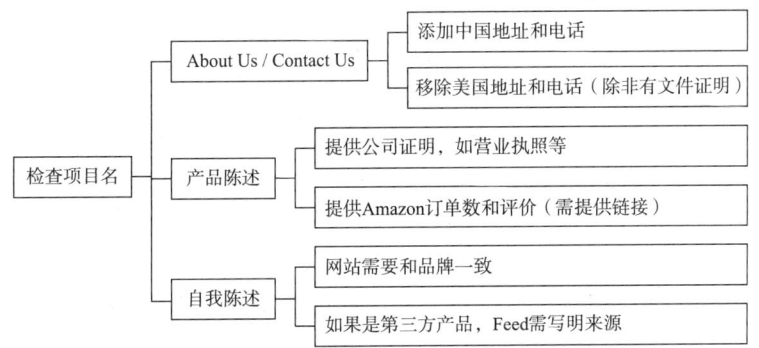

图 7-23 自我陈述和产品的虚假陈述检查事项举例

(2) 检查点二：不可信任的促销/推广。

① 大幅度折扣促销。

② 网站刚建立就有大量的评论。

③ 外部导入评论。

对于这些问题，可从促销信息和插件导入两点入手，进行自查和修改，如图 7-24 所示。

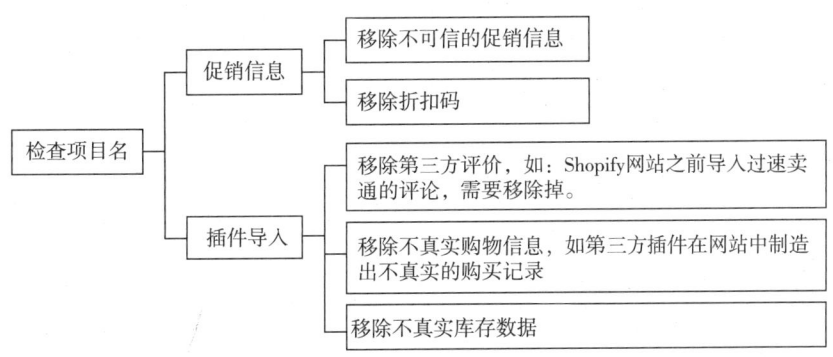

图 7-24 不可信任的促销和推广检查事项

（3）检查点三：顾客投诉。

在"顾客投诉"的问题上，由于客诉的产生是十分主观的行为，投诉原因不一，建议大家积极和客户沟通处理。可从运输条款和品质问题两点入手，进行自查并完善相应内容，避免系统机选时 GMC 账户被封，如图 7-25 所示。

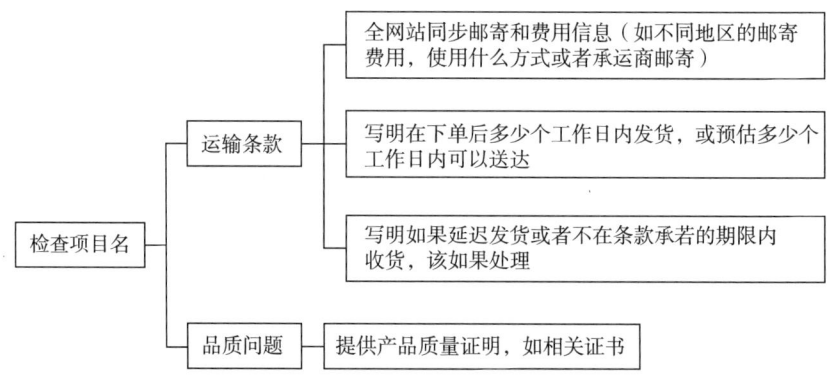

图 7-25　客户投诉检查事项

（4）检查点四：站群卖家。

如果是"站群玩法"的卖家，为了预防 GMC 账户被封，最好避免以下常见错误：

① GMC 账户被封后立即重新注册。

② 一个网站对应多个 GMC 账户。对于该问题，可从以下四点入手，进行自查和修改，如图 7-26 所示。

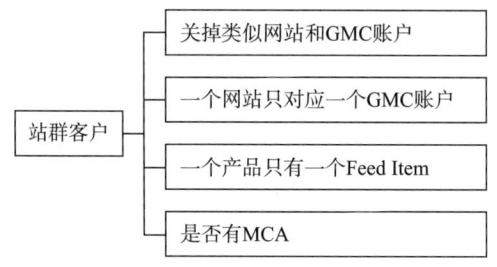

图 7-26　站群卖家检查事项

（5）检查点五：不良行为及其他。

在"不良行为"问题上，为了预防 GMC 账户被封，可从以下三点入手，进行自查和修改，如图 7-27 所示。

GMC 账户被封主要是系统机选的结果，所以在一定程度上，可能会出现"误封"的情况。建议大家先根据上述自查办法逐一进行自查和修改，在排除各项可能性之后，向官方申诉解封。在申诉时需要对网站进行的改动做出具体的说明，并以邮件的形式呈现。

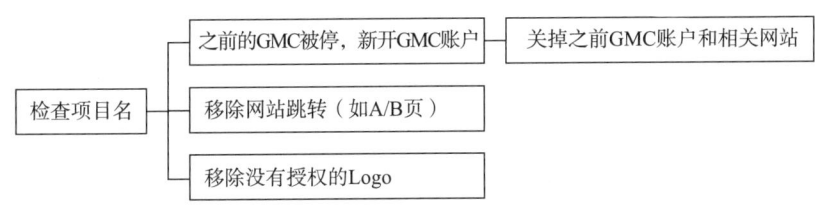

图 7-27 不良行为检查事项

GMC 账户被封，会连带导致 Ads 封禁（可能 10 分钟之内就会被封），所以 GMC 账户一旦被封，要马上解绑 Ads，不然要同时申诉两个。

如果账户被封，可以通过邮件申诉，申诉时添加附件：如营业执照、仓库照片，证明自己是个真实卖货的商家，如果有亚马逊店铺，写店铺链接，提供真实交易记录。申诉邮件写清楚做了哪些调整、业务模式、仓储物流信息等。申诉邮件用英文写最好，因为处理申诉的团队大部分是外国人。

7.8 数据分析与账户优化

通过以上学习了解了谷歌广告类型以及投放方法，就可以开始正式投放广告了。但广告设置好并开始投放只是起点。接下来，需要通过一系列的数据分析，评估广告性能，并通过日常的账户优化，让广告投放价值最大化。

7.8.1 数据分析

账户分析要由大到小，先看下概览，有没有特别明显的异常变化。

广告系列层级主要看点击率、展示次数是否足够、页首展示次数百分比的情况（这个越高越好，一般低于 80% 说明广告排名比较靠后）、跳出率的情况（要求 70% 以下）、每次转化费用的高低、会话的平均时长（最好大于 1 分钟）。

广告组和广告系列差不多，主要看哪个广告系列的情况好，哪个不太好。不好的具体深入分析关键词。

关键词看点击率（最起码 >3% 才是比较有效的广告）、跳出率、页首展示百分比（特别是一些重点关键词一定要保证高展示率）、关键词花费和转化的情况（特别是高花费却没有转化的关键词）。重点关注关键词的质量分和具体的三个影响因素：预期点击率、着陆页体验和广告相关性。

除了关键词可以再分析客户实际匹配过来的搜索字词报告，以及这个词是通过哪个关键词匹配过来的。对于一些不相关的搜索字词及时做好排除。

地理位置方面看账户的流量主要来自哪个国家，数据是否正常，花费和转化是否成正比。

设备也是要重点关注的地方,现在使用手机是趋势,手机端的流量越来越大,但是流量的质量不一定是最佳的,需要分析跳出率、页面访问时长。如果流量情况不好,及时降低投放比例或者先不投放。

广告语需要分析每条广告的展示和点击情况,点击率不高的广告及时暂停,并增加新的广告语。

7.8.2 账户优化方向

下面分享一些账户优化的经验。

1. 账户层面

(1)一个账号最好每种广告类型都要有,可以预算很少但要有,对账户权重有利。
(2)附加信息类型尽可能多地添加。
(3)每次做大的变动,如调整出价方式、预算等,要两周之后再看效果,谷歌也需要时间学习。

2. 关键词部分

(1)点击率高、转化率高、效果好的词单独放一个广告系列,效果不好的词新建一个广告组,这样谷歌会认为这个系列质量很好,可能用低价格就可以获得好的排名。
(2)关键词选择尽量精准,大词竞争太大,转化率低。
(3)关键词要考虑不同国家的不同表达。
(4)关键词的筛选可以参考谷歌的下拉词条和相关词推荐。
(5)每个产品类型可以做一个核心关键词组和一个长尾关键词组,方便查看数据。
(6)排名不好的关键词可以这样调整:
① 提高出价。
② 提高关键词和广告的相关性。
③ 更新广告语(Title 加入一些 CTA 词;Description 里面加入一些简单的短语、抓眼球的词)。
④ 附加信息更新:附加链接,宣传信息等做好更新,确保匹配。
⑤ 专门针对这个词写一条广告语。
⑥ 另外放一个广告组。
(7)对于展示多、点击少的关键词有可能有以下原因:
① 排名较低,错失点击。
② 广告不吸引客户。

③ 产品宽泛与客户搜索词不相关。

对应调整方法：

① 排名低就提高出价。

② 广告语应吸引客户，应描述产品的优势或卖点。

③ 保证词的精确，确保搜索词与推广词相关性。

④ 不需要的关键词不要直接删除，点暂停。

⑤ 在预算充足的情况下，如果关键词流量低但是意向度高，则可以设置较为宽泛的匹配模式；如果关键词流量高但意向度低，则可以设置较为精确的匹配模式。

3. 广告语部分

（1）可以把客户常见问题的答案体现在广告语中，提前解决客户的疑问。

（2）广告语的元素尽量补全，充分利用字符数限额。

（3）关注重点竞争对手广告有哪些调整变动，加以借鉴。

（4）修改广告语不要在原有的基础上修改，选复制并修改，和原来的广告同时投放，两周后看效果，效果好的话再把原来的停掉。

4. 出价优化

现在谷歌主推智能出价，但前期还是推荐用人工，对于 B2B 企业后期可以尝试尽可能提高转化次数的出价方式。

关键词出价应该从关键词的流量大小和意向度出发，意向度为第一考虑因素，流量为第二因素。意向度最高，且流量较高的关键词在整个账户中可出最高价；意向度最低，且流量最低的关键词可出最低价。

因预算过低导致广告展示频率低，预算受限，如果希望一天内能更多地展示次数，需要完成以下工作：

（1）增加每日预算。增加每日预算是提高广告展示频率最简便的方法。

（2）提高质量得分。通过改进广告、关键词和广告系列的质量，可以降低广告的展示费用。由于费用降低了，即使每日预算不变，也可以展示更多广告。

5. 着陆页体验

着陆页体验低，可以多参考竞争对手排名高的网站，看有没有可以借鉴的。多做一些 A/B 测试不同的情况。

附　录

1. 谷歌排名页（Google SERPs）

Google 搜索引擎的排名页面主要搜索结果类型如下：

（1）谷歌知识图谱（Knowledge Graph）。

轮播（Carousel）：适合博物馆和音乐家。

品牌知识图谱（Brand Knowledge Graph Panel）：适合需要推广品牌的企业。

（2）广告（Ads）。

Ads 搜索广告（Paid Results & Google Ads）：适合所有企业，见效快，花费略高。

谷歌购物（Google Shopping）：适合 B2C 电子商务网站。

谷歌航班（Google Flights）：适合航空公司、旅游公司、航空公司分销商等。

酒店广告（Hotel Ads）：适合酒店、旅游公司、酒店预订机构。

（3）本地搜索结果。

本地搜索结果（Local Results）：适合每一家有实体地址的企业。

本地知识图谱（Local Knowledge Graph Panel）：适合每一家实体店。

（4）特色精选片段。

旅行盒子（Travel Box）：适合旅游和运输公司。

精选答案（Instant Answers）：适合所有企业。

（5）自然搜索结果（Organic Search Results）。

常规搜索列表：适合所有企业。

社交搜索列表：适合社交媒体活跃的企业。

谷歌新闻：适合出版商和博客。

图片：适合摄影作品网站、摄影师、艺术家，对于外贸企业来说，网站的产品图片也是有极大的机会。

视频：高潜力的营销方式，适合所有制作视频内容的企业。

2. 外贸推广三部曲

（1）业务 & 品牌认知（Awareness）。

官网定位与建设：需要一个符合品牌调性、产品属性和用户体验的 SEO 品牌营销型网站。

推荐的营销方式：SEO，PPC，SMM，PR。

（2）流量沉淀 & 用户关注（Attention）。

宣传品牌价值，增加品牌曝光，传播品牌文化，获得关注，培养粉丝。

推荐的营销方式：SEO，PPC，SMM，PR，Wikipedia，Quora，Google Knowledge Graph。

（3）用户转化（Conversion）。

建立良好的企业与用户关系，获得流量转化，实现品牌增值，拓展新业务。

推荐的营销方式：SEO，Website Improvement，SMM，Data Analysis，PPC，Branding，PR，WOM Marketing，Content Marketing。

3. 社交媒体营销（SMM，Social Media Marketing）

通过 Facebook、LinkedIn 等社交媒体为企业做品牌、产品和服务宣传，可以快速准确地培养企业用户群体，形成有效的数据沉淀、流量转化和行业圈子。

4. PR（Public Relations）媒体

通过海外媒体发布新闻稿，如雅虎财经、雅虎新闻、路透社、纳斯达克、福布斯等主流媒体，加大企业品牌曝光机会，增加品牌影响力。

5. 维基百科（Wikipedia）

维基百科是国际互联网上最大且最受大众欢迎的参考工具书，常年名列全球十大最受欢迎的网站。上市公司、外贸企业、商业人物、艺人明星等无不对之青睐有加。

（1）如何判断某个名词是否达到维基百科的收录要求呢？

第一，谷歌检索，在谷歌搜索框、谷歌新闻检索该名词，查看检索结果，结果越多，表明关注度越高。如果检索结果很少，那么基本可以判定，该名词达不到收录标准。

第二，有了检索结果只是必要条件，而非充分条件，还要去筛选检索结果，剔除 PR 稿件、自媒体等不可信来源。

第三，如果该名词之前创建过维基百科词条，并被删除过，尤其删除次数达 3 次以上，则需谨慎处理。因为此时，就算该名词有很多可信检索结果，也有可能无法成功为其创建词条。

第四，针对屡次被删的词条，要查看是否被谷歌安全性白皮书（Google Security Whitepaper）屏蔽，如果被白皮书屏蔽，那么词条就做不了。

（2）为什么要做维基百科？

维基百科 PR 值高达 9 分，排名好、权重高，是衡量一个人物、一家公司的行业知名度的重要标准和国际标准。

维基百科是权威可信的网络百科全书，其影响力远胜其他网络百科。Google PageRank Checker 给五大网络百科做了一个权威的排名：维基百科＞百度百科＞互动百科＞搜狗百科＞360 百科。

谷歌独爱维基百科，维基百科是建立谷歌知识图谱的基石。有了维基百科，就不必再担心知名度与曝光度。

6. 谷歌知识图谱（Google Knowledge Graph）

谷歌知识图谱是谷歌推出的一个庞大且实用的知识库，其使用语义检索从多种来源搜集信息，以提高谷歌搜索的质量。这些信息在搜索结果旁边的信息框中呈现给用户，谷歌将这些呈现在搜索结果右侧（移动端则位于顶部）的信息框称为"Knowledge Panels"。

谷歌知识图谱除了显示与特定检索对象关联的网站（维基百科、YouTube、Facebook、Twitter、LinkedIn 等）的链接列表外，还提供结构化及详细的关于主题的信息。谷歌此举的目的在于为用户提供明快简单的检索体验，借助知识图谱，用户不必导航到其他网站并自己汇总信息，用户再也不必像以前那样一页一页地搜寻并过滤不相关信息。谷歌知识图谱将搜索结果系统化，从而为用户提供有完整知识体系的搜索结果，这就为用户大大降低了时间成本，从而使得原本粗略式的搜索行为成为一种靶向式的检索行为。

7. Quora 问答

（1）获得回答排名。

Quora 试图展示最有帮助、最优质的答案。

（2）适度回答。

违反 Quora 策略的内容通常会被压缩或删除。这是通过算法和搜集用户反馈来完成的。

(3) 具有社会价值。

Quora 已经成为一个众所周知的专家分享知识的地方。企业可以通过撰写发布高质量内容来获得品牌声誉。一些学校项目和工作甚至把申请者在 Quora 上的参与度作为申请是否通过的参考维度之一。

(4) 树立社会规范。

Quora 为群体树立了鼓励创造高质量内容的优良风气，有利于越来越优质的内容涌现。

8. 搜索引擎（Search Engine）

搜索引擎是一个基于互联网的工具，人们利用它来方便地找到相关信息。输入一个搜索词后，用户会收到一长串结果。点击其中一个搜索结果的链接，就会进入到与搜索条件相关的网站。在网站推广领域，一个公司的网站受欢迎程度与该公司网站的排名问题挂钩，搜索引擎对该网站的排名越高，该网站获得的流量就越大（目标是出现在搜索结果的首页）。因此，根据相关和热门的用户搜索词来推广网站是非常重要的。搜索引擎由爬虫、索引和各种算法组成，这些算法负责计算搜索结果呈现给用户的顺序。现在最流行的搜索引擎是谷歌。

9. 搜索引擎算法（Search Engine Algorithm）

搜索引擎算法是一组规则，搜索引擎使用这些规则对搜索结果列表进行排序，以响应搜索查询。搜索引擎，尤其是谷歌，总是要改进它们的网站索引算法，以便能够在一个单词或短语输入到搜索引擎后的百分之一秒内为用户提供合适的结果。搜索算法受到很多因素的影响，有些是网站推广者知道的，有些是搜索引擎运营商保密的。一个网站推广人员越专业、越有经验，就越知道如何以最快、最高质量的方式有效地推广一个网站。

搜索引擎将定期通过向网站发送一个爬虫程序来查看其所有数据。它们以程序分析数据来评估网站的价值，并确定网站出现在各种搜索结果中的排名。这些算法非常复杂，搜索引擎将其算法作为商业机密严密保护。

10. 白帽搜索引擎优化（White Hat SEO）

白帽搜索引擎优化技术是用于描述某些搜索引擎优化（SEO）的方法，这些方法能够改进搜索引擎结果页的排名，同时保持完整性并保持在搜索引擎的指导原则、条款和条件范围内。例如，高质量的内容和网站服务、使用丰富的元标记、使网站用户体验友好等。

11. 黑帽搜索引擎优化（Black Hat SEO）

黑帽搜索引擎优化技术是通过欺骗搜索引擎的方法来获得更好的网站排名的方法。使用黑帽搜索引擎优化的做法，可能会影响网站排名，甚至得到搜索引擎的惩罚与禁止。

黑帽搜索引擎优化策略不应该采用。具体的黑帽策略有：自动创建内容、桥页、隐藏文本或链接、关键词堆砌、举报竞争对手、非正常的重定向、刻意制造外链（包括购买链接、链接农场、链轮、链接网络等）、伪原创文章、在谷歌中自动查询获得点击、重复内容等。

12. 熊猫更新（Panda Update）

2011 年，谷歌更新了其搜索引擎的算法，并将其命名为"熊猫更新"。此次更新的目的是从搜索结果中删除垃圾网站和低质量的"单薄"网站，并向用户提供高质量的搜索结果，例如提供原创、相关和优质内容的网站。算法的更新促使许多网站运营商产出高质量的内容，而这些内容在大多数情况下都是由专业人士撰写的。

13. 企鹅更新（Google Penguin）

企鹅更新是 2012 年加入谷歌搜索引擎的算法。企鹅更新改变了搜索引擎优化（SEO）的规则，给 SEO 行业带来了巨大的变化。在更新算法之前，网站推广人员会尽可能多地集成关键词，并添加更多关键词的内部链接，然而，今天任何网站都必须使用更优质的策略进行推广，太多的关键词或链接可能导致网站在搜索引擎中排名较低。

14. 索引（Index）

网站索引是一种使用关键词和元数据列出网站内容的技术。这通常是由发起人手动进行的，而搜索引擎则利用自动程序，如"机器人程序"或"蜘蛛程序"，在网站的可访问网页中爬行，并收集用于对网站进行排名的统计数据。谷歌的新索引系统——谷歌的咖啡因（Google's "caffeine"），加快了搜索速度，使搜索更快捷。在建立新网站或添加新网页后，建议在谷歌 GSC 中添加对应网站资源或提交对应网页，同时增加链接的数量，最好是从内容庞大或高流量的网站获得的链接。

15. Google Dance

Google Dance 是一个术语，用来描述谷歌在其搜索引擎中的每月例行更新。当该指数更新时，被评级的网站会随着搜索结果中不同排名位置的波动而"起舞"，这或许可以解释这个名字的由来。如今，谷歌在其搜索引擎中的每月例行更新，被称为

"Everflux"。更频繁的索引仍然会改变排名。

16. 谷歌站点链接（Google Sitelinks）

谷歌站点链接是显示在部分 Google 搜索结果下方的链接（通常是搜索品牌词时）。

站点链接不仅能提升网站的声誉，也能在谷歌搜索结果页面占据更多的位置。站点链接还能让用户更好的理解网站的主要内容，让用户在搜索结果中直接点击感兴趣的板块。

谷歌表示："我们只会在认为站点链接对用户有帮助的情况下才会让其显示。如果您的网站结构无法让谷歌算法抓取出好的站点链接，或者谷歌不认为您的站点链接与用户的搜索词相关，搜索结果中就不会显示站点链接。"

另外，谷歌对站点链接的管理并不十分严格，如果网站站长不想让站点链接在搜索结果中显示，也可以屏蔽站点链接的形成。

17. 谷歌趋势（Google Trends）

谷歌趋势是一个对营销者和策划者来说非常有价值的工具，能提供特定关键词或主题在一段时间内的热门程度，并显示对用户最重要的有关产品、事件和服务的信息。谷歌的趋势结果是通过图表显示的，方便查看近年来关键词的变化趋势和分布情况。

Google Trends 通过区域趋势、相关趋势、顶级趋势、上升趋势、本地趋势等不同类别显示关键词的趋势，了解竞争对手，并关注和应对特定行业内的变化。谷歌趋势还可以帮助用户找到内容创意，并显示特定关键词的季节性峰值和本地差异。

此外，由于 Google Trends 没有给出实际的搜索数量，所以当它与 Google 关键词规划师结合使用时，效果最好。

18. 谷歌关键词规划师（Google Keyword Planner）

市场上有不同的关键词研究工具，其中最受欢迎的免费工具是谷歌关键词规划师（Google Keyword Planner），这一工具取代了"谷歌关键词工具（Google Keyword Tool）"，改变了谷歌用于关键词研究的工具服务。

关键词规划师是谷歌 Ads 平台的一部分，它主要用于研究点击付费（PPC）中使用的关键词。不过即使不使用 PPC 服务，也可以用谷歌关键词规划师工具进行关键词研究。

关键词规划师是进行搜索引擎优化用于关键词研究的重要工具。谷歌 Ads 能统计出特定单词或短语的搜索量，并且具有推荐相关关键词和研究不同语言关键词的功能。

19. 自然搜索结果（Organic Search Reslut）

在搜索引擎中搜索某个术语或某个短语时，得到的结果是由搜索引擎算法处理的自然搜索结果。除了网站用户体验外，网站的结构、内容和链接质量等元素也会影响搜索结果。除了自然搜索结果外，还有付费点击广告（PPC）搜索结果，呈现的搜索结果排列顺序是由各种因素综合决定的。例如，如果用户正在搜索特定品牌的设备，搜索结果中会出现附近的商店，商店要想让自己的链接获得展示，需支付少量费用，这就涉及了付费广告搜索结果。

20. 着陆页（Landing Page）

着陆页是网站的一个页面，用户在点击某个网站的链接或广告后会看到它。着陆页可以是广告商的主页，也可以是由专门推销独家产品或服务的营销信息组成的网页。实行付费点击策略（PPC）、关键词自然搜索策略等推广策略时都需要使用到着陆页。

21. 富媒体片段（Rich Snippets）

富媒体片段是对网站上相关信息的简要预览，当有人执行搜索时，这些信息会显示在搜索结果中。它会在搜索列表的顶部显示主标题链接，并在该链接正下方的页面上显示几行网页内容。

网站可利用这些 Rich Snippets 在搜索引擎结果中提供额外信息给正在搜寻的用户，并提升网站的曝光和点击

22. 谷歌地图（Google Maps）

Google Maps 是一项基于 Web 的免费地图服务，可以通过浏览器或移动应用程序进行访问，并且可以提供几乎世界上每个国家的详细地图以及航空和卫星视图。人们可以使用谷歌地图来查找有关本地企业的信息等。

Google Maps 提供了多种服务，例如，为不同用户（驾驶员、骑自行车的人、步行者和公共交通用户）提供路线规划向导；网站中也可以嵌入带有 API（应用程序接口）的 Google 地址；Google 街景视图允许用户查看和浏览世界各地不同城市的 360 度全景街道图像。

23. 长尾关键词（Long Tail Keywords）

长尾术语最初是在数学和统计领域中使用的，是由两三个或更多单词组成的搜索查询短语。通常，较长的查询词的搜索量较低，建议将长尾词整合到网站的内容和代码中，以吸引有针对性的网站流量。可以从 Google Ads 获得帮助，以检查各种术语和短语的当前搜索量。

24. 谷歌沙盒（Google Sandbox）

在 Google 有这样的现象：网站刚上线的前几天有很好的排名，但过几天后，突然

绝大部分排名都消失了。

（1）不是全部网站都会进入沙盒，而且进入沙盒似乎是随机的，无规律。这让 SEOer 无法确定到底是否存在沙盒，增加了研究的难度。

（2）沙盒是 Google 对网站采取的非常友好、非常有效的措施。这从某种意义上有效地增加了做垃圾站的成本，同时改善了搜索结果的质量。

（3）沙盒现象，对优质和可持续发展的网站是有利的。

25. 搜索引擎如何判断一个网站的权威性

（1）权威网站的外链。
（2）内容原创。
（3）内容的引用和链接。
（4）细节的把握，如隐私权声明、联系我们等。

26. 社交媒体（Social Media）

社交媒体是各种各样基于 Web 的平台和社区，使人们能够在网上创建内容并彼此社交互动，使用户成为活跃的内容发布者。论坛、Wiki、LinkedIn、Facebook、YouTube、Instagram、Twitter、Pinterest、博客和其他社交媒体网站都是基于用户生成的内容（UGC）。

社交媒体上的交互可以采取多种形式，并使内容共享在用户之间畅通无阻，同时也有一些共同点，如共享照片、视频、帖子和链接，公开简况更新（活动、位置等），并对他人的分享内容发表评论。

此外，社交媒体的增长也催生了另一个行业——社交媒体营销，该行业是针对社交媒体广告而不是传统广告的一系列营销手段集合。

27. 话题标签（Hashtag）

话题标签（一般用"#"表示），以前被称为"井号"，用于社交媒体，用类别或短语的形式索引特定主题的消息和图片。话题标签（#）直接放在文本的前面。Instagram 上的一个例子#TBT（回溯星期四），在该话题中，人们发布引用了较早时间点的图片。

28. YouTube 频道

YouTube 是最受欢迎的在线视频资源，YouTube 的网站流量仅次于谷歌。网站推广服务供应商，以及那些提供高级数字营销解决方案的公司，可以为客户建立一个 YouTube 频道，让用户通过该频道观看动态视频内容，从而使品牌或产品具有更广泛的曝光。这些视频通常包括一个简短而有针对性的营销信息，并链接回主网站。另外，在 YouTube 上找到的任何视频都可以通过嵌入链接在公司网站上显示出来。

29. 谷歌搜索控制台（Google Search Console）

谷歌搜索控制台（GSC，Google Search Console），前身是谷歌站长工具（Google Webmaster）。是谷歌 SEO 优化的核心数据分析工具之一。

网址：https://search.google.com/search-console/about。

GSC 主要功能如下：

（1）网站的效果呈现：主要指网站的自然搜索效果，具体表现为自然流量、自然曝光量、关键词查询数、网页流量情况、国家访问情况、设备情况等。

（2）网站覆盖率：指网站的网页情况，分为错误提示、警告网页、有效网页、已排除网页等，对于网站的日常维护而言，通过网站覆盖率可以很直观地发现问题。

（3）站点地图：主要是指提交站点地图，以便加快谷歌对页面进行索引，主要适用于新网站或者改版的网站。

（4）增强功能：主要包含核心网页指标、移动设备易用性、路径、徽标、产品、站点链接搜索框、视频等。

（5）链接数量：主要包含内部链接和外部链接，定期检查链接情况以确保网站健康。

30. 谷歌分析（Google Analytics）

谷歌分析（GA，Google Analytics），是网站综合数据分析的重要工具，对于开展 PPC 竞价的网站而言，GA 是必备工具之一。

网址：https://analytics.google.com/。

GA 主要功能如下：

（1）实时数据监控：监控实时数据情况，如，地理位置、流量来源、内容、事件、转化次数等。

（2）受众群体分析：活跃用户、生命周期价值、同类群组分析、受众群体、用户分层图表、受众特征、兴趣、地理位置、行为、技术、移动、跨设备、基准化分析、用户流等。

（3）流量来源分析：主要分析 Google Ads 流量，Search Console 流量即自然流量，社交流量。

（4）用户行为分析：行为流、网站内容、网站速度、网站搜索、事件、发布商、实验。

（5）网站转化分析：主要是指转化的设置，包括目标、电子商务和多渠道漏斗。

31. 移动端内容优先索引

谷歌宣布，2021年3月正式执行采用移动端内容优先索引。Google 会以移动端内容作为建立索引和排名的主要依据。因此，在创建外贸营销型网站的时候，尽可能做成响应式网站，因为独立版本的移动端在这个机制出来之后也可能因为存在漏洞而导致索引发生错误。

关于"优先将移动版网站编入索引"的最佳做法参考网址：

https://developers.google.com/search/mobile-sites/mobile-first-indexing。